Megatendencias
2010

Megatendencias

2010

EL SURGIMIENTO DEL CAPITALISMO CONSCIENTE

Patricia Aburdene

Traducción
Jorge Cárdenas Nannetti

GRUPO
EDITORIAL
norma

Bogotá, Barcelona, Buenos Aires, Caracas, Guatemala,
Lima, México, Panamá, Quito, San José,
San Juan, Santiago de Chile, Santo Domingo

Aburdene, Patricia
    Megatendencias 2010 / Patricia Aburdene ; traducción Jorge Cárdenas
Nannetti. — Bogotá : Grupo Editorial Norma, 2006.
    344 p. ; 23 cm.
    Título original. Megatrends 2010.
    ISBN 958-04-9427-4
    1. Responsabilidad social en los negocios - Estados Unidos 2. Ética
de los negocios - Estados Unidos 3. Éxito en los negocios – Aspectos
religiosos - Estados Unidos I. Cárdenas, Jorge, tr. II. Tít.
658.408 cd 20 ed.
A1081713

CEP-Banco de la República-Biblioteca Luis Ángel Arango

Título original:
MEGATRENDS 2010
The Rise of Conscious Capitalism
de Patricia Aburdene
Una publicación de Hampton Roads Publishing Company, Inc.
1125 Stoney Ridge Road
Charlottesville, VA 22902
Copyright © 2005 por Patricia Aburdene

Dirección Editorial, María del Mar Ravassa Garcés
Edición, Fabián Bonnett Vélez
Adaptación de cubierta de Marjoram Productions
Director de Arte, Jorge Alberto Osorio Villa
Diagramación, Andrea Rincón Granados

Este libro se compuso en caracteres AGaramond

ISBN: 958-04-9427-4

*Este libro está dedicado con gran amor
y enorme orgullo a tres bellas y valientes mujeres
que hacen cantar mi corazón:
mi sobrina Jennifer Jones,
mi nieta Lily Sullivan y
mi sobrina nieta Hunter Jones.*

Contenido

Prólogo

Me aproximo al estudio del capitalismo consciente como una rastreadora de tendencias. Mi primer gran éxito de librería, *Megatrends 2000* (William Morrow, 1990), escrito en colaboración con John Naisbitt, predijo la próspera era de la década de 1990, impulsada por la tecnología electrónica. Hoy, empero, vivimos años de mayor perplejidad. En *Megatendencias 2010* me propongo describir las tendencias sociales, económicas y espirituales que están transformando la libertad de empresa en esta década tumultuosa. Sin embargo, antes de empezar, quisiera decirle al lector dos palabras sobre mí misma.

Soy simultáneamente una capitalista y una indagadora espiritual. Todos los días de la semana vivo en estos dos mundos tan distintos. Muy temprano por la mañana enciendo una vela y dejo unos apuntes en mi diario con mi pluma preferida. En seguida medito un rato. Antes de sentarme ante mi computador, oficio un rito final: encender el canal de cable de la CNBC orientado a los negocios.

Será tal vez pasar de lo sublime a lo ridículo, pero, en cumplimiento de mi ritual diario, el 16 de julio del 2002, CNBC trajo al fin la historia que yo había estado esperando durante 15 años: la pública repudiación de Gordon Gekko.

Éste, como es sabido, es el personaje que interpretó Michael Douglas en la película *Wall Street* en 1987, el arrogante negociador que se presenta ante una junta de accionistas en su costoso traje y con su cabello liso y peinado hacia atrás, y tiene el descaro de predicar la doctrina capitalista de la época: "La codicia es buena. La codicia está bien. La codicia funciona, la codicia aclara, echa por el atajo y capta la esencia del espíritu progresista... La codicia, óiganlo ustedes bien, no sólo salvará a Teldar sino también a esa otra corporación que está funcionando muy mal y que se llama Estados Unidos".

En el transcurso de los años, como todos lo sabemos, Gekko engendró una fecunda prole de ejecutivos, pero cuando vi el programa de la CNBC en medio del peor mercado bajista registrado desde la Gran Depresión, me di cuenta de que el costo de la codicia se reflejaba aún en la expresión de todos los rostros. Miles de millones de dólares de riqueza de un sinnúmero de accionistas se habían esfumado como el viento. Los mercados se mostraban nerviosos y muchos volvieron los ojos al hombre que llegó a simbolizar la gloria de la libre empresa para que restaurara la calma. En la fecha aludida, ese hombre hablaba ante el Congreso de los Estados Unidos sobre las trágicas consecuencias financieras del vicio favorito de Gekko.

Para mí, ése no fue un día ordinario de testimonios de rutina ante los congresistas. Había pasado diez años averiguando hechos y cifras, historias y ejemplos que ilustraran lo que tengo por la verdad económica y espiritual: que los valores trascendentales como la confianza y la integridad se traducen en ingresos, utilidades y prosperidad. Como es de suponer, encontrar espíritu en el capitalismo no ha sido fácil,

pero ahora la pieza del rompecabezas que me hacía falta —
el reconocimiento formal del intolerable costo de la codicia—
se desenvolvía ante mis ojos en la pantalla de mi receptor de
televisión, y el expositor no era otro que el presidente de la
junta de la Reserva Federal, Alan Greenspan.

"Una codicia contagiosa parece dominar una buena parte
de nuestra comunidad empresarial", dijo, y "perversamente
crea incentivos para inflar de una manera artificial las utilidades declaradas a fin de mantener altos y en alza los precios
de los valores bursátiles". El fraude y la falsificación inspira-
dos por la codicia, agregó, "son sumamente destructivos del
capitalismo de mercado libre y, más ampliamente, de los
fundamentos de nuestra sociedad. Nuestro sistema de mercado depende críticamente de la confianza, confianza en la
palabra de nuestros colegas y confianza en la palabra de
aquéllos con quienes negociamos", sostuvo Greenspan, mientras yo, sentada en el borde de mi sofá, tenía todos mis
sentidos puestos en sus palabras.

Alan Greenspan, voz oficial del capitalismo, conectaba
por fin los puntos, vinculaba en los términos más explícitos
que yo había oído hasta ahora, la virtudes de la confianza y
la prosperidad, por una parte, y los vicios de la codicia y la
autodestrucción económica, por la otra.

El factor principal para predecir si una compañía será
honrada o no, agregó, es el carácter de su director ejecutivo.
"Si un director ejecutivo tolera la manipulación de las utilidades declaradas, esa actitud moverá a todo el régimen contable de la firma. Por el contrario, si insiste en una representa-
ción objetiva de las operaciones comerciales de la compañía,
esa norma gobernará la contaduría y la debida diligencia".

Con las afirmaciones de Greenspan se ponía fin a la ilusión de que la codicia es beneficiosa para la sociedad, y la voz de la verdad resonó fuerte y clara. La codicia destruye la riqueza. La confianza y la integridad, por el contrario, fomentan la prosperidad.

Gordon Gekko queda al fin relegado a la historia.

Gracias, señor Greenspan, por tocar la campana de apertura, por decirlo así, del capitalismo consciente, porque ahora surge de las cenizas de la crisis, la corrupción y la desconfianza del público un movimiento básico para revitalizar la ética y el espíritu de la libre empresa, que está ganando terreno y atrayendo a millones. En *Megatendencias 2010*, el lector conocerá a los inversionistas, los activistas, los directores ejecutivos y los consumidores cuyo valor y dedicación están formando un mundo nuevo en el cual el dinero y la moral prosperan al unísono.

Introducción

En *Megatendencias,* publicado en 1982, John Naisbitt y yo hablamos del nacimiento de la economía de la informática. Desde hacía miles de años las economías desarrolladas de Occidente se habían basado en la agricultura. Así era como la gente se ganaba la vida. Vino luego la revolución industrial. En algún momento por los años 60 o 70 del siglo XX, se presentó la que creíamos era otra revolución más sutil: más y más personas desempeñaban empleos en los cuales debían crear, procesar o manipular información. En 1982, la economía de la informática ya estaba en plena operación pero seguía siendo una idea controvertible. "¿Información? —decían algunos despectivamente—. En *eso* no puede haber ningún valor económico". Sin embargo, en los años 90, la economía de la información generaba la era de la alta tecnología, y hoy en día es una industria que vale varios millones de millones de dólares.

Hoy llegamos al borde de otra revolución extraordinaria. La era de la informática ya pasó y está apareciendo en su lugar una emocionante época nueva.

Recordemos que el punto clave es éste: cuando la riqueza proviene de una fuente nueva (digamos, de la información en lugar de la industria), nace una nueva era económica. Con el tiempo la nueva actividad se refleja en los oficios de la gente. Dicho lo anterior, debe tenerse en cuenta que con frecuencia se arguye que el alma de una economía impulsada por la tecnología es la innovación continua. Ninguna empresa próspera puede felicitarse por los programas electrónicos desarrollados el año anterior, por ejemplo, y luego quedarse mano sobre mano hasta que la demanda de los clientes exija un producto mejor. Las compañías tienen que dirigir el mercado e iniciar ellas mismas el cambio.

Lo mismo se aplica ya sea la empresa una firma tecnológica, una compañía de bienes de consumo o una agencia de relaciones públicas: la creatividad y la innovación son lo esencial.

Por ejemplo, Medtronic, fabricante de dispositivos técnicos para la medicina, inventó el marcapasos en 1957. Hoy, para cada producto nuevo que lanza, la compañía sigue trabajando en *cuatro generaciones* de actualizaciones. Esa corriente continua de innovación ha producido más del 20 % de aumento de las utilidades anuales durante más de diez años.

¿Cómo realizan las empresas la difícil pero lucrativa meta de la innovación continua? La respuesta más breve, la única respuesta, es: en virtud del genio inherente en la conciencia humana.

En efecto, no puede haber invención en los negocios ni en la tecnología si falta la conciencia humana.

¿Qué es conciencia? Uso el término en el sentido espiritual para expresar concienciación escrupulosa, la toma de conciencia, la voluntad de observar desprevenidamente, el destello de espíritu que anima a la humanidad.

Cuando un sabio ingeniero observa pacientemente un problema complejo, ensimismado durante horas, vive en *el ahora,* vive en el reino de la conciencia. Ésta, primer ingrediente de la creatividad, representa una inteligencia superior a la mente. Cuando la conciencia guía nuestras facultades mentales, el resultado puede ser brillante.

La tecnología es conciencia exteriorizada.

En la historia económica hemos llegado a un punto en el cual la conciencia humana —la capacidad de observación tranquila, desapasionada— es la materia prima de la innovación y al fin y al cabo de la ganancia monetaria de las compañías. Volveremos sobre este punto con frecuencia en estas páginas. La conciencia es hoy tan valiosa para los negocios como lo son otros activos más conocidos, tales como el capital, la energía y hasta la tecnología, y la mejor manera de cultivarla es por medio de técnicas como la meditación. Como se verá en el capítulo 6, eso es precisamente lo que están haciendo muchas compañías.

A quienes afirman que la alta tecnología murió y que los computadores son hoy una industria de repuestos (como los refrigeradores), yo les replicaría: un individuo altamente consciente puede crear, y creará, el "programa mágico" (un software de aplicación tan popular y universal, como el procesador de palabras o el correo electrónico) que promueva la venta de aparatos y que ponga en marcha una industria de 100 000 millones de dólares.

Bienvenidos a *la nueva economía de la conciencia.*

LAS DIMENSIONES "INTERNAS" DEL CAMBIO

Megatendencias 2010 es una crónica de las tendencias sociales, económicas y espirituales que transforman el capitalismo en una versión nueva y más integrada de sí mismo.

¿Qué es una megatendencia? Es una gran dirección dominante que modela nuestra vida durante toda una década o más. Al igual que los libros de megatendencias en que colaboré en el pasado: *Megatendencias 2000, Megatendencias para mujeres* (1992), *Reinventando la corporación* (1985) y *Megatendencias* (1982), en los cuales actué como colaboradora de John Naisbitt, éste está lleno de datos, cifras y ejemplos que *cuantifican* el cambio social, pero va un paso más allá y pinta la dimensión *interna* del cambio.

Porque el mundo interior de ideales y creencias modela nuestros actos.

Permítaseme explicar esto.

La busca de moral y significado en el trabajo, así como el deseo de experimentar la paz y el propósito de lo sagrado en el estresante mundo de los negocios, son verdades "internas", vivas en el corazón de millones de personas. Estas realidades internas afectan profundamente la conducta humana, como la decisión de invertir en una compañía que adopte más altas normas sociales, ambientales y éticas que las demás, la decisión de trabajar sólo para una empresa que respete los instinto creativos de uno o el compromiso de comprar únicamente a minoristas que no negocien con quienes explotan a los trabajadores.

Estas verdades internas son nuestros valores y desempeñan un papel crucial en el cambio.

¿Cómo ocurre la transformación? En *Reinventando la corporación*, John Naisbitt y yo sugeríamos una fórmula que me parece especialmente útil. Decíamos que la transformación social "sólo ocurre cuando coinciden los valores cambiantes y las necesidades económicas".

Son conocidos los factores económicos que presionan hoy al capitalismo, tales como los escándalos corporativos y la burbuja tecnológica. Estas fuerzas, que muestra la figura 1, impulsan el cambio desde afuera, de arriba abajo. La figura 2, por el contrario, ilustra las tendencias movidas por valores, como la acción de los consumidores o la espiritualidad en los negocios. Estas fuerzas aguijonean el cambio desde adentro hacia afuera, de abajo hacia arriba. La figura 3 describe el impacto combinado de las fuerzas hacia abajo y hacia arriba.

En *Megatendencias 2010* se verá cómo la sinergia de los cambiantes valores y la necesidad económica están transformando el capitalismo.

Tiempos turbulentos

Las empresas no se han recuperado aún de los golpes violentos que han recibido en los últimos tiempos: la rece-

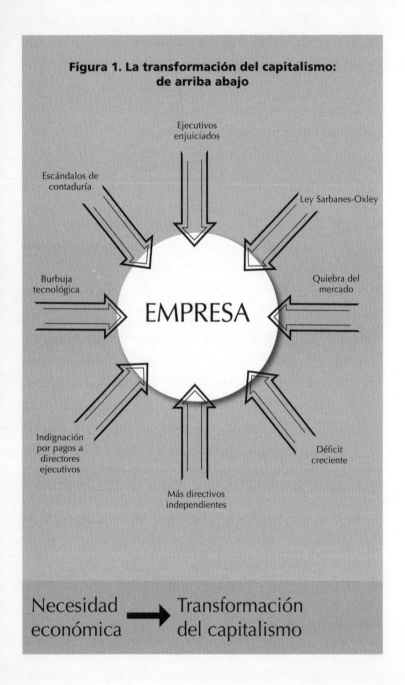

**Figura 1. La transformación del capitalismo:
de arriba abajo**

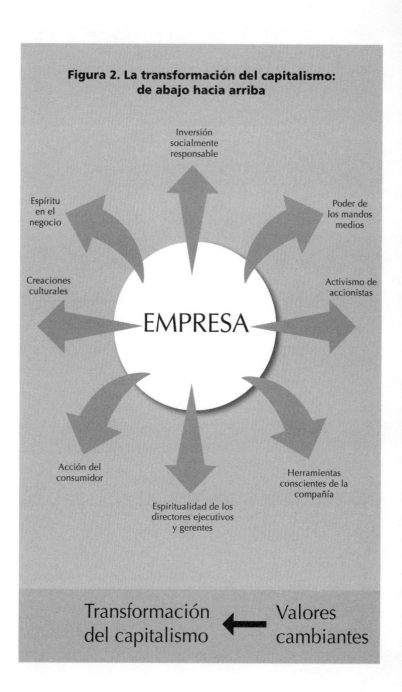

**Figura 2. La transformación del capitalismo:
de abajo hacia arriba**

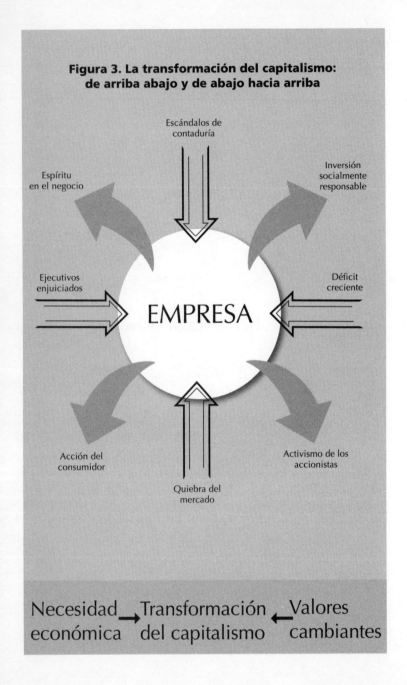

Figura 3. La transformación del capitalismo: de arriba abajo y de abajo hacia arriba

sión, la quiebra del mercado y los escándalos de la contaduría corporativa; y para colmo, ahora nos vemos ante nuevos retos: déficits cada vez mayores, costos disparados de la energía y los cuidados de la salud, la perspectiva de más altas tasas de interés y más bajos ingresos disponibles, y una "recuperación" en la cual permanecen aletargados los gastos de las empresas y la contratación de empleados.

También, como individuos, vivimos en una época de gran incertidumbre: la constante amenaza del terrorismo, dos guerras recientes, desempleo, planes de jubilación fracturados y ahorros perdidos. Como no encontramos seguridad fuera de nosotros mismos, nos vemos forzados a buscar dentro de nuestra propia alma y corazón nuevas respuestas y nuevas directivas. Tal es la razón por la cual "el poder de lo espiritual" que se describe en el primer capítulo es probablemente la mayor megatendencia de nuestra era.

Ya se considere uno espiritual o evangélico, ecologista o de la nueva era, capitalista recalcitrante o madre permisiva que consume con sus valores en mente, necesita conocer las poderosas tendencias que ya están modelando de nuevo la libre empresa.

PERSONALIDADES TRAS LAS MEGATENDENCIAS

Antes de exponer en detalle mis siete nuevas megatendencias, quisiera presentar a algunas de las personas que están tras los movimientos económicos. Al leer sus historias, que voy a narrar una por una en los siguientes capítulos, el lector percibirá el poder del compromiso personal que alimenta el cambio. El lector conocerá a estas personalidades:

• Un director ejecutivo de una vibrante empresa que lanzó su primera emisión de acciones al público en el 2004, férvido devoto de la meditación.

• Una activista cuyas aventuras en el desarrollo económico del Tercer Mundo se han infiltrado hacia arriba hasta los discursos de su director ejecutivo.

• Un zar de la alta tecnología, enviciado al trabajo, que perdió su hijo muy querido, abrió el corazón al espíritu y ahora dice que su empresa, una de las 500 más reputadas por la revista *Fortune,* se ha ganado centenares de millones de dólares en virtud de los principios espirituales que él ha llevado al trabajo.

• Un veterano de 13 años en el área de marketing, convertido en mago de la meditación en una de las empresas destacadas por Fortune.

• Un empresario de Silicon Valley que trabaja con los cuerpos legislativos de California para dejar a las compañías en libertad de responsabilizarse ante todos los interesados lo mismo que ante los accionistas.

La historia de las personas que *impulsan* el cambio social les da vida a las megatendencias.

LA NUEVA LISTA DE MEGATENDENCIAS

Ésta es mi nueva lista de megatendencias, cada una de las cuales es el tema de uno de los capítulos de este libro:

1. **El surgimiento de lo espiritual.** En tiempos turbulentos volvemos los ojos al interior: el 78 % de las personas busca *más* espíritu. La meditación y el yoga aumentan. La *presencia divina* penetra en los negocios. Los directores ejecutivos "espirituales", al igual que los altos ejecutivos de Redken y Hewlett-Packard, transforman sus compañías.

2. **El amanecer del capitalismo consciente.** Las compañías y los directores ejecutivos están rehaciendo la libre empresa para honrar tanto a todos aquéllos que se interesan por la compañía, a quienes llamaré *los interesados,* como a los accionistas. ¿Hará esto el mundo un lugar mejor? Sí. ¿Se ganará más dinero? Esto es lo sorprendente: todos los estudios muestran, uno tras otro, que los "tipos buenos" obtienen grandes utilidades en las compañías.

3. **Dirigir desde el medio.** El carismático director ejecutivo, pagado con exceso, se está esfumando rápidamente. Los expertos dicen ahora que los gerentes "comunes y corrientes", como Barbara Waugh, de Hewlett-Packard, realizan el cambio duradero. ¿Cómo hacen esto? Valores, influencia, autoridad moral.

4. **La espiritualidad en los negocios** está apareciendo por todas partes. La mitad de las personas hablan de la fe. Eileen Fisher y Medtronic ganan premios al "espíritu en el trabajo". Ford, Intel y otras firmas patrocinan redes religiosas organizadas por los empleados. Todos los meses, la cámara de comercio de San Francisco patrocina un almuerzo informal "espiritual".

5. **El consumidor movido por valores.** Los consumidores conscientes, que han huido del mercado de masas, constituyen un "nicho" multimillonario. Ya sea comprando

automóviles híbridos [de carburante convencional y energía eléctrica intercambiables], materiales de construcción ecológicos o alimentos orgánicos, dan su voto de acuerdo con sus valores. Los atraen las marcas que incorporan valores positivos.

6. **La ola de soluciones conscientes.** Éstas llegan a empresas cercanas: *Vision Quest,* meditación, entrenamiento en perdón, *HeartMath.* Todas estas cosas suenan como delicados melindres, pero los pioneros en estas técnicas aplicadas a los negocios están contabilizando resultados que dejarán a muchos con la boca abierta.

7. **La bonanza de la inversión socialmente responsable.** Hoy las carteras de valores bursátiles son verdes* en más de un sentido. ¿En qué debe uno invertir? Este capítulo expone lo que es la inversión con sentido "social" y le ayuda a uno a evaluar sus opciones.

En la conclusión de este libro, **La transformación espiritual del capitalismo,** exploramos los valores subyacentes del capitalismo. Trataré de disipar lo que a mí me parece la idea absurda de que la libertad de empresa tiene sus raíces en la codicia. El capitalismo consciente tampoco es altruismo; se basa, por el contrario, en una sana interpretación de lo que es el propio interés.

Espiritualidad o religión

Uso a menudo la palabra *espíritu,* de manera que debo definirlo antes de pasar adelante. Para mí, espíritu es el atributo de Dios

---

* En inglés, y en especial en los Estados Unidos, a lo ecológico, biológico, orgánico, sano, positivo, transparente, se le llama *green* (verde). Con este color también se identifica a la moneda estadounidense. *(Nota del editor.)*

que vive en la humanidad, el gran YO SOY, el hálito de vida, el aspecto de nosotros que mejor refleja la divinidad.

En un sentido teológico podríamos decir que espíritu es análogo al Espíritu Santo, pero de una manera ecuménica, no institucional, lo cual trae a cuento otra distinción: la diferencia entre espiritualidad y religión. Uso el término religión para referirme a la estructura formal y con frecuencia pública mediante la cual el hombre adora a Dios, mientras que espiritualidad es la experiencia o el anhelo de experimentar lo divino. La religión tiende a ser comportamental; la espiritualidad es más bien experimental y a menudo (aun cuando no siempre) una cuestión privada. Unas personas, por supuesto, son a la vez espirituales y religiosas.

DINERO Y MORAL

En este libro se explora la moral y el significado en los negocios, dentro de los límites legales del capitalismo moderno, un mundo en el cual las sociedades anónimas están obligadas por ley a maximizar los rendimientos para sus accionistas. Lo que es notable, aun cuando poco proclamado, es que la moral corporativa suele correlacionarse con rendimientos financieros superiores. En otras palabras, muchos de "los tipos buenos" están superando a las 500 compañías de Standard & Poor's (S&P). Por ejemplo, la firma Winslow Green Growth Fund, accionista de compañías innovadoras con altas normas ecologistas, rindió más del 90 % en el 2003 (frente al 28,2 % de las primeras firmas entre las 500 de S&P).

Muchos estudios hechos por empresas prestigiosas —como se verá en el capítulo 2, "El amanecer del capitalismo consciente"— nos muestran que la responsabilidad corporativa, lejos de agotar las utilidades, es una importante marca de éxito. El viejo mito empresarial de una supuesta eficiencia de las llamadas "empresas esbeltas" amenaza no sólo la moral sino también *la prosperidad* de los negocios en los Estados Unidos.

Yo no digo que la responsabilidad corporativa *cause* el éxito financiero, pero sin duda hay una relación entre ambas cosas. Como se verá en el capítulo 2, es una relación sencilla: las compañías socialmente responsables tienden a ser bien administradas, y una gran administración es la mejor manera de predecir un rendimiento financiero superior.

En efecto, si uno quiere invertir o trabajar en una compañía que muestre altos estándares morales, es relativamente fácil identificar muchas que obtienen excelentes resultados financieros. Hay millares de grandes compañías pero empecemos con 100. "Las 100 mejores corporaciones ciudadanas", que publica anualmente el informe trimestral de Marjorie Nelly, *Business Ethics,* son empresas dedicadas a la ética, la Tierra y los empleados y, sin embargo, como lo descubrió un estudio, superaron a las 500 de S&P por 10 puntos porcentuales.

Ahora supongamos que uno es un consumidor consciente que vota con su dinero, ya sea porque compra café del llamado "comercio equitativo", paneles solares o el nuevo automóvil híbrido Accord de Honda. Pues bien, no está solo. La mayoría de los estadounidenses, por ejemplo, sopesan el impacto moral de sus compras. Un 79% considera a las denominadas "compañías ciudadanas" para resolver si deben comprar un producto determinado, dice una encuesta de Hill & Knowlton/Harris, mientras que un 36% dice que es un factor importante en la decisión de comprar.

**Ese 36% son sus colegas consumidores conscientes.
Todo lo relativo a éstos se verá en el capítulo 5.**

En *Megatendencias 2010* se verá por qué los consumidores conscientes constituyen un mercado de 250 000 millones de dólares que está cambiando y mejorando la libre empresa.

ÉXITO Y CONCIENCIA: EL ESLABÓN PERDIDO

"Espiritualidad" en los negocios suena como algo muy elevado. ¿Es práctico?

La respuesta es: muy práctico. Hay una manera fundamental en la cual el espíritu y la conciencia contribuyen al éxito mundano, que durante largo tiempo se ha pasado por alto. (En el capítulo 6, el lector conocerá al fascinante individuo que me puso al tanto de ello.)

Como observan a menudo los expertos, autores y gurús de la administración de empresas, los negocios deben influir en el mundo externo, pero el punto es éste: ¿Cómo puede uno controlar su ambiente si ni siquiera puede manejar sus pensamientos y emociones? En otros términos, ¿cómo puede uno gobernar el mundo sin adquirir antes el dominio de uno mismo?

La piedra angular de un liderazgo eficaz es el dominio de uno mismo.

Pero eso es justamente lo que hace falta hoy en los negocios. Por eso tantos héroes empresariales van a parar a los tribunales o a la cárcel. Los héroes caídos que aparecen en las pantallas de televisión ilustran las elecciones irracionales y autodestructivas que hacemos sin contar con el poder salvador del autodominio.

El camino más seguro para llegar al dominio de uno mismo es la práctica espiritual. El tiempo que se dedique a la reflexión sosegada o la meditación aclara las ideas, refina la intuición y detiene los impulsos malsanos. La espiritualidad resulta mucho más práctica de lo que creíamos.

¿Sostengo que la práctica de una constante reflexión podría haber salvado al antiguo director ejecutivo de Tyco, Dennis Koslowaki, al antiguo presidente de AIG, Hank Greenburg, y a muchos otros?

Sí, lo sostengo.

El poder mundano sin el dominio de uno mismo es la ruina del liderazgo.

¿POR QUÉ AHORA?

Significado, moral y autodominio son sin duda lo que hace falta en los negocios. Pero las limitaciones legales del capitalismo nos advierten que las ideas elevadas no son un reemplazo del éxito. Un negocio tiene la obligación de producir utilidades. Además, sin flujo de caja y ganancias, ¿cómo podría una compañía contratar empleados, atraer accionistas, pagar a los proveedores o invertir en investigación y desarrollo?

En medio de la recesión, las empresas tomaron duras medidas para restablecer las utilidades, pero hoy, lo peor de los despidos de personal ya pasó. La contratación de empleados al fin está en marcha otra vez.

Las utilidades volvieron, más que todo por rebajas de costos. Ahora los negocios deben concentrarse otra vez en el crecimiento. ¿Cómo se hace crecer un negocio? Con gente. Se necesita un plan estratégico, naturalmente, pero ¿de qué sirve el plan si no se cuenta con personal capacitado para ejecutarlo?

La gente es la única que produce máximos rendimientos.

Estudios como aquél tan citado de McKinsey, "La guerra por el talento"*, muestran que las personas más capaces son atraídas por compañías que satisfacen la profunda necesidad personal de significado, al mismo tiempo que hacen un aporte a la sociedad, más allá del motivo utilitario.

Eso es justamente lo que hacen las compañías citadas en *Megatendencias 2010*. Además, éste es el punto ideal en el ciclo de los negocios para invocar el poder de la conciencia, los valores y el espíritu. Las semillas de la transformación corporativa germinan mejor cuando ya existe una cultura de alto rendimiento, dice Michael Rennie, el más alto experto de McKinsey (y poderoso chamán corporativo), a quien presentamos al lector en el capítulo 6. En las culturas de alto rendimiento, el significado y la moralidad proveen el elixir de una superior productividad. Sin embargo, dice Rennie:

"En realidad hay que crear primero una ética del desempeño".

---

* Publicado por Editorial Norma en agosto del 2003. *(Nota del editor.)*

En este punto del ciclo de los negocios, las compañías han cumplido esa meta. El paso siguiente es el reconocimiento del poder de sus activos humanos: los individuos que están llenos de sabiduría, conciencia y espíritu. Llegó ya la hora y la tarea actual es la transformación moral del capitalismo, al mismo tiempo que se hace aumentar la prosperidad.

El mensaje de este libro es sencillo y claro:

1. **nosotros mismos tenemos el poder de curar el capitalismo; y**
2. **el capitalismo tiene el poder de cambiar el mundo.**

¿No será ya hora de empezar?

1

El poder de lo espiritual:
De lo personal
a lo organizacional

Como zar de las operaciones relacionadas con los cartuchos de inyectar la tinta, el vicepresidente de Hewlett-Packard (HP), Greg Merten, dirigía 10 000 empleados y un negocio de muchos miles de millones de dólares. Gran parte de su éxito se lo debió, según dice, a la transformación que experimentó con la muerte de su hijo Scott, de 16 años, ocurrida en un accidente de automóvil. La pérdida de Scott es considerada por él como "su mayor tragedia y su mayor bendición".

Scott era un muchacho verdaderamente bueno, que nunca dijo una mala palabra de nadie, recuerda Merten, y su ejemplo lo inspiró para prestar más atención a sus relaciones con los demás, inclusive en los negocios. "Aproveché la tragedia como fuente de aprendizaje, como ocasión para *ver*", dice.

Concretamente, cada cuatro o seis semanas Merten reservaba todo un día en HP para reunirse con los más altos ejecutivos y con los entrenadores Amba Gale y Mickey Connelly. "Poníamos al día a Amba y a Mickey sobre lo que había sucedido desde nuestra última reunión y luego nos preguntábamos qué íbamos a hacer con esa información. Explorábamos cómo comportarnos de una manera distinta, cómo encontrar opciones más productivas, cómo ampliar nuestra influencia para producir mejores resultados.

"Ése era el ambiente de aprendizaje más intenso que he conocido, agrega Merten, porque se concentraba en la conversación, es decir, en cómo operan las personas en su trato recíproco. Cuando encontramos diferencias, ¿inquirimos? ¿Tratamos de entender el punto de vista de los demás y crear valor o, por el contrario, insistimos en que tenemos razón y nos defendemos, negamos, destruimos... y perdemos la oportunidad de generar resultados positivos?"

Armado con estas técnicas conscientes, Merten llevó a su grupo a duplicar varias veces el negocio en un año y a ampliar las operaciones de un sitio a seis.

A medida que Merten hacía su duelo por la muerte de Scott, su visión espiritual daba sus frutos: aprendió a "dejar pasar, a perdonar, a no juzgar" y luego *aplicó* estas poderosas verdades en HP. "Dejé de competir y empecé a pensar primero en el prójimo", dice, "y a reconocer las buenas intenciones de los demás aun cuando toda la evidencia estuviera en contra".

¿Cómo afectan principios espirituales como éstos el éxito de las compañías? Dicho en pocas palabras, los iluminados preceptos comerciales de Merten cambiaron la manera como se hacían las cosas interna y externamente, y sirvieron de inspiración para que los demás confiaran en sí mismos y en sus compañeros. A medida que los miembros del equipo de Merten desarrollaban su conciencia, fueron "teniendo acceso" a opciones y acciones que antes no estaban a su alcance.

Merten afirma que esos pasos decisivos "contribuyeron en centenares de millones de dólares adicionales al balance de utilidades de HP".

¿Cómo es eso? Merten ofrece esta respuesta: "Establecimos nuestra tercera sucursal [después de Singapur y Puerto Rico] cerca de Dublín, en Irlanda, dos veces más rápidamente de lo que se había hecho antes en toda la historia de HP. Los contratistas irlandeses se nos rieron en la cara cuando les dijimos cuál sería la fecha para terminar. ¿Cómo lo hicimos? Mickey Connelly nos ayudó a pasar a los contratistas, los urbanizadores, los funcionarios del condado de Kildare y al propio personal de operaciones de HP por el mismo protocolo de relaciones y conversaciones que nosotros habíamos practicado".

El solo éxito de Dublín, dice Merten, "le produjo a HP centenares de millones. Tanta falta nos hacía esa capacidad".

"Con el miedo se pueden obtener resultados", reconoce Merten, "pero comprendí que los mejores resultados provienen de algo más positivo: comunidad, relaciones y simple conversación". Greg Merten se retiró de Hewlett-Packard en el 2003 y trabaja como consultor en algo que conoce muy bien: el arte del liderazgo.

Empecemos con una afirmación sencilla: los negocios se están transformando porque individuos como Greg Merten y otros altos ejecutivos —lo mismo que millares de gerentes "comunes y corrientes", algunos de los cuales encontraremos en los capítulos 3 y 4— trabajan en las compañías. A medida que crece la conciencia y el espíritu de los individuos, crecen también las organizaciones a las cuales sirven.

El problema es que las organizaciones tardan más en cambiar que las personas. ¿Por qué es más difícil el cambio institucional? Porque es muy complejo. No sólo requiere más tiempo, visión y liderazgo sino que involucra a un mayor número de personas, su compromiso y el desarrollo de un propósito compartido. La transformación institucional se basa en la evolución humana, crece lentamente y al fin da en el blanco.

En los años que tardan en catalizar todos estos ingredientes y circunstancias positivas, las personas que están en las compañías se pueden descorazonar a tal punto que lleguen a creer la mentira de la cual quieren persuadirnos "los negocios usuales": la idea de que existe una barrera impenetrable entre la espiritualidad de la persona y la transformación corporativa, es decir, entre espíritu y negocio.

El propósito de este primer capítulo es echar abajo esa barrera.

Darle la cara al enemigo

Mientras tanto, prospera en la sociedad en general la búsqueda de la espiritualidad. En breve citaré muchos números para ilustrar este punto, pero hay muchas personas, incluso entre aquéllas que tienen conciencia espiritual, que ven el establecimiento empresarial como una fortaleza artillada que rechazará la transformación por la cual deben pasar todos los demás.

Eso no va a ocurrir, porque los negocios no tienen la fuerza suficiente para impedir que la gente se transforme, pero no puede sorprender que muchos lo crean: el mundo de los negocios que se pinta en la CNBC y en *The Wall Street Journal* se jacta no sólo de alimentar una pasión única por ganar dinero, sino de matar cualquier alto ideal que pudiera interponerse en su camino.

Pues bien, los negocios corrientes están sitiados, tanto por los activistas y los reglamentadores, lo cual era de esperar, como por los mismos inversionistas. Y todas las barricadas del mundo no pueden defenderlos, porque el adversario más peligroso de todos, un individuo transformado, está *adentro* y es cualquiera de nosotros mismos, ya sea el director ejecutivo espiritual, el activista entre los mandos medios o el empresario visionario, que ha abierto la mente y ensanchado el corazón, los cuales ya no se vuelven a cerrar. Tanto es así, que al mismo tiempo que yo corrijo las pruebas de este capítulo a principios del 2005, la CNBC y *The Wall Street Journal* acaban de publicar sueltos sobre la espiritualidad o la fe en los negocios.

Individuos conscientes como éstos transforman las organizaciones:

- El director ejecutivo de una de las 500 empresas reseñadas por la revista *Fortune* estableció una sala de meditación en la compañía, la cual subsiste mucho después de su jubilación;
- La elegante dama ejecutiva cuya búsqueda de espiritualidad durante toda la vida la llevó a una agitada mesa redonda sobre HeartMath compartió esta metodología con sus clientes; y

- El director ejecutivo de tercera generación de una importante empresa desdeñó el capitalismo "egoísta" y acogió con entusiasmo la responsabilidad corporativa.

El lector conocerá a estos líderes en los dos primeros capítulos de este libro, cuando empecemos a explorar siete nuevas megatendencias que están acelerando la transformación de la libre empresa y el nacimiento del capitalismo consciente como la corriente dominante en la actualidad.

Empezaremos por presentar algunas cifras sorprendentes sobre la espiritualidad personal y en seguida veremos cómo el espíritu ya está transformando el sector de vanguardia de la medicina. Posteriormente entraremos en el estudio de casos específicos de directores ejecutivos y otros altos funcionarios cuya jornada espiritual está revitalizando su carrera y sus compañías.

Lo espiritual: de lo personal a lo organizacional, tal es el tema de este capítulo. Dicho de otro modo, el desarrollo personal va a ser mucho menos personal: se va a difundir sobre la colectividad y la va a transformar.

LA PASIÓN POR LA ESPIRITUALIDAD PERSONAL

La búsqueda de la espiritualidad es la mayor megatendencia de nuestra era.

Antes de entrar en algunos hechos y cifras sobre la materia, me gustaría plantear una cuestión más grande y más sustantiva: ¿Qué significa ser espiritual o querer uno más espíritu en su vida? No es fácil convenir en una definición exacta de espiritualidad, pero empieza, naturalmente, con el deseo de ponerse en contacto con Dios, con *la divinidad,* con *lo trascendental.* Dicho lo anterior, permítaseme nombrar los cinco elementos clave que a mi modo de ver describen más justamente lo espiritual: 1) el significado o propósito, 2) la compasión, 3) la conciencia, 4) el servicio y 5) el bienestar.

Muchas de las cosas que podríamos llamar espirituales —la paz interior, la meditación, el bienestar, la oración, las relaciones amorosas, el propósito en la vida, la misión, darse a los demás— caen bajo alguno de los enunciados anteriores. Se me habrá escapado alguno de los favoritos del lector, pero me parece que él estará de acuerdo en que todas estas palabras tienen una cosa en común: todas ellas arrancan de lo *inmaterial* y lo subrayan. Podemos vivir nuestras inclinaciones espirituales aquí en el mundo material —sentir compasión por un amigo o bienestar en nuestro cuerpo—, pero el origen de nuestra inspiración está en el dominio invisible del espíritu.

Los tesoros terrenales que todos anhelamos y disfrutamos aquí en el mundo de las realidades —dinero, buen empleo, ropa hermosa, un cónyuge ideal, un diploma de una célebre universidad, una bella casa— no figuran en la lista de lo espiritual. Espiritualidad significa sed de algo más: de la paz interior, de la autorrealización, de las cosas que, como diría la abuela, no se compran con dinero. Quizá también se busque el origen de todo lo demás, de lo material y de lo inmaterial.

Pues bien, quien así discurra no está solo.

La espiritualidad está "por las nubes"

Millones de personas han atraído el espíritu a su vida mediante el desarrollo personal, la religión, la meditación, la oración o el yoga. El resultado es un cambio de valores mensurable y monumental. En una encuesta de la Organización Gallup realizada en el 2004, se encontró que el 90 % de los estadounidenses cree en Dios, y esta cifra sube al 95 % cuando se le agrega a la pregunta la expresión "...o en un espíritu universal". Los europeos occidentales, en cambio, muestran una tasa de fe de apenas un 50 %. El 60 % de los estadounidenses dicen tener absoluta confianza en Dios.

Pero, en fin, ¿no han sido siempre los estadounidenses un pueblo religioso? Tal vez sí, pero en los últimos diez años el número de quienes se consideran a sí mismos "espirituales" ha aumentado decisivamente. En 1994, los encuestadores de la Gallup les preguntaron si no sentían la necesidad de experimentar crecimiento espiritual. Sólo el 20 % dijo que sí. En 1999, les volvieron a hacer la misma pregunta, y esta vez el 78 % contestó afirmativamente, lo cual es un asombroso aumento de 58 puntos porcentuales en cinco años.

Sin embargo, eso era en 1999, cuando la vida de los estadounidenses era sencilla y segura, antes del terrorismo, de la quiebra del mercado, de la guerra y de los escándalos corporativos. La humanidad se inclina a acudir al espíritu en tiempos de tensión, dificultades y dolor. En 1999, la tecnología estaba aún en pleno auge, el desempleo era bajo y a nadie le preocupaba ni Enron, ni Osama ni Saddam, pero del 11 de septiembre del 2001 en adelante, el 57 % dice que piensa más en su vida espiritual, según se desprende de una encuesta de *Time*/CNN/Harris Interactive.

No es difícil llegar a la conclusión de que la guerra, la recesión, los despidos y las pérdidas financieras sufridas a partir del 2001 han fortalecido las filas de quienes buscan lo espiritual.

El espíritu en acción

La busca de la espiritualidad está modificando las actividades humanas, las prioridades, el ocio y los patrones de gastos.

Unos 16,5 millones de personas practicaron el yoga en el 2005 en los Estados Unidos, dice Lynn Lehmkuhl, editora de *The Yoga Journal*, lo cual representa un aumento del 43 % sobre el 2002. Diez millones de adultos de ese país declaran que meditan (el doble de hace diez años), se lee en el artículo principal de un número de la revista *Time* del 2003.

- La meditación, informa el citado artículo de *Time*, se enseña "en escuelas, hospitales, bufetes de abogados, oficinas del gobierno y prisiones".

- En 1998, el Shambhala Mountain Center, de Colorado, que patrocina programas de yoga y meditación, recibió a 3 242 visitantes. Para el 2003, este número había aumentado a 15 000.

- Los hoteles de las montañas Catskills, en el estado de Nueva York, "se están convirtiendo tan rápidamente en retiros de meditación, que el llamado Cinturón Borscht se empieza a apodar ahora "el Cinturón budista", dice en broma la redactora de *Time*, Joel Stein.

¿Algunas personas practican yoga y T'ai Chi o meditan como una manera de aliviar tensiones o hacer ejercicio? Sin duda que sí, pero estas antiquísimas prácticas se derivan de tradiciones tan profundamente espirituales que yo me atrevería a decir que los practicantes se están conectando con el espíritu, ya sea que tengan conciencia de ello o no.

El espíritu en lo escrito

La espiritualidad ciertamente ha inspirado una megacorriente de publicaciones. En el término de cinco años, la venta de libros espirituales o religiosos en los Estados Unidos ha sobrepasado a todas las demás categorías, pasando de 1 690 millones de dólares a 2 240 millones, dice el Grupo de Estudio de la Industria del Libro. Éxitos de librería como *Conversations with God*, de Neale Donald Walsch (Hampton Roads, vols. 1-3, 1995-1998), y *The Power of Now*, de Eckhart Tolle* (New World Library, 1999), dan fe de nuestro apetito por las cosas del alma. En el 2005, *The Purpose-Driven Life*, de Rick Warren (Zondervan, 2002), había vendido 22 millones de ejemplares.

La generación de posguerra, preocupada con la ética y con su propia moralidad, dice Lynn Garrett, editora de *Publishers Weekly,* está impulsando grandemente las ventas en las categorías de lo espiritual y lo religioso. Libros como *Jesus CEO* (Hyperion, 1996) y *The Seven Habits of Highly Effective People* (Fireside/Simon & Schuster, 1990), que aconsejan a la gente cultivar la espiritualidad, ilustran cómo el espíritu ha penetrado ya en la categoría de los negocios.

"Se están vendiendo toda clase de respuestas al interrogante: ¿Cuál es el significado de mi vida?", dice Susan Petersen Kennedy, presidenta de Penguin Putnam, Inc.

El futuro de la espiritualidad

La espiritualidad es hoy por hoy la mayor de las megatendencias, pero ¿adónde nos lleva? ¿Cuál es el futuro de nuestro interés predominante en todas las cosas del espíritu? Para

---

* Publicado por Editorial Norma con el título *El poder del ahora,* en 2001.

descubrir la respuesta debemos primero disipar un común malentendido sobre la senda espiritual.

Casi todo el mundo abriga la creencia, reforzada por los medios de comunicación, de que la pasión por la vida interior nos aísla del mundo, nos obsesiona con nosotros mismos, si no es que nos hace egoístas. La verdad es que *eso es cierto,* pero sólo al principio. Durante la introspección inicial de la jornada muchos se apartan instintivamente de la rutina cotidiana de la vida moderna. ¿Por qué? Porque "los buscadores" se vuelven más sensibles y una excesiva tensión abruma la nueva conciencia espiritual.

A menudo nos aislamos para curarnos. A medida que nos llenamos de espíritu, echamos por la borda un exceso de viejo equipaje emocional, hallamos paz, descubrimos una nueva voz interior, y eso requiere un buen acopio de energía. En 1944, cuado se intensificó mi propia jornada espiritual de toda la vida, apagué la televisión durante dos años y rara vez leía los periódicos. Les dije adiós a la violencia, al cinismo, a los comerciales televisivos, y les di la bienvenida al silencio, a la meditación y a la escucha de mis propios pensamientos.

Pero posteriormente la vía espiral del espíritu torna en otra dirección y entramos en una nueva fase emocionante: nuestro regreso al mundo. Ya regenerados, volvemos a la sociedad y al servicio. Eso es exactamente lo que están experimentando millones de personas —gerentes, inversionistas, consumidores y los líderes de los negocios a quienes vamos a encontrar en este capítulo—: viven su espiritualidad un día tras otro.

Del silencio al servicio

El milagro de la cura espiritual nos fortalece y nos llena de energía. Millones de personas que han meditado por largo tiempo, por ejemplo, o que ya frisamos, ejem..., en los 45 años de edad, podemos haber pasado décadas curándonos de conductas negativas. Hemos absorbido tanta energía espiritual, que nos hemos transformado. Nos esperan sin duda muchos retos nuevos, pero podemos decir que ya estamos "a punto": ya no volveremos a "la vida antes del espíritu".

Estamos repletos de espíritu y conciencia. Hemos llegado al nivel de masa crítica. ¿Qué va a hacer ahora la divinidad con toda esa conciencia? ¡Ponerla a trabajar!... en un proyecto, causa, misión o lugar, en alguna parte del mundo que atraiga nuestra conciencia, ahora más elevada. El poder del espíritu incorporado en personas como cualquiera de nosotros trasciende a las organizaciones, incluso a las empresas.

La transformación espiritual, iniciada a nivel individual, se extiende ahora de lo personal a lo institucional.

Antes de ver por qué está próxima la transformación de las empresas, exploremos brevemente la disciplina de la medicina, importante avanzada de los negocios y campo en que lo espiritual ya está modificando muchos protocolos establecidos.

De la medicina a los negocios

Si un ser sabio y evolucionado echara un vistazo al drama de la evolución humana, podría decir: "Al fin empiezan a entender. Al fin la humanidad empieza a ver que el espíritu activa *todos* los aspectos de la vida: la política, la economía, la medicina, la psicología, los negocios. No dista mucho el día en el cual hasta dejen de relegar a Dios a los estrechos confines de la religión y la metafísica".

Así que cuando hablamos de transformación no se trata de un cambio de lo profano a lo sagrado. Lo que se está transformando es nuestra *conciencia*. Despertamos y percibimos el aroma de las rosas, es decir, del espíritu que nos rodea por todas partes, y ese aroma es a la vez reconfortante e intoxicante.

Más que todo, es un alivio surgir de la bruma de la separación, donde Dios era Dios, lo físico era físico, el negocio negocio y la medicina medicina. Libres de esa ilusión de separarlo todo, nos emocionan las nuevas disciplinas como Dios y la física, la cura espiritual y el espíritu en los negocios.

Estamos despertando a una verdad que siempre ha existido.

Considérese el ejemplo de la medicina, un indicador casi perfecto de "lo que vendrá en seguida" en el mundo de los negocios. Más que la mayor parte de los demás campos de actividad, la medicina investiga e integra en su ejercicio cotidiano la verdad del espíritu.

Durante la dramática metamorfosis de la medicina, un puñado de precursores expuso sus verdades, a veces controvertibles, abrió la mente de los individuos, los curó, y finalmente revolucionó la institución misma de la medicina.

El doctor Bernie Siegel, médico, nos dijo que ni él ni ninguno de sus colegas le puede decir a un paciente cuánto tiempo le queda de vida; ésa es una cuestión entre el paciente y Dios.

La doctora Carolyn Myss nos abrió los ojos a los lazos que vinculan el espíritu con nuestro organismo material y los siete centros de energía espiritual llamados *chakras*.

Larry Dossey, también médico, presenció con tanta frecuencia el poder curativo de la oración, que se convenció de que negársela a sus pacientes sería como privarlos de los medicamentos que necesitan.

Jon Kabat-Zinn y Herbert Bensen, ambos médicos graduados, demostraron cómo la meditación baja la presión sanguínea y promueve el bienestar.

Christiane Northrup, doctora en medicina, subrayó el valor de las prácticas espirituales en todas las etapas de la vida de una mujer: soltera, madre o matrona.

Mientras profesionales como los citados legitiman nuevas maneras de percibir el espíritu y la medicina, la mitad de los adultos en los Estados Unidos ha resuelto salirse del sistema usual de cuidados de la salud, por lo menos en parte, y explorar mayor bienestar y soluciones novedosas mediante la opción de cuidados alternos, informa un artículo de *Newsweek* en el año 2002. Hoy los estadounidenses visitan más sanadores alternativos, tales como terapeutas masajistas, quiroprácticos y curadores naturistas, que a los médicos tradicionales. Por otra parte, como esos cuidados alternos no suelen estar cubiertos por las pólizas de seguros de la salud, gastan 30 000 millones de dólares de sus propios fondos para obtener esos nuevos remedios.

Hay que ir tras el dinero, como dice la gente. ¿No es sorprendente que hospitales docentes, como el Duke y el Johns Hopkins, y universidades, como la de Harvard, estén abriendo centros de medicina complementaria e integradora, es decir, alternativa?

En el capítulo 6, "La ola de soluciones conscientes", veremos la nueva investigación médica que documenta el poder extraordinario de la oración para curar las enfermedades e investigaremos cómo otras prácticas espirituales podrían funcionar en los negocios.

Cuando la curación personal, con todos sus componentes psicológicos, espirituales, emocionales y físicos, alcanza el nivel de masa crítica, las personas con frecuencia experimentan un nuevo o renovado sentido de misión o propósito. Todo es cuestión de masa crítica o "umbral", como dice un escritor.

La masa crítica y el umbral

Escribí sobre la masa crítica en *Megatrends for Women* (Villard, 1992), como contrapunto al popular (pero para mí pesimista) libro de Susan Faludi (Crown, 1991) *Backlash*. Cuanto más progresan las mujeres, sostenía ella, más sufren una especie de represalia de la sociedad, pero yo no lo creo. A mí me parece que el progreso social de las mujeres, en la política o los negocios, en la religión o los deportes, ha recibido un impulso tal, que su éxito es irreversible. Sin duda han encontrado tropiezos en el camino —en eso tiene razón Faludi— pero no hay manera de que haya marcha atrás.

Malcolm Gladwell trata la idea de masa crítica en su éxito de ventas *The Tipping Point: How Little Things Can Make a Big Difference* (Little Brown, 2000), y me parece que la explica como todo un experto. "El umbral", dice, "es del mundo de la epidemiología. Es el nombre que se le da al momento en el cual un virus epidémico alcanza masa crítica. Es el punto de ebullición, el punto del diagrama en el cual la línea se dispara hacia arriba".

En algún momento por los años 90, la espiritualidad personal dio en el "umbral". Ahora estamos traspasando la espiritualidad a las organizaciones y a la colectividad.

Gladwell, que informó sobre la epidemia del sida en *The Washington Post* antes de pasarse a *The New Yorker,* no se queda, sin embargo, en la epidemiología. "¿Qué pasa, se pregunta, si todo tiene su umbral? ¿No sería una maravilla encontrarlo en los negocios, en la política social, en la publicidad o en cualquier campo distinto de la medicina?"

Así es, en verdad, y se aplica por igual a la espiritualidad. Para muchos, en algún punto de la jornada espiritual, la energía divina que llevan por dentro llega a una especie de umbral, y lo que era hasta entonces una búsqueda personal se vuelve más universal.

Los heridos se vuelven curadores, los guerreros, estadistas, las víctimas, abogados, y los gerentes, activistas corporativos y agentes del cambio.

El umbral y el cambio social

El umbral, dice Gladwell, explica por qué el cambio social suele venir "tan súbita e inesperadamente". Así ocurre, agrega, "porque las ideas y la conducta y los mensajes se comportan exactamente como la aparición de las enfermedades infecciosas": invisibles hoy, esparcidas mañana. Así pues, siguiendo el modelo de Gladwell, una epidemia social —o una arrolladora megatendencia nueva— bien puede bullir por fuera del sistema durante un tiempo, hasta que un día está lista a estallar.

Tal es el caso del amanecer del capitalismo consciente que nace de la vida de millones de individuos transformados. Si en muchas personas no es muy visible, ello obedece a que, como todas las megatendencias que yo he estudiado, es un fenómeno de abajo hacia arriba.

Recuérdese la fórmula que aparece en la introducción de este libro: Cuando el cambio de valores concuerda con la necesidad económica, la transformación arranca.

Más adelante en este capítulo conoceremos a Paul Ray, coautor de *The Cultural Creatives* (Harmony, 2000). Ray deplora que los medios informativos no presten atención "al cambio fundamental que se está operando bajo la superficie de los sucesos en la vida estadounidense, a punto de aparecer en un nuevo nivel de conciencia y preocupación".

Tanto Gladwell como Ray explican cómo las ideas disidentes gradualmente ganan masa e impulso hasta que, de súbito, salen a escena.

En los años 80 y 90, miles de inversionistas precursores restringieron sus portafolios de valores bursátiles a fondos socialmente responsables que limitan sus tenencias a acciones en empresas que cumplen con determinados criterios sociales, ambientales y administrativos, tendencia en gran parte desechada por Wall Street, hasta que una verdadera tempestad de acontecimientos —la burbuja tecnológica, la profusión de quiebras y los escándalos causados por el mal manejo de la contabilidad en las grandes corporaciones— arrasó con la corriente normal de los negocios y provocó reformas como la ley Surbanes-Oxley del 2002, que exige mayor publicidad financiera, auditoría independiente, responsabilidad de los ejecutivos y una junta pública de supervigilancia contable. Como se verá en el capítulo 7, la inversión socialmente responsable ha subido 5 000% en menos de veinte años, según el Foro de Inversión Social,

asociación de Washington sin ánimo de lucro compuesta por
500 profesionales e instituciones financieras, y está pasando
de tendencia a megatendencia.

Ejecutivos y agentes del cambio

Hoy todos sabemos que el capitalismo tiene que convertirse
en un sistema económico más honrado, responsable e inte-
grado. La cuestión es cómo llegar a esa meta y al mismo
tiempo asegurar la prosperidad financiera. En el capítulo
siguiente de este libro, "El amanecer del capitalismo consciente", penetramos justamente en ese tema, pero conozca-
mos primero a los ejecutivos agentes del cambio, cuyos
esfuerzos personales prepararon el camino para el tipo de
epidemia social que describen Gladwell y Ray, y que en este
caso es algo muy positivo.

Un director ejecutivo espiritual

Desde hace años he oído hablar de la multimillonaria firma
de tecnología médica cuyo director ejecutivo desafió abiertamente a Wall Street. "No estamos en el negocio para maximizar
el valor para los accionistas", declaró. Sin embargo, a pesar
de esta herejía, durante su administración la capitalización
de la firma pasó de 1 100 millones de dólares a 60 000 millones, en medio de los aplausos de todos los atildados corredores de bolsa.

¿Cómo lo logró? Generó con maestría el valor para los
accionistas que parecía menospreciar, y comprometió a la
compañía, no a superar a Wall Street en uno o dos centavos
por trimestre, sino a curar a los enfermos. Y punto.

Más adelante otra cosa me llamó la atención: una fotografía de ese director ejecutivo encerrado en su cómoda oficina, con los ojos cerrados, en plena meditación. Y la vi nada menos que en la revista *Fortune*.

La compañía es Medtronic, de Minneapolis, e inventó el marcapaso. El director ejecutivo es Bill George, quien se retiró hace poco y ahora escribe y habla sobre su vida como un ejecutivo excepcional y moral que ha tenido éxito. Su libro *Authentic Leadership* (Jossey- Bass) se publicó en el 2003.

Cuando Bill George y yo conversamos en el 2001, él ejercía aún la dirección ejecutiva. Generosamente compartió conmigo sus anécdotas, como la vez que puso en escena la "ceremonia del medallón" de Medtronic a las tres de la mañana, para los trabajadores del turno de medianoche, en una fábrica que acababa de adquirir.

En realidad, Bill George se parecía mucho a sus colegas de las 500 compañías de la revista *Fortune,* salvo que no hacía un secreto de su pasión por las cosas del espíritu o la meditación.

La dedicación personal de George a la meditación amplió la conciencia corporativa de Medtronic.

"Le voy a contar una cosa", me dijo. "El hecho de que yo meditara dos veces al día lo publicó el periódico *USA Today* en un artículo sobre las innovaciones de Medtronic. Ese mismo día yo iba a dictar una conferencia sobre lo que se proponía realizar la compañía, y un analista de valores de bolsa de la firma Morgan Stanley había llevado a 25 de sus clientes más grandes, que eran propietarios de unos 15 000 millones de dólares de nuestras acciones. El analista empezó por decirme en un tono de sarcasmo: 'Veo en el periódico de esta mañana que usted medita. ¿Es así como aumenta el valor para los accionistas?'"

Yo no pude contenerme, interrumpí la historia de George, y le dije: "Seguramente le contestaría usted que, en efecto, así era..." "Sí, efectivamente así es", me contestó George. "Lo tomé completamente en serio y le dije: 'Tiene toda la razón'".

Hace 25 años, antes de que empezara a meditar, George era "el terror de las mañanas" en la oficina, según cuenta: "Me enfurecía por las cosas menos importantes y a las siete de la noche estaba muerto de cansancio". Sin embargo, una vez que empezó su nueva práctica espiritual, llegaba a su casa, meditaba, pasaba muy agradablemente la velada y emprendía el trabajo de escritorio tarde en la noche o por correo electrónico. "Me sobraba energía", dice. "Mis ideas más creativas me venían de la meditación. Tenía una gran claridad sobre lo que realmente era importante en la compañía".

Es fácil ver por qué Bill George apoyó con entusiasmo un centro de meditación en Medtronic.

George, que asiste a la iglesia con regularidad y forma parte de un grupo de hombres que se reúnen todos los miércoles desde hace 25 años a tomar café y hablar de asuntos de familia, de la carrera y de otras cuestiones personales, siempre soñó con dirigir "una gran empresa en la cual los valores de la compañía fueran congruentes" con los suyos.

En el 2002 George se jubiló. Misión cumplida.

Alta tecnología, alto toque: el estilo de un director ejecutivo

La historia del director ejecutivo Marc Benioff es por muchos aspectos típica del gran ejecutivo de éxito. Su empresa principiante, Salesforce.com, una de las más prósperas entre las que lanzaron su primera emisión de acciones al público en el 2004, recolectó 110 millones de dólares de capital de trabajo y se jacta de tener un perturbador modelo empresarial de software basado en la Internet, que tiene temblando a los gigantes empresarios de la programación electrónica: en lugar de arriesgar millones en Siebel o en PeopleSoft y esperar siglos para que se les efectúe la instalación, los clientes de Salesforce.com reciben en línea un software de relaciones con el cliente a razón de 75 dólares por usuario.

Ya en el 2005, Salesforce.com era una próspera empresa de 174 millones de dólares, con un promedio de 7 500 nuevos suscriptores al mes y unos 220 000 usuarios en total. *Business Week* la llama "uno de los pocos éxitos auténticos entre las punto-com nacidas en los últimos años de la década del 90".

Muchos lo atribuyen a su flamante líder, que no tiene pelos en la lengua. Conocido por un robusto ego, su poderosa visión de marketing y comidas íntimas con clientes estrellas como Arnold Schwarzenegger, Benioff rara vez aparece sin su conocido botón en la solapa izquierda que proclama "El final del software".

Discípulo de Buda

Tras la personalidad pública de Benioff se esconde un sorprendente *álter ego,* una persona de grandes inquietudes espirituales apasionada por el budismo. En 1996, cuando era vendedor de Oracle, emprendió un viaje espiritual de tres años; nadó con delfines y fue a la India con su amigo Arjun Gupta en busca de iluminación y visión para el futuro. Allá, el gurú Mata Amritanandamayi les aconsejó que devolvieran algo a la sociedad mientras perseguían su sueño de éxito.

"Espiritualidad y tecnología son el *yin* y el *yang* de Marc", dice Gupta, que es ahora un capitalista de riesgo. "La mayor parte de los individuos hacen del trabajo una religión; Marc hace ambas cosas... a la vez".

Es verdad. En diciembre del 2004, *Fortune* publicó una fotografía de Benioff meditando en el bosque en compañía de varios empleados, con los brazos cruzados sobre el pecho.

¿Pero hasta qué punto su jornada personal dio forma a su hoy próspera empresa?

Desde sus días de principiante, Benioff se valió de la tecnología para efectuar un cambio social positivo. El 1 % de las utilidades de la empresa, de las acciones y del tiempo de los empleados se destinan a obras de filantropía. Benioff esboza su filosofía en un libro titulado *Compassionate Capitalism*, escrito en colaboración con Karen Southwick (Career Press, 2004).

¿Cómo conserva la calma en medio del éxito?, pregunta *Business Week,* que llama a Benioff (que mide 1,95 de estatura) "un chiquillo grandullón y despreocupado". "Medita, no se pone tenso", dice su amigo Robert Thurman, profesor de religión en Columbia University. En Benioff, observa *Business Week,* "el impulso incesante de triunfar confluye con la espiritualidad oriental, los festejos y la caridad", combinación que claramente está dando resultados. Para celebrar la llegada del usuario 100 000 de Salesforce.com, Benioff celebró una fiesta para "los 100 000 iluminados", y el invitado de honor fue nada menos que el Dalai Lama.

Desfile de ejecutivos espirituales

Muchos directores ejecutivos están transformando las empresas con su devoción al espíritu. Antes de entrar a fondo en esta sección, permítaseme presentar a algunos de ellos.

Jay Sidhu, presidente de la junta directiva y director ejecutivo de Sovereign Bankcorp, firma de 2 700 millones de dólares, es un abierto defensor de la espiritualidad en los negocios. "Mi desarrollo personal", dice, "me ha convencido de que uno no puede alcanzar su potencial como líder si no usa primero su potencial como ser humano". Sidhu, cuyos 16 años de trabajo en Sovereign hicieron aumentar el rendimiento para los accionistas en un 25 % anual, critica a los negocios porque gastan 25 000 millones de dólares anuales en entrenamiento técnico y "muy poco" en auténtico liderazgo. La espiritualidad, en cambio, fomenta "el desarrollo del carácter, del amor, de la compasión... y el sentido de responsabilidad".

S. Truett Cathy, de 83 años, director ejecutivo y fundador de la cadena de comidas rápidas Chick-Fil-A, que vale 1 700 millones de dólares, es un cristiano devoto. Todos los domingos, mientras tintinean las registradoras de Wendy y de McDonald's, los 1 200 puestos de comidas de Chick-Fil-A en 38 estados de los Estados Unidos permanecen cerrados para pasar en silencio el día "de dar gloria a Dios como sus fieles siervos en todo lo que les es mandado", según reza su declaración de misión.

Jeffrey Swartz, director ejecutivo de Timberland, judío ortodoxo y practicante, lee su libro de oraciones durante los viajes de negocios y consulta a su rabino sobre los problemas de la compañía. Swartz, cuya fe lo inspira para servir a la comunidad, invita a los empleados de Timberland para que se tomen tiempo pagado de la compañía para realizar alguna tarea como el voluntariado en obras de caridad. Conoceremos mejor a Jeff Swartz en el capítulo 2.

Kris Kalra, fundador de BioGenex, de San Ramón, California, era un notorio enviciado al trabajo que estuvo a punto de sufrir un colapso nervioso. "Perdí de vista un propósito más alto", dice, en la loca carrera tras el éxito. Pero se tomó tres meses para leer las escrituras hindúes, el Bhagavad Gita, y regresó al trabajo hecho un hombre nuevo. Bajo su liderazgo, ya más equilibrado, BioGenex emplea en la actualidad a 120 personas y es líder en el campo de ensayos de células y tejidos.

ServiceMaster, firma de 3 700 millones de dólares, entre cuyas marcas se incluyen Terminix, TruGreen y Merry Maids, está comprometida a "honrar a Dios en todo lo que hace". Sin embargo, dice el presidente honorario de su junta directiva, Bill Pollard, quien fue director ejecutivo de 1983 a 1993 y de 1999 a 2001, "no podemos, ni debemos ni queremos forzar a nadie a adoptar una determinada creencia religiosa. Pero sí queremos que todos se hagan las preguntas fundamentales: ¿Qué es lo que los mueve? ¿Cuál es el significado de la vida?"

GENTE COMPROMETIDA:
LA SACERDOTISA DE LAS UTILIDADES

Ann Mincey, elegante pelirroja, fiel buscadora del espíritu y veterana de 30 años con Redken 5a Avenida de Nueva York, enciende el retroproyector y muestra un gráfico de ventas como para caerse muerto. En los años transcurridos entre 1998 y el 2002, los ingresos de su enorme firma para el cuidado del cabello, división de L'Oréal USA, aumentaron 8, 10, 12, hasta 15% al año, así en tiempos de bonanza como de crisis.

"¿Quieren saber ustedes cuál es nuestro secreto?", dice ella con malicia. "En 1998 pusimos en práctica un sencillo principio espiritual. Lo llamamos la regla de las 24 horas. Si tengo un problema con una persona, prometo ir a hablar con ella, resolverlo en menos de 24 horas y olvidarme. Aquí no hablamos de nadie a sus espaldas. Éste es nuestro solemne compromiso".

Ann Mincey, lo mismo que Greg Merten, de HP, de quien se habló al principio de este capítulo, ha entretejido sus valores personales con los de su compañía.

Echando otra mirada al gráfico, agrega: "¿A qué conclusión llego? Que la espiritualidad en los negocios *funciona*".

Conocí a Ann Mincey y su "regla de las 24 horas" en la conferencia sobre el espíritu en los negocios en San Francisco, en junio del 2003. Pero como mi pasión es la alquimia mediante la cual el espíritu se trasmuta en ganancias, yo necesitaba más detalles. Además, me entusiasma conocer a una mujer que ha triunfado y que reúne en sí la belleza y la espiritualidad. Por eso, en noviembre del 2003, me encaminé a Nueva York en compañía de mis compañeros de espíritu en los negocios: Judi Neal, fundadora de la Asociación del espíritu en el trabajo, hoy frente a la cátedra de administración en la Universidad de New Haven, y Thad Henry, vicerrector de la misma universidad y extraordinario recolector de fondos.

Tan fascinante encontré a la ejecutiva de Redken, que voy a dedicar algunas páginas más a contar toda la historia del "sacerdocio" basado en los negocios de Ann Mincey, y citar sus consejos para los líderes comerciales y espirituales del mañana.

Té en el hotel The Pierre

Sentarse a tomar el té con Ann Mincey en el opulento salón del hotel The Pierre en la Quinta Avenida, como lo tomamos Thad, Judi y yo, es saborear un delicioso contraste entre el mundo interior e invisible del espíritu y el encanto externo del negocio de Ann, la industria de los cosméticos.

Ann es la quintaesencia de la mujer de negocios neoyorquina: el pelo —claro, *el pelo*— templado hacia atrás y teñido con suaves tonos "borgoña", el traje de estilo, el maquillaje impecable y la postura de reina... Bueno, es casi intimidante. Tengo que confesar que a pesar de llevar mi mejor traje sastre de Armani, me sentí en esa ocasión un poco como una jipi de Cambridge.

Pronto me di cuenta, sin embargo, de que la belleza de Ann, a diferencia de la helada versión que a veces se asocia con su industria, sirve para *conectarse* con los demás, no para apocarlos. Unos minutos más tarde, ella compartió con nosotros una historia muy personal y todos nos pusimos un poco sentimentales. Ann es una mujer prudente que a pesar de su notable hermosura es auténtica, directa y perfectamente sincera.

¿Y por qué no? Su misión en la vida es proyectar la luz del espíritu sobre un negocio obsesionado con las cosas externas. Para cumplirla ha sido bendecida con una cordialidad sencilla que ancla su belleza. A los pocos minutos me sentí completamente relajada y hasta capaz de romper mi dieta al acompañar el té inglés con un exquisito *éclair*.

La bella y la Biblia

Ann Mincey fue espiritual desde el primer día. Hija de un predicador, como ella misma cuenta, se crió en un pueblo del centro de Ohio y abrazó la fe de su progenitor, a diferencia de otros hijos de clérigos que la rechazan. Sin embargo, también se vio atraída poderosamente por el negocio de la belleza, así que cuando un vendedor de Redken visitó el salón de una amiga, por allá en los años 70, Ann, que tenía un grado en economía doméstica, le dijo que quería ir a trabajar en su compañía.

Ese espíritu de aventura no la ha abandonado.

Pronto andaba de un lugar a otro, de Dayton a Seattle, enseñándoles nutrición a los peluqueros de señoras. Fue entonces cuando arrancó su jornada espiritual. Encontrándose a solas en un cuarto de hotel oyó claramente la palabra "lucas". ¿Qué puede significar esto?, se preguntó. Su educación religiosa vino en su ayuda y comprendió: Lucas, el evangelista.

A su memoria vino el versículo 4:17, tomó una Biblia que había en la mesita de noche, la abrió en la página correspondiente a ese pasaje y leyó: "El Espíritu del Señor está en mí, porque Él me ha ungido para dar la buena nueva a los pobres.

Él me ha enviado para sanar a los descorazonados, para proclamar la libertad de los cautivos y la recuperación de la vista a los ciegos, para poner en libertad a los oprimidos y para proclamar el año agradable para el Señor".

Ann Mincey cerró la Biblia y exclamó: "¡Ah! Soy llamada al sacerdocio", un camino que debía haberla llevado a un millón de millas del negocio de la belleza que adoraba; pero no es ella una persona que huya de las dificultades: volvió a Lucas 4:17 y leyó varias veces el pasaje.

Entonces lo vio claro: *Ya* estás en el sacerdocio. ¡Dios también necesita gente en el mundo real!

"Durante treinta años ésta ha sido mi misión, mi consigna", dice: "Llevar la buena nueva de la belleza interna a una industria enfocada en las apariencias externas".

En el templo del hermoso cuerpo

La piedra angular de la filosofía de Ann Mincey —que predica en los seminarios de Redken, a los cuales asisten estilistas de Taiwán, de Sudáfrica, de Chile, del mundo entero— es que un salón de belleza es un lugar sagrado. Su mensaje es sencillo: Ustedes son sanadores, les dice, ¡y no lo olviden! "Cuando uno se acomoda en el sillón de un salón de belleza ¿qué hace?", nos preguntó en el hotel The Pierre. "Se afloja, resuella, ése no es el trabajo, ni el gimnasio, ni la iglesia ni el consultorio médico. Ha ido allá para que lo atiendan. Es un lugar para curarse".

Ann acababa de regresar de una convención de la industria en Grand Rapids, Michigan, donde le recalcó a su auditorio de 300 estilistas del cabello el poder curativo del cual disponen: "Hay una *persona* real de carne y hueso adherida a toda cabeza que ustedes peinen. ¿Dónde está esa persona? ¿Es feliz o sufre? Aun cuando le haya arreglado el pelo a una persona durante 35 años, la vida de ésta puede cambiar radicalmente en el espacio de cuatro a seis semanas entre uno y otro peinado".

"El peligro", previene Ann, "es que los estilistas participen demasiado de las emociones de los clientes", y les enseña a fijar sanos límites. "Pónganse sus máscaras de oxígeno" les dice, bromeando.

La sacerdotisa aconseja

En el centro del mundo de los negocios, Ann Mincey respira espíritu. Y si ella puede, ¿por qué nosotros no? Es cierto que ella tiene una trayectoria de treinta años y una larga lista de realizaciones, pero al igual que los gerentes a quienes vamos a conocer en los capítulos 3 y 4, ella acepta el hecho de que el espíritu en los negocios a veces requiere diplomacia.

¿Qué les aconsejaría, le pregunté, a los mandos medios que no se crean con suficiente poder para ser espirituales en los negocios? Ann lo pensó un momento y me expuso sus ideas, que yo he reunido bajo diversos subtítulos:

Tomarse tiempo para el espíritu. Ann Mincey me contó que tarda 45 minutos en lograr la elegante apariencia que saca al mundo. Pero últimamente se ha preguntado: "¿Cuánto tiempo dedico a preparar el espíritu para el día que me espera?" Su meta es de 45 minutos, pero me confesó que todavía no ha llegado allá. Hoy son más bien unos 20. Hace unas notas, lee obras que la inspiran, escritas por individuos como Lloyd John Ogilvie, antiguo capellán del Senado de los Estados Unidos.

Una mañana en la cual estaba especialmente escasa de tiempo se dirigió a la puerta sin haber realizado sus acostumbrados ejercicios espirituales. Súbitamente la voz del espíritu le susurró: "Si te tomas tiempo para mí, yo me lo tomaré para ti". Desde entonces resolvió tomarse el tiempo que fuera necesario para su ejercicio espiritual. "Cuando me tomo tiempo para el espíritu", dice, "visto la armadura de Dios. Estoy lista".

Pasar a lo personal lo más pronto posible. Hay que prestar oídos a lo que la gente ama profundamente y luego conectarse con eso.

En los negocios, eso quiere decir pasar lo más pronto posible al nivel personal. Por ejemplo, si un hombre lleva un prendedor en la solapa, Mincey le pregunta inmediatamente qué significa. Sintonizarse con los demás, dice, escuchando lo que contestan a tres preguntas sencillas: ¿Quién es usted? ¿Dónde estaba? ¿Adónde quiere ir? Ésas son las puertas para pasar de la charla mundanal de los negocios a los altos dominios de la verdadera comunicación.

Confiar. "El mundo de los negocios puede parecer duro de corazón", declara Ann Mincey, "pero todos van en pos del espíritu". Claro está que en los negocios los números tienen que ser correctos, pero luego la gente se abre ante los aspectos menos duros: confiar en sí mismo y en la ocasión. Si hay que tomar una decisión difícil, de negocios o personal, hay que confiar en que eso es lo que hay que hacer.

Apoyar a sus colegas. "Mi franqueza les permite a los demás ser francos también", dice Ann Mincey. El poder que confiere a los demás es un don suyo, agrega. "Yo no les doy un poder extra, sólo lo que ellos merecen. Yo soy una animadora incondicional".

Abrazar al cliente

Si el salón de belleza como templo es el primer principio animador de Ann Mincey, el marketing de relaciones no le va a la zaga. "Al trabajar con las revistas *Vogue, InStyle* o *Elle,* nuestra actitud es personal", dice. "Cultivamos la amistad de las editoras, recordamos sus onomásticos y los regalos para los bebés que vienen. *Nos interesamos.* Es así de sencillo".

Ella es gran hincha de *Hug Your Customer*, de Jack Mitchell (Hyperion, 2003)*, comerciante de ropa de hombre de Connecticut y autor que recomienda a sus lectores conocer por su nombre a sus 100 clientes principales, conocer sus hábitos de golf y el nombre de sus perros, y que asegura que esa filosofía "se puede aplicar para vender casi cualquier cosa, ya sea turbinas de avión o cojines rellenos de semillas", para no hablar de productos para el cuidado del cabello o una cultura corporativa.

Actualmente Mincey se ha dedicado a halagar a los mejores clientes de Redken. En el 2003, los 33 mejores clientes de los salones de belleza de la compañía viajaron a Santa Fe, Nuevo México, para pasar un fin de semana de seminarios, servicios de *spa* y un vistazo a hurtadillas de los planes de Redken para el futuro.

—Yo soy un nuevo tipo de directora ejecutiva en Redken —dice Ann.

—¿Directora ejecutiva espiritual? —sugiere Judi Neal.

---

* Publicado por Editorial Norma con el título *Abrace a sus clientes,* en julio del 2004.

—No —responde riendo—. Directora ejecutiva consentidora.

Es ambas cosas, no hay duda.

Obsérvese cómo el marketing "inteligente", como eso de consentir a los clientes, tiene sus raíces en el valor espiritual de la generosidad. Yo abrí mi correspondencia en diciembre del 2004 y me encontré un bono de regalo por valor de 100 dólares que me mandaba Eileen Fisher, la diseñadora y comerciante de modas que acoge los valores de belleza, sencillez y paz, para darme las gracias por los negocios de ese año. Ningún otro minorista me dio jamás las gracias *de semejante manera,* aun cuando he gastado mucho más dinero en negocios distintos al de Eileen. Por supuesto que también es una magnífica forma de marketing. ¿Creen ustedes que en mi próxima visita a una boutique de Eileen Fisher yo me voy a limitar a un artículo de 100 dólares? Yo tampoco.

¿Abrazar a su director ejecutivo?

Ann Mincey, como la veterana de mayor antigüedad en Redken, incorpora una cultura corporativa femenina que sobrevive —aunque no sin adversarios— en el mundo moderno de las fusiones de grandes empresas.

Redken fue fundada en 1960 por Paula Kent, una joven actriz que sufría de reacciones alérgicas a los irritantes productos que había entonces en el mercado. Según cuentan en la compañía, Paula batía en su propia bañera los lotes de champú que vendía. En 1993, L'Oréal adquirió a Redken y entonces Paula Kent se fue a Nueva York y tomó parte en una campaña del tipo "ése no es el champú de mi mamá" para convertir a los jóvenes estilistas y robarle participación en el mercado a marcas como Paul Mitchell y Aveda.

Como portadora ambulante de la historia cultural de Redken, Ann Mincey se encuentra a veces en situaciones interesantes, sobre todo con la compañía dueña ahora de Redken, el conglomerado francés L'Oréal, de fuerte orientación machista. Cuando conoció a Lindsay Owen-Jones, un galés cincuentón y bien parecido que como presidente y director ejecutivo de L'Oréal ha conducido la empresa en veinte años consecutivos de notable crecimiento, le preguntó:

—¿Le puedo dar un abrazo?

Él pareció algo desconcertado, según cuenta ella, pero pronto reaccionó y dijo:

—¿Es así como proceden en Redken?

—Sí —dijo Ann confiadamente.

—Entonces está bien —dijo él, y aceptó un abrazo "bien apretado".

"Obviamente L'Oréal tiene su propia marca de espíritu", comenta Ann Mincey, "y es un poquito distinta de la nuestra. Uno de mis colegas en L'Oréal lo explicaba de esta manera: Se metía las manos en los bolsillos y decía: 'Así es L'Oréal'. En seguida abría los brazos, sonreía y decía: 'Y así es Redken'".

Ella está de acuerdo. "Los profesionales de los cuidados del cabello tienen mucho contacto físico. No hay nada como un abrazo para manifestar verdadera cordialidad, pero siempre hay que pedir permiso".

La jornada se desarrolla

La jornada de Mincey en Redken es una obra que apenas se está haciendo. "Me encantaría ver más espíritu en la compañía", dice. Cuando nos conocimos me dijo que quería introducir la técnica HeartMath en los principales salones de belleza de Redken, es decir, con sus mejores clientes, y luego medir los resultados comerciales estándar. HeartMath es una técnica sencilla pero muy sofisticada que disuelve la tensión y aumenta el rendimiento mediante la experiencia de emociones positivas tales como apreciación e interés. (Describo la técnica HeartMath más detalladamente en el capítulo 6.) Hoy Ann Mincey es entrenadora certificada en dicha técnica y la enseñó en 19 de los principales salones de belleza entre el 2004 y el 2005. La meta de Redken es entrenar en la técnica de HeartMath a sus 74 salones de elite.

La espiritualidad, confirma Ann, se está infiltrando en la cultura corporativa de Redken. Hasta L'Oréal está intrigada. Después de que Redken mostró un crecimiento continuo de dos dígitos año tras año, como lo revelaron los impresionantes gráficos de ventas de Ann Mincey, L'Oréal abrió los ojos y se preguntó: ¡Hola! ¿Qué es esto?

Ya sabemos la respuesta de Ann Mincey: ¡La espiritualidad en los negocios funciona!

UNA NUEVA CULTURA

¿Quiénes son estos individuos que con tanta audacia apuntan sus pasiones y sus convicciones al campo armado de los negocios chapados a la antigua? Ya sean directores ejecutivos o vicepresidentes ejecutivos, son personas que van por el sendero espiritual. No tardaremos en conocer a sus homólogos administradores. ¿Pero quiénes somos nosotros *en conjunto,* los que prometemos expresar valores y espíritu en el trabajo? ¿Quiénes somos dentro del vasto panorama de las cosas?

Una respuesta provocadora nos la da el matrimonio de Paul Ray y Sherry Anderson, coautores del libro *The Cultural Creatives*. Con base en 14 años de investigación de mercados, grupos focales y encuestas, los autores describen tres "culturas" distintas en los Estados Unidos y Europa Occidental, determinadas por los valores de la población:

- Los "modernos", la cultura dominante, representan al 50% y conceden primera prioridad al dinero, al éxito y a "triunfar". Esta corriente principal de los negocios compendia el pensamiento modernista.
- Los "tradicionales", que constituyen alrededor de la cuarta parte de la población, hacen hincapié en la comunidad y en la Biblia, y desdeñan el feminismo y la sexualidad fuera del matrimonio. Los tradicionalistas están disminuyendo, dicen los autores, a medida que sus adeptos envejecen y mueren.
- Los "creativos culturales" son más del 26% de los estadounidenses (30 a 35% en Europa Occidental), y estiman la naturalidad, la autenticidad, la espiritualidad, la paz, las relaciones, el feminismo, la justicia social y la responsabilidad social. Ni modernos ni tradicionalistas, están creando realmente una cultura nueva.

Los creativos culturales, cuyas filas están aumentando a razón del 1% al año, son más de 50 millones de estadounidenses. Además, están atrayendo a millones de tránsfugas del campamento modernista.

En el 2000, Ray y Anderson predijeron que los creativos culturales podían ser la cultura dominante a la vuelta de cinco a diez años.

El capítulo siguiente, "El amanecer del capitalismo consciente", empieza con la historia de otro director ejecutivo, un
personaje muy espiritual cuya jornada personal influye claramente en su negocio. Él y su compañía ofrecen respuestas
claras al interrogante sencillo pero penetrante que mueve la
naciente metamorfosis del capitalismo: ¿Cuál es nuestra
filosofía de los negocios?

2

El amanecer del capitalismo consciente

Una mañana de octubre, temprano, tomo un taxi frente a mi casa cerca del río Charles en Cambridge, Massachusetts, y de paso por el Museo de Ciencias me dirijo al distrito financiero. Mi destino es 60 State Street, sede del tradicional bufete de abogados bostonianos Hale and Dorr, donde estoy invitada por la cámara de comercio a un desayuno de trabajo en el cual se va a tratar sobre líderes del futuro. En el piso 26 me siento en una aireada sala de recepción y gozo con la vista que hay hacia la bahía de Boston.

He venido para conocer a Jeffrey Swartz, director ejecutivo de Timberland, empresa de 1 500 millones de dólares, fabricante de una famosa bota amarilla de trabajo. Esta empresa ha ganado muchos premios como "buena ciudadana" y ha sido designada por las revistas *Fortune* y *Working Mother* entre "las mejores compañías para las cuales trabajar".

Jeff Swartz, de 44 años, se presenta en público con una de las típicas pintas de Timberland: pantalones caqui, camisa a cuadros y mocasines color vino tinto. Su única concesión a los convencionalismos del mundo de los negocios es una chaqueta deportiva a cuadros que, como les dice a los ejecutivos muy bien vestidos, se ha puesto en su honor. Incluso en su atuendo informal, Swartz parece más un abogado que un leñador. Y ahora va directamente al grano.

"Milton Friedman, ganador del premio Nobel, afirma que la única responsabilidad de las empresas es ganar dinero para los accionistas", les dice Swartz a sus jóvenes oyentes, "pero cuando un niño de cada cinco se va a la cama con hambre, yo encuentro eso intolerable. Este mundo los *necesita* a ustedes".

Swartz es propietario de tercera generación de un negocio de familia cotizado en bolsa y recuerda que su abuelo le enseñó el refinado arte de hacer botas. Luego pasa a narrar aventuras más recientes —y más penosas— como su voluntariado para City Year, la asociación de beneficencia sin ánimo de lucro que ayuda a los jóvenes y a la cual Timberland apoya fielmente. En su trabajo "callejero", Swartz se ha llegado a encontrar incluso en medio de negociaciones de drogas. "Me quedé helado", dice, pero más que todo, alaba las compensaciones psicológicas de cumplir con la responsabilidad social corporativa.

Este hombre tiene una visión nueva del capitalismo.

"Mi abuelo tenía dos metas: alimentar a su familia y dirigir un negocio de calzado. Para él no había conflicto entre éxito y responsabilidad. Tampoco lo hay hoy. La filosofía de Timberland es 'Hacerlo bien y hacer el bien', y las dos cosas no se excluyen la una a la otra". En seguida presenta con orgullo estadísticas para probar su afirmación. Durante los últimos diez años, Timberland ha superado a las 500 empresas reseñadas por la revista *Fortune*, las afiliadas a Nasdaq y a sus propias competidoras. "Si yo viera a Milton Friedman", dice riendo, "le diría: 'Hola, fíjese en nosotros'".

"Claro está que un negocio tiene que producir para los accionistas, eso bien lo sabemos, pero en un mundo en que mil millones de personas no saben leer ni escribir, ¿cómo puede uno afirmar que la única responsabilidad de los negocios es para con los accionistas?"

El costo de la justicia social

Hasta Swartz reconoce que "hacerlo bien" y "hacer el bien" chocan a veces entre sí, por lo menos a los ojos de los negocios tradicionales. Por allá en 1995, siendo director de operaciones de la empresa, Swartz recibió una llamada de uno de sus banqueros. Timberland, que hacía poco había hecho su primera emisión de acciones para el público, acababa de cerrar un trimestre con resultados desastrosos.

"Seguramente le va a decir que tenemos que suspender toda esa sensiblería de la justicia social", le previno a Swartz un miembro de la junta directiva. Timberland le ha donado a City Year 15 millones de dólares en el transcurso de sus quince años de relaciones. ¡Ah! pensó Swartz. ¿Qué vamos a hacer? Pero con gran alivio oyó que el directivo le aconsejaba mantenerse en sus trece. "Eso es tener fe en la marca", agregó. Entonces Swartz empezó a entender las donaciones de Timberland a organizaciones meritorias como una especie de gasto de marketing o de relaciones públicas.

"Tal vez no se pueda probar que crea valor pero uno lo hace porque está convencido de que así es", dice Swartz. El banquero, en efecto, criticó el costo de la responsabilidad social, sólo que en lugar de llamarla sensiblería de la nueva

era, la llamó ahora "pose de niño bien". "No es así", sostuvo
Swartz. "Es una manera de reforzar nuestro nombre".

—Pruébelo —insistió el banquero.

—Lo acabo de probar —replicó Swartz, sin dar su brazo
a torcer.

Las recompensas de servir

La causa favorita de Timberland es la comunidad. Los empleados reciben 40 horas libres al año de tiempo pagado para
que las dediquen al voluntariado en algún servicio comunitario. Anualmente, durante un día determinado (llamado *serve-
a-palooza),* los 4 300 empleados de Timberland, los proveedores y voluntarios dedican un día de trabajo a entidades sin
ánimo de lucro de todas partes del mundo. Timberland
ofrece también un semestre sabático pagado a los empleados
que quieran "realizar un sueño personal que beneficie a la
comunidad de una manera significativa".

A Swartz le encanta hablar sobre las personas que realmente prestan un servicio, como el aplomado ejecutivo de
ventas que "adoptó" en silencio a una niña del Bronx de 13
años, huérfana de padre, y la aconseja con regularidad por
teléfono. O el corpulento holandés trabajador de la bodega
que nada todas las semanas con una niñita autista. La niña
llega callada, pero cuando su gigantesco amigo la deposita
suavemente en la piscina, chapotea feliz durante 20 minutos.

Después de una hora de actuar como animador, Swartz
va a terminar. "Cuando ustedes estén listos para tomar la
decisión —les dice a los futuros líderes de la cámara de
comercio— y quieran saber cómo proceder, vengan a verme". Minutos después, en el ascensor, Jeff Swartz dice:
"Vamos a ver cuántos me llaman".

EL AMANECER DEL CAPITALISMO CONSCIENTE

Jeff Swartz, el director ejecutivo de Timberland, no está solo.

Centenares de directivos ejecutivos repudian la agonizante doctrina del capitalismo fundamentalista, que en forma tan brillante expuso Milton Friedman, ganador del premio Pulitzer, en su artículo de 1970: "La responsabilidad social de los negocios es aumentar sus utilidades". Un director ejecutivo, que se confiesa gran admirador de Friedman, comenta: "Lo más notable de ese artículo es cuán equivocado estaba".

Hoy el capitalismo se encuentra en el umbral de la conciencia, es decir, que nos empezamos a dar cuenta de su costo no computado. Una confluencia perfecta de fuerzas sociales, políticas y económicas nos obliga a examinar las consecuencias de una doctrina financiera que recalca hasta tal punto lo deseables que son las utilidades a corto plazo, que no ve los costos morales o sociales de obtenerlas. En el 2005, cuando el ex director ejecutivo de Tyco, Dennis Koslowski, y el fundador de Adelphia, John Rigas, se vieron ante condenas a largos años de presidio, y estallaron nuevos escándalos en firmas como AIG, Merck y Fannie Mae, inversionistas y consumidores por igual se preguntaron otra vez cuánta más corrupción corporativa pueden aguantar el capitalismo y el público.

Como resultado, gana otra vez impulso la búsqueda de un capitalismo consciente, esto es, de integridad, honradez y administración preclara, lo mismo que de más altas normas sociales y ambientales.

A lo largo de todo este ejercicio, muchas veces penoso, estamos despertando la conciencia, renovando la esperanza y disponiendo el escenario para que la libre empresa pueda evolucionar a una nueva y gran etapa. Hoy estamos dando a luz una nueva y más sabia versión del capitalismo, que reconcilia las ganancias con los valores que nos son caros, y ya se ven señales de progreso en todos los ámbitos. Lo que sorprende es cuán lejos ha llegado ya este proceso.

Demos la bienvenida al amanecer del capitalismo consciente, una cruzada popular, descentralizada, de ancha base, para curar los excesos del capitalismo con valores humanos trascendentales. Todos los días, el capitalismo consciente gana nuevos conversos en las salas de reunión de las juntas directivas en todo el mundo. Swartz y otros líderes de ese talante son la vanguardia de este pujante movimiento popular.

Juntas, las actividades de millones de nosotros, "en el supermercado o el mercado de valores"*, están esbozando una variedad más integral de capitalismo, que para siempre opacará a la Escuela de Chicago y hará merecedor a alguien, en alguna parte, de un premio Nobel.

La ruta del capitalismo consciente

Ya sea que el índice Dow suba a nuevas cumbres o se hunda en nuevas simas, ¿seguirán los inversionistas corrientes como nosotros confiando alegremente en las empresas —con todo y escándalos, quiebras y demás— confiados en que la ley Sarbanes-Oxley y sus similares nos protegerán de la próxima tanda de pícaros? Por otra parte, ¿queremos apoyar un capitalismo codicioso que, como alega Jeff Swartz, vuelve la espalda a la justicia para alcanzar su meta única de ganar dinero, sobre todo si se considera que la investigación que se

---

*   "Responsabilidad en el supermercado y en el mercado de valores" es el lema
      de *Green Money Journal*, descrito más adelante en este mismo capítulo.

verá en este capítulo muestra que las compañías en las que
prima la moralidad superan a las demás en el mercado?

Antes de que el lector tome su decisión, debe acompañar-
me a conocer a varias firmas pioneras en materia de responsabilidad social y activistas que dedican la vida a transformar
las empresas. Por el camino descubrirá cuán acertado es
atender tanto a las utilidades como a los principios.

RESPONSABILIDAD SOCIAL CORPORATIVA

Cuando por los años 90 se fundó en San Francisco la entidad
sin ánimo de lucro Business for Social Responsibility (BSR),
contaba con unos pocos miembros. Hoy la integran 400
organizaciones, la mitad de las cuales figuran entre las 500
reseñadas por la revista *Fortune*. BSR define la responsabilidad social corporativa (RSC) como "un conjunto integral de
políticas, prácticas y programas" que obtienen éxito financiero y al mismo tiempo "honran los valores éticos y respetan a
las personas, las comunidades y el ambiente natural".

En otras palabras, las firmas con RSC tienen *conciencia* de
cómo su proceder afecta a quienes las patrocinan y a quienes
les sirven. Desde luego que se preocupan por los accionistas,
pero también por otros interesados, como son los empleados, los clientes, los proveedores y las comunidades locales
y ubicadas en el extranjero, y por el planeta Tierra.

Además de suscribirse a entidades como BSR, las empresas estadounidenses manifiestan su voluntad de sostener el
capitalismo consciente y patrocinan estándares como los
principios de la CERES (Coalición de compañías ambientalmente responsables) y por medio de la GRI (Iniciativa de
informes globales).

LOS PRINCIPIOS DE LA CERES

En 1989, la CERES adoptó un código de 10 puntos de conducta ambiental corporativa. En 1993, Sunoco fue la primera de las 500 firmas reseñadas en la revista *Fortune* que refrendó esos principios:

1. Protección de la biosfera
2. Utilización sostenible de los recursos naturales
3. Reducción y eliminación de desperdicios
4. Conservación de la energía
5. Reducción del riesgo
6. Productos y servicios seguros
7. Restauración ambiental
8. Información para el público
9. Compromiso de la administración
10. Auditoría e informes

Hoy en día, más de 70 compañías —desde líderes ambientalistas como Body Shop e Interface, pionera fabricante de alfombras y baldosines, hasta gigantes globales como Bank of America, Coca-Cola y Nike— patrocinan dichos principios.

La GRI publica directivas uniformes para las sociedades anónimas, lo mismo que para los gobiernos y las organizaciones no gubernamentales que resuelvan informar al público sobre los aspectos sociales, ambientales y económicos de sus operaciones. Más de 600 organizaciones han adoptado las directivas de la GRI.

¿Por qué las compañías más valiosas, menos frágiles y más estables se congregan bajo las banderas de la responsabilidad social corporativa? Muchas quieren proceder como es debido, desde luego, pero también hay una razón práctica: la reputación de ser socialmente responsables fortalece el prestigio de su nombre, mientras que ser tenidas por socialmente irresponsables lo perjudica. Las implicaciones del mercado son considerables, como es de esperarse.

En efecto, la cruzada en favor de la responsabilidad corporativa ha ganado ya un inmenso apoyo popular. Cuando la Conference Board* encuestó a 25 000 personas en 23 países, *dos terceras* partes de ellas manifestaron su voluntad de "ir más allá del énfasis tradicional puesto en las utilidades y contribuir a objetivos sociales más amplios".

Eso es justamente lo que ya están haciendo las principales empresas con RSC:

- La campaña interna de 3M contra las emisiones de carbono está reduciendo la emisión de gases de invernadero en todas sus instalaciones en 60 países.

- General Mills invirtió 2 millones de dólares en una operación conjunta entre Glory Foods, una empresa de propiedad de minorías, y Stairstep Initiative, un organismo comunitario, para fundar un negocio de propiedad de los empleados y crear 150 empleos en un barrio marginado de Minneapolis.

- La tecnología de Procter & Gamble (P&G) ayuda a la gente en países en vías de desarrollo a desinfectar el agua de sus casas con poco costo. La gigantesca empresa de bienes de consumo también ayuda a nueve bancos de propiedad de minorías e invierte en fondos de capitales de riesgo para negocios de minorías. "La diversidad es cuestión de ética", dice el vocero de P&G, Terry Loftus, "y una estrategia comercial fundamental".

---

* La Conference Board es una organización estadounidense sin ánimo de lucro que "crea y difunde conocimiento sobre administración y marketing, para ayudarles a las empresas a fortalecerse, y servir a la sociedad", según reza su credo. *(Nota del editor.)*

- El excelente servicio de Motorola a sus clientes descansa
  en su dedicación a la "biónica", un nuevo campo en el cual
  la inspiración para la creación de nuevos productos proviene de la "sencillez, eficiencia y belleza de la naturaleza".

Todos los años, *Business Ethics,* informe trimestral sobre
la responsabilidad social de las compañías, publica una lista
de 100 firmas que pueden ser consideradas "buenas ciudadanas". 3M, General Mills, P&G y Motorola siempre figuran
en la lista. Sirviéndose de una clasificación ideada por KLD
Research & Analysis, *Business Ethics* las ordena según su
respuesta a siete grupos de interés: los accionistas, la comunidad, las mujeres y las minorías, los empleados, el medio
ambiente, los interesados por fuera de los Estados Unidos y
los clientes.

Otros ejemplos de ganadoras son:

- Cummins Engine, en uno de cuyos proyectos ejecutado
  cerca de las instalaciones de San Luis Potosí, en México,
  se enseñan a los ciegos las destrezas elementales de la
  carpintería. En el Brasil, donde los chicos se metían por
  debajo de su cerca metálica a robar metal laminado,
  Cummins construyó una escuela para 800 muchachos.
- Wild Oats, empresa de abarrotes naturales, vende un
  80 % de productos orgánicos. Quien trabaje allí 25 horas
  o más tiene participación en las utilidades. Su competi-
  dora Whole Foods, cuya energía es generada en un 25 %
  por vía solar, aparece con regularidad en la lista de las
  100 mejores de la revista *Fortune.*
- Intel, la gigantesca productora de microchips electrónicos, tiene la seguridad como punto de referencia. Si uno
  de sus 80 000 trabajadores pierde un día de trabajo

debido a una lesión, el director ejecutivo tiene que ser informado en el término de 24 horas. Intel estudia las causas del accidente para evitar que vuelva a ocurrir. El resultado es una tasa minúscula de accidentes: 0,27 % frente al promedio de 6,7 % de la industria.

Starbucks y el café en grano

Starbucks está ya consagrada entre los negocios en los Estados Unidos. Los *lattes* hirviendo y los *espressos* negros como tinta alimentan la economía digital. Los confortables cafés de Starbucks, conectados a la Internet por vía inalámbrica, son modernos oasis para los cansados guerreros modernos que cruzan hoy el paisaje urbano. Con unos 9 250 puntos de venta y 94 000 socios, Starbucks es un actor de primera clase en la transformación del capitalismo. La responsabilidad social de las corporaciones, dice su presidente y director ejecutivo Orin Smith, quien sucedió al fundador Howard Schultz en el año 2000, "es parte tan inherente del modelo empresarial, que nuestra compañía no puede operar sin ella". Desde hace mucho, Starbucks figura siempre en la lista de las 100 mejores compañías de la revista *Fortune* y se ha hecho famosa por los beneficios que concede incluso a los trabajadores de medio tiempo, los cuales incluyen opciones de acciones y planes de salud.

Pero ¿cuántos de los 33 millones de clientes semanales de Starbucks saben que esta firma de 5 300 millones de dólares está comprometida con todos los interesados, desde cultivadores de café hasta socios (empleados), mientras crece a un paso vertiginoso que satisface a los accionistas?

Starbucks imprime su sello en el planeta en virtud de su impacto en el producto básico que la hizo rica y famosa: el noble grano de café. Si los cultivadores elevan los estándares de calidad y ambientales, sociales y económicos, Starbucks les confiere la categoría de "proveedores preferidos" y les paga los precios más altos por su cosecha. En el 2004, pagó en promedio 1,20 dólares por libra del grano verde (sin tostar), un 74 % más que el precio del mercado.

Ese beneficio puede significar, por ejemplo, que un cultivador colombiano resuelva sembrar café en lugar de coca, planta de la cual se extrae la cocaína, la droga que destruye comunidades en todo el orbe.

Starbucks promueve la agricultura sostenible y la biodiversidad, pues favorece el café de sombra, que economiza tierra que puede utilizarse simultáneamente como bosque tropical. En el 2002, Starbucks compró 20 veces más café de sombra que en 1999. En el 2004, compró 2 100 000 libras de café cultivado a la sombra, frente a 1 800 000 libras en el 2003. En reconocimiento de tales esfuerzos, Starbucks y su socia Conservation International ganaron el World Summit Business Award a la promoción del desarrollo sostenible.

La evolución de la empresa libre

El capitalismo es un ingenioso sistema económico que ha evolucionado hasta reflejar la *conciencia* de sus miembros. Nosotros, los capitalistas, nos encontramos en medio de un despertar masivo. Debido a la agitación de los años 90 —la burbuja tecnológica, la quiebra del mercado, la recesión y los escándalos en materia de contaduría corporativa—, todos sentimos los penosos resultados de una doctrina empresarial cuya única meta es obtener ganancias... cueste lo que cueste.

Las consecuencias morales del capitalismo fundamentalista son más y más intolerables.

Lo que no hemos alcanzado a ver todavía es que una elevada posición moral es en realidad muy rentable.

Dinero y moral: el motor de un rendimiento superior

Antes de seguir navegando en la megatendencia del capitalismo consciente, quisiera extenderme sobre un punto crítico: la relación entre moral y dinero.

Casi todos, por espirituales que nos creamos, abrigamos la creencia de que el capitalismo a la antigua —el de quienes invierten para ganar dinero sin consideraciones morales de ninguna clase— es el que da mejores resultados. En otras palabras, que quien quiera dedicarse a la justicia social debe estar preparado para sufrir financieramente.

"Los inversionistas socialmente conscientes", escriben Marshall Glickman y Marjorie Kelly en *E Magazine,* se consideraban a menudo "inocentones de buen corazón condenados a obtener resultados 'bajo par'". Pues bien, décadas de investigación han demostrado posteriormente que esa teoría está totalmente equivocada. Las firmas socialmente responsables alcanzan repetidamente rendimientos financieros de primera que igualan y con frecuencia sobrepasan al mercado y a sus pares, probando que moral y dinero pueden ser curiosamente compatibles. Por ejemplo, Governance Metrics International calificó a las compañías anónimas por su administración, sus políticas laborales y ambientales, y su capacidad como litigantes. Las que clasificaron más alto sobrepasaron sustancialmente en rendimiento al mercado, mientras que las que clasificaron mal quedaron notablemente atrás. Morningstar, respetada calificadora de fondos mutuos, examinó en un período de tres años los socialmente responsables y encontró que 21% había ganado la máxima clasificación de cinco estrellas, el doble de todos los fondos mutuos.

Considérense estos interesantes resultados adicionales:

- Un estudio realizado en el 2002 en la DePaul University encontró que las 100 mejores empresas ciudadanas de *Business Ethics* (del 2001) superaron por *diez puntos porcentuales* en rendimientos al término medio del resto de las 500 firmas mejor calificadas por Standard & Poor's (S&P). El estudio examinó rendimientos totales, crecimiento de ventas y aumento de utilidades.

- Cuando los investigadores estudiaron a las empresas que honran a todos los interesados, no sólo a los accionistas, los resultados fueron especialmente notables. Towers Perrin estudió firmas que sobresalen en sus relaciones con los inversionistas, los clientes, los empleados, los proveedores y las comunidades. Desde 1984 hasta 1999, "las superestrellas" en esta materia superaron a las 500 compañías de S&P en un 126%. Superestrellas como Coca Cola, Cisco, P&G y Southwest Airlines mostraron rendimientos del 43% en valor total para los accionistas frente al 19% de rendimiento total para los accionistas de las 500 de S&P.

- Los empleados constituyen claramente un grupo de interés. ¿Es ventajoso tenerlos contentos? Una encuesta global de Watson Wyatt entre 400 sociedades anónimas encontró que las que tenían más consideraciones con los empleados, tales como horarios flexibles y buena capacitación, daban a los accionistas un rendimiento del 103% (en un período de cinco años), mientras que las que no les ofrecían tales ventajas redituaron 53% en el mismo período.

¿Cuál es la sencilla verdad que estos estudios revelan? ¿Por qué obtienen tan buenos resultados financieros las compañías morales? La respuesta, dicen muchos expertos, es que la responsabilidad corporativa equivale a buena administración, y una buena administración es *el* mejor indicador de un rendimiento financiero superior.

Dan Boone, quien maneja el portafolio del Calvert's Investment Equity, dice que hay una enorme superposición entre inversiones socialmente escogidas y compañías que él llama sencillamente "de alta calidad".

Pondré fin a esta sección con un último ejemplo, realmente revelador. Durante los últimos siete años, las compañías cotizadas en las bolsas de valores que figuran en la lista de "las 100 mejores para las cuales trabajar", de *Fortune,* ganaron más del triple del rendimiento del mercado general, dice un informe del 2005 preparado por Great Place to Work Institute (que recopila la lista de *Fortune* que se acaba de citar) y el Russell Investment Group. Entre 1998 y el 2004, las compañías anónimas incluidas en la lista de las "100 mejores" redituaron 176% en comparación con el 42% de las 3 000 de Russell y el 39% de las 500 de S&P.

Si estos ejemplos no fueran convincentes de que la unión de moral y dinero es posible, he reservado mi mejor prueba para el capítulo 7, "La bonanza de la inversión socialmente responsable".

¿Economía espiritual?

Pero ahora el lector me preguntará: ¿Qué tienen que ver la responsabilidad social y todas esas consideraciones económicas con la megatendencia "El surgimiento de lo espiritual" del capítulo 1?

Eso fue lo que yo le pregunté a mi viejo amigo Cliff Feigenbaum, editor de la premiada revista trimestral *Green Money Journal*. Cliff, con su picaresco guiño de ojos, su risa espontánea y su evidente inclinación mística, es un acérrimo defensor de la responsabilidad social. "Hay un lazo evidente entre espíritu y finanzas", me dice. Ese lazo lo constituyen los valores. "Mis valores no terminan cuando llego al cajero automático o al supermercado. Examine su corazón y su billetera y pregúntese si están de acuerdo. Tome decisiones financieras que estén de acuerdo con sus valores". Con razón Cliff ha escrito un libro en colaboración con Hal y Jack Brill, padre e hijo, titulado *Investing with Your Values* (Bloomberg Press, 1999).

Todavía está indignado con lo que dijo la maga de las finanzas personales Suze Orman sobre la responsabilidad social en *O, The Oprah Magazine* (agosto del 2003). Su oficio, les decía Suze a sus lectores, es invertir para ganar dinero, y nada más. Fueron muchos, dice Cliff, los que protestaron en una campaña por correspondencia.

¿Pero no ha visto Orman la investigación, le pregunto a Cliff, según la cual la inversión social *supera* al mercado de valores, y por un buen margen?

"Así es, justamente", responde Cliff, para quien es absurda la idea de ganar la mayor cantidad posible de dinero, de cualquier manera que uno quiera, y luego darlo, como sugieren algunos capitalistas tradicionales, a obras de beneficencia. "Eso es como ganar dinero con acciones de tabaco todo el día y dárselo por la noche a la Liga contra el Cáncer", agrega. "*Profundamente* contradictorio".

Yo he visto a Cliff y a Hal Brill ganar el reconocimiento que merecen. A ambos los conocí en la gran reunión sobre el espíritu en los negocios organizada por Message Company de Santa Fe, Nuevo México. Solían asistir alegremente a la librería de la conferencia para tener el placer de reunirse con espíritus afines y difundir el evangelio de la inversión socialmente responsable. Hoy, empero, esos días ya pasaron. Cuando los llaman por teléfono es o *Baron's* o *The Wall Street Journal*. "Gracias a eso de la irresponsabilidad social", dice Cliff riendo, "pasé de marginal a visionario".

Desde el punto de vista espiritual, la responsabilidad social corporativa es amor, justicia y verdad en acción. Cuando un activista corporativo proyecta la luz sobre reglas opacas de administración y aumenta la transparencia o expone la pobre trayectoria ambientalista de una compañía, está ensanchando la conciencia, exactamente igual que si hubiera construido un centro de meditación.

En mi opinión, "espíritu en los negocios" y "responsabilidad social corporativa" representan dos lados de una misma moneda, las dimensiones interna y externa de un mismo fenómeno. Juntas, estas nuevas direcciones transformarán el capitalismo en los próximos diez o veinte años.

La recompensa: más apoyo popular

No cabe duda: las compañías que practican un capitalismo consciente cosechan la recompensa en la registradora. La responsabilidad social de una empresa (o lo contrario) afecta profundamente la idea que el público se forma de ella.

En el capítulo 5 vamos a explorar cómo los consumidores conscientes están transformando el capitalismo. Por ahora echemos un vistazo a la intensidad del sentimiento que inspira al público la moralidad corporativa, y cómo éste influye en sus decisiones de compra.

- El 90 % de las personas pensaría en cambiar de productos para no tener que negociar con una empresa que tienen la reputación de ser mala ciudadana, informa un estudio de Cone Corporation Citizenship, del 2004. Entre el 75 % y el 80 % está también dispuesto a hablar contra esa empresa, vender sus acciones y negarse a trabajar allí.

- Un impresionante 79 % de los estadounidenses tiene en cuenta el comportamiento cívico de las compañías cuando de comprar un producto se trata, informa una encuesta de Hill & Knowlton/Harris del 2001, mientras que un 36 % lo denomina "un factor importante en una decisión de compra".

- El 49 % cita la responsabilidad social como un factor clave en la impresión que tiene de una compañía, dice una investigación de CSR Monitor. Cuando el precio, la calidad y la comodidad son iguales, dice el estudio, la gente prefiere comprar a compañías que considera socialmente responsables.

La biodiversidad del cambio social

El aumento considerable del número de consumidores que se unen al movimiento de la RSC se debe en gran parte a líderes populares como Alisa Gravitz, vicepresidenta de Social Investment Forum y directora ejecutiva de Co-op America, un grupo de consumidores de 67 500 miembros que se dedica a sacudir la conciencia pública.

Alisa Gravitz, que tiene un grado de magíster en administración de empresas, con especialidad en economía y finanzas, no es sin embargo una activista como cualquiera de los que están siempre contra el establecimiento. Ella dice: "Los negocios son una realidad de la vida. Tenemos que negociar y tener una economía". Sin embargo, está dedicada al cambio radical, social y económico, y a plantearse interrogantes sencillos y profundos como: "¿Cómo sería un sistema económico sano?" y "¿Cuáles son las mejores prácticas para alcanzarlo?"

A mí me parece que es una mujer a la vez práctica y visionaria.

Ambientalista de corazón, Alisa a menudo invoca imágenes de la naturaleza. "Sabemos que los ecosistemas prosperan por la diversidad", explica. "En Co-op America aplicamos el principio de biodiversidad al trabajo del cambio social, es decir, utilizamos una gran variedad de estrategias de cambio".

Expone un menú de elección múltiple que incluye compromiso, drama, acciones de los consumidores y resoluciones de los accionistas (a esto llegaremos más adelante), del cual ella y otros se valen para "negociar" con las compañías, y al mismo tiempo me informa sobre las cuestiones candentes del día.

Compromiso. "Activistas en traje de calle", como los llamó uno de ellos, se reúnen con ejecutivos empresariales, discuten los problemas y ejercen presión sobre ellos para que adopten prácticas más progresistas. Co-op América persuadió a una de las más famosas revistas nacionales para que usara papel reciclado y ayudó para que Procter & Gamble vendiera en los supermercados café de comercio equitativo bajo las marcas Millstone y Folgers.

Pero el problema más serio es el de proveedores que se valen de fábricas donde se abusa de los obreros. No hace mucho tiempo, Nike fue objeto de duros ataques en la prensa por valerse de fábricas explotadoras en el extranjero. Hoy, Wal-Mart está siendo objeto de la mayor presión por la misma razón. Durante años Amy Domini, fundadora y directora ejecutiva de Domini Social Investments, trató de hacer que Wal-Mart dejara esa práctica en el exterior. Al fin se dio por vencida, pero se deshizo en el 2001 de todas las acciones que tenía en esa empresa.

Mientras tanto, la activista Shelley Alpern, de Trillium Asset Management, quien dialogó largamente con Target sobre el problema de la explotación de los obreros, dice que esa empresa lo está haciendo ahora mucho mejor (Co-op America, sin embargo, califica a Target apenas con una D + en cuanto al trato de obreros). Cuando las conversaciones con una compañía se estancan, como sucede a veces, es hora de apelar a distintas tácticas. "Preferimos llegar a un acuerdo", dice Alisa, "pero a veces no nos queda más remedio que usar el garrote y la zanahoria".

Drama. Durante la campaña para proteger las selvas vírgenes y contra Home Depot, que seguía vendiendo esa madera, campaña que se describe más adelante en este capítulo, la Rainforest Action Network apeló al sistema de usar altavoces en las tiendas mismas: "Atención, señores compradores. En el pasillo 23 hay una venta especial de madera de bosques centenarios".

Acción de los consumidores. La cruzada en favor del café de comercio equitativo es un gran ejemplo de acción popular. Lo hermoso de este esfuerzo es su sencillez: "No se necesita un gran manual de instrucciones sobre cómo hacerlo", dice Alisa. "Simplemente proporcionamos los nombres de las compañías de comercio equitativo y café de sombra. No es sino comprarles a ellas". Co-op America invita igualmente a decenas de millares de sus miembros a ejercer presión a las tiendas de víveres de su localidad a fin de que vendan esos cafés.

Alisa habla del papel único que la comunidad de creyentes desempeña en la campaña por el comercio equitativo. En la iglesia luterana se dice, agrega sonriendo, que lo que impulsa la busca de justicia social es el café.

La página web de Co-op America está repleta de ideas sobre cómo tomar parte en todo, desde los boicots hasta la compra de flores orgánicas, la participación en campañas por correspondencia o la ubicación de empresas en el "cuadro corporativo del deshonor", una lista de compañías que se consideran socialmente "irresponsables".

Se obtiene un gran poder, dice Alisa Gravitz, si se aplican *varias* estrategias como se hizo en la campaña de defensa de los bosques primitivos. Sin embargo, agrega, no hay nada tan potente como la resolución de un accionista, que pronto vamos a examinar.

La activista espiritual

Le pregunto a Alisa sobre el aspecto espiritual de su trabajo. Me señala el jardín de su residencia en Adams Morgan, barriada multirracial de Washington, D.C. "El poder de la naturaleza es un gran misterio", me dice. "Para mí, la cuestión es si tenemos los sistemas *humanos* necesarios para celebrar y proteger la naturaleza, para realmente promover la buena salud del planeta, de la cual depende la vida misma de todos los seres humanos.

La práctica espiritual de Alisa Gravitz contesta este interrogante.

Nació en Minnesota en el seno de una familia dedicada al servicio. Su padre era trabajador social y su madre enfermera. La conversación en torno a la mesa a la hora de la comida giraba en torno a la responsabilidad social.

"De niña, dice, yo daba por sentado que seguiría el ejemplo de mis padres". Luego vino la experiencia de la "conversión". "Durante el largo y frío invierno de 1970, antes del Día de la Tierra, leí el libro *The Silent Spring,* de Rachel Carson, y me impresionó profundamente". Cuando al fin se derritió la nieve, a principios de abril, Alisa salió a dar un paseo. "Era uno de esos días que uno espera todo el invierno en Minnesota. Brillaba el sol y los aromas de primavera se percibían por doquier. Uno se podía quitar la chaqueta. Miré en torno a toda esa belleza, me sentí conectada profundamente con la naturaleza y me vino el pensamiento de que todo eso lo podríamos perder. Comprendí en ese momento cuál debía ser el trabajo de mi vida, aunque fuera algo distinto del de mis padres. Mi servicio sería en favor de la salud del planeta, de la madre Naturaleza, para que toda persona sobre la tierra pueda gozar de los derechos humanos más fundamentales: aire puro, agua potable y alimentos sanos".

Lo sorprendente es que Alisa Gravitz estaba entonces apenas en el octavo grado de la escuela elemental, pero de ahí a poco se unió con varios condiscípulos, "compañeros de pilatunas", y formaron un grupo de jóvenes ambientalistas. Entonces comenzó su vida como activista. En la Universidad de Brandeis obtuvo un grado en ciencia ambiental y economía, estudios que concluyó posteriormente en la Escuela de Negocios de Harvard.

"Cuanto más estudiaba más claro veía que el problema no estaba en las ciencias sino en nosotros mismos. Incluso entonces yo veía que el problema estaba en nuestras instituciones económicas. Observo a las compañías y pregunto qué papel están desempeñando en la trama de la vida. ¿Aportan soluciones, o problemas?

La práctica espiritual de Alisa Gravitz —sanar las relaciones entre las empresas y la madre Tierra— la retará durante muchos años por venir.

3M

Todos admiramos una compañía de consumo socialmente consciente, pero hablemos de una empresa manufacturera ejemplar, cuya labor es mucho más compleja.

Existe el fuerte legado de antagonismo laboral (nosotros contra ellos) y una historia de roces con la industria de chimeneas humeantes y el planeta Tierra. Si hay alguien que pueda cambiar la marea y transformar el sector en un modelo para el siglo XXI, tendría que ser la compañía 3M, que tiene su base en Minneapolis-St. Paul, en los Estados Unidos. (¿Por qué es Minnesota, me pregunto con frecuencia, tan prolífico vivero de empresas responsables?) 3M es una compañía de 20 000 millones de dólares que da empleo a 70 000 trabajadores. Es pionera ambientalista de vieja data y su más reciente excursión en la lucha por la Madre Tierra es la disciplina visionaria y sin embargo práctica llamada "Diseño para el ambiente".

"La idea es reducir grandemente los contaminantes, prescindir de los vertederos y los rellenos sanitarios, y disminuir los ingredientes peligrosos mediante el estudio del diseño de las etapas de manufactura y de las posibilidades de reciclaje antes de que empiece la producción", dice Fran Kurk, coordinador de diseño en la oficina de asistencia ambiental de Minnesota.

"Administración del ciclo vital", como también se le llama, es el proceso mediante el cual los ingenieros diseñan en un producto, empezando desde cero, características favorables al ecosistema. Sin embargo, algunos de los productos de 3M son más viejos que nosotros, de manera que más bien es cuestión de rediseñar que de diseñar.

Hoy 3M revalúa sus productos a la luz del ambiente.

Veamos el caso del papel de lija, que 3M ha venido fabricando desde 1902. Los solventes que se usan para hacer este producto patentado son peligrosos para el ambiente, "de manera que su uso tiene que neutralizarse con controles de la contaminación", dice Kathleen Reed, vicepresidenta de operaciones ambientales. Después de gastar dos mil millones de dólares e investigar durante 15 años, la compañía está produciendo papel de lija, adhesivos y cinta pegante libres de solventes.

La madre Tierra no es la única que se beneficia. Estas modificaciones con frecuencia se reflejan directamente en el balance de utilidades. La administración del ciclo vital puede economizar un 30% en los costos de los materiales.

Fuerza para el cambio: los accionistas activistas

"Hay aspectos de la economía que se comportan como bestias indómitas y necesitan de la zurriaga para hacerlos marchar por el buen camino", escriben Marshall Glickman y Marjorie Kelly en el número de marzo/abril del 2004 de *E Magazine*. Su excelente artículo, titulado "Capital de trabajo", inspiró muchos de los puntos que se tratan en esta sección. ¿Y quién mejor para activar al mundo de los negocios que la recia banda de activistas que despiertan la conciencia y pro-yectan los reflectores sobre las firmas que hacen lo que está bien, o que *no* lo hacen, y mantienen las cuestiones candentes sobre el tapete?

En nuestros días, empero, los tábanos suelen perseguir a sus presas desde adentro. Una compañía de fondos mutuos SRI tiene invertido un millón de dólares en acciones de la gigantesca firma tabacalera Philip Morris, con el fin de obligar a sus ejecutivos a que inviten a almorzar a sus representantes y les escuchen cuando les exigen que retiren los anuncios dirigidos a los niños. El Sierra Club acumuló acciones de compañías automovilísticas y petroleras y luego lanzó una campaña contra ellas y a favor de la energía solar y eólica, y de automóviles eficientes en el uso de combustible.

Además de los medios de acción conocidos, como las campañas por correo y los boicots, los activistas aprovechan ahora el poder de los accionistas. Es la democracia en acción: con sólo una acción que uno posea de una compañía, ya tiene el derecho de asistir a la asamblea anual, hacer preguntas, votar. ¿Y si tiene 2 000 dólares en acciones? Tal vez tenga derecho de someter una propuesta. Con razón las asambleas de accionistas, que antes eran tan aburridas, se han vuelto más animadas últimamente. Gracias a los esfuerzos de los accionistas activistas, esto es, de los accionistas que se interesan más en el activismo (o por lo menos lo mismo) que en tener acciones, han ocurrido las siguientes reformas:

- Pepsico reemplazó las tapas de sus latas de refresco, con una economía de 25 millones de libras de aluminio.

- General Electric pagará entre 150 y 250 millones de dólares por descontaminar de bifenilos policlorados el río Housatonic en su sector del nordeste.

- Ford, Texaco y otras compañías de ese tenor se retiraron del programa Global Climate Coalition que los accionistas sostenían que contrariaba los esfuerzos que se hacen contra el calentamiento global.

Tampoco puede decirse que los activistas dejen escapar a "los buenos". En el 2005, Trillium Asset Management presentó una proposición en la cual se pedía a Whole Foods, la principal minorista de alimentos naturales y empresa que muchos consideran ejemplar, que informara en los marbetes de sus marcas particulares qué ingredientes podrían haber sido sometidos a ingeniería genética. Después de la votación, Whole Foods informó a Trillium que de mil amores aceptaba esa insinuación y se ceñiría a ella.

El activismo de los accionistas está aumentando más que de prisa. El número de resoluciones presentadas a las juntas directivas aumentó el 28 % entre el 2001 y el 2003 (de 261 a 320), y están ganando muchos votos más, del 8,7 % en el 2001 al 11,4 % en el 2003.

En el 2003, los accionistas votaron a favor de resoluciones de apoderados en números sin precedentes. En Intel, por ejemplo, el 48 % de los accionistas votó para pedir a la gigantesca productora de microchips que financiara las opciones de acciones. (En el 2004, el 52 % de los accionistas aprobó la propuesta, que no comprometía a la empresa.) En Avon, el

80 % de los accionistas votó a favor de la elección anual de miembros de la junta directiva.

¿Qué significan estas enormes cifras? Steve Lippman, de Trillium Asset Management, dice que los grandes inversionistas institucionales que normalmente aprueban lo que hace la gerencia, están empezando a pensar por sí mismos y votan contra la administración. Otro golpe a favor del capitalismo consciente.

Para abril del 2005, se habían presentado 348 resoluciones sobre política social (incluyendo ambientales y de equidad en el empleo), en comparación con 350 de tipo social en todo el 2004, informan el Investor Responsibility Research Center y el Social Investment Forum.

Pero no se necesitan grandes triunfos como los registrados en Intel y Avon para cambiar las cosas. La Rainforest Action Network acosó a Home Depot para que dejara de vender madera de la selva virgen. Su propuesta reunió sólo el 11,8 % de los votos, pero Home Depot resolvió no seguir vendiendo la madera objeto de la controversia. Gran éxito. No obstante, la historia no para allí. Poco después Lowes, Wickes Lumber y HomeBase siguieron el ejemplo de Home Depot.

Shelley Alpern, de Trillium Asset Management, dice que el activismo de los accionistas "es muchas veces mayor de lo que sugieren los resultados de la votación". ¿Por qué? Porque muchas veces las compañías resuelven cambiar su conducta controvertible después de que los activistas se lo han pedido discretamente detrás de bastidores.

La acción, sin embargo, no siempre se desarrolla detrás de bastidores.

Perfiles de compromiso: un día en la vida de una activista

Abril 28 del 2004, 6:00 A.M. La abogada de los accionistas Shelley Alpern, vicepresidenta de Trillium Asset Management, de Boston, despierta en un hotel Marriott de San Francisco, un poco somnolienta pero entusiasta. La víspera, ella y sus colegas del grupo Amazon Watch trasnocharon con la activista de los derechos humanos Bianca Jagger para redactar sus declaraciones para la reunión anual de accionistas de ChevronTexaco, que da inicio dentro de pocas horas.

Cansada o no, Alpern, una morena pequeña y llena de energía, *tiene* que moverse, pero se toma su tiempo para sus ritos matinales, unos 15 o 20 minutos de meditación en silencio. Más tarde dirá que ese acto de soledad le salvó el día.

En los alrededores de las instalaciones de ChevronTexaco* en San Ramón, California, se está celebrando una ruidosa manifestación. Docenas de disidentes locales y de líderes obreros cantan "Chernobyl en la selva" y llevan carteles que dicen: "Por favor, limpien el Amazonas". Evidentemente este año la asamblea anual de accionistas no va a ser muy tranquila.

Alpern y sus compañeros —Jagger, la enfermera ecuatoriana Rosa Moreno, Leyla Salazar, de Amazon Watch, varios clérigos y un par de líderes indígenas con sus típicos trajes amazónicos— reciben un apoyo entusiasta.

Éste es un momento muy importante.

Toribio Aquinda, líder de la tribu cofán, se enfrentará pronto con el director ejecutivo de la empresa cuyas explora-

---

*   ChevronTexaco cambió de nombre en el 2005 y ahora se llama Chevron. Yo
     sigo usando el viejo nombre porque ése era el que tenía en el 2004.

ciones, según dicen los activistas, han contaminado los ríos que su gente necesita urgentemente para obtener agua, han deteriorado la tierra con 627 pozos de desperdicios tóxicos y han destruido la salud de millares de personas, llevándoles cáncer, abortos y otros males incontables. Desde que empezó la tragedia, la tribu cofán ha disminuido de 15 000 personas a 800.

Shelley Alpern está a punto de presentar toda esta desgracia ante los ojos de los accionistas de ChevronTexaco, quienes, al parecer, conocen muy poco acerca de las consecuencias morales y financieras del desastre que amenaza a la compañía. Alpern ha redactado una resolución en la cual se pide un informe completo sobre el impacto que tienen en la salud y el ambiente las operaciones de ChevronTexaco en el Amazonas. Ese estudio tendría que reconocer un hecho que esta compañía siempre ha disimulado ante sus accionistas: que desde hace más de diez años ha venido tratando de defenderse inútilmente de un juicio por mil millones de dólares que le han promovido ante los tribunales los indígenas del Ecuador.

Alpern consulta su reloj y dirige a sus compañeros por una serie de puertas custodiadas por centinelas hasta el salón donde se reúne la asamblea de una de las corporaciones multinacionales más grandes del mundo.

¿Cómo han podido entrar los manifestantes? Gracias al milagro del capitalismo, cualquier accionista tiene derecho de asistir a la reunión anual y de votar sobre las resoluciones que se presenten. Varios clientes de Trillium Asset Management son accionistas de ChevronTexaco y sencillamente le dieron poderes a Alpern & Co. para representarlos.

La asamblea. Ya en el salón, el director ejecutivo David O'Reilly recorre los diversos puntos del orden del día: cifras de la operación, nuevas medidas corporativas, reelección de miembros de la junta directiva. Éstos y los altos ejecutivos ocupan el estrado frente a un auditorio de 200 personas entre accionistas, empleados y periodistas. En el pasillo central se ha ubicado un micrófono para que los asistentes puedan hacer sus preguntas y comentarios. Allí es donde Alpern va a exponer su programa como activista.

Alpern, de 40 años, parece de 25, es genial y muy vivaracha, y hoy está en su elemento. Veterana de 19 asambleas de accionistas en firmas como Allied Signal (donde actuó en contra de los grandes emolumentos del director ejecutivo), GE, Staples, Avon y Chubb, Alpern ha introducido muchas resoluciones de grupos de presión, pero esta campaña es distinta: toca puntos del corazón que la obligan a enfrentarse a la brutal realidad que algunos denominan la "globalización".

Los hechos en el Ecuador. En abril pasado, Alpern tomó parte en una gira de inversionistas patrocinados por Amazon Watch al río Amazonas, a fin de ver con sus propios ojos una destrucción comparable a la que causó el buque Exxon Valdez. Se había preparado para el choque emocional de la pobreza, pero no se imaginaba el verdadero impacto devastador de la "globalización" en gente inocente.

"Oímos muchos lugares comunes acerca de la libertad de comercio y los derechos humanos", dice Alpern, "pero todo es un poco abstracto". Ahora lo veía cara a cara: la dureza de la economía global. "Bajo la política de endeudamiento del Fondo Monetario Internacional, por ejemplo", agrega, "el Ecuador no tiene prácticamente ningún presupuesto para cuidados de la salud del pueblo ni fondos para crear empleos".

La magnitud total del sufrimiento es abrumadora, incluso para una veterana como ella, pero sigue luchando no sólo por los ideales que están en juego sino también para ayudar de una manera concreta. Dineros de ChevronTexaco podrían aliviar la suerte de algunos, pero eso podría tardar mucho tiempo en llegar. El próximo paso es claro: a esta asamblea han venido para hacer que las cosas se muevan.

Pensar rápido. Alpern se sienta en el borde del asiento, tensa y alerta. Su resolución es la penúltima de nueve. Una vez que termine su alocución, los miembros de su equipo harán preguntas y describirán lo que vieron en el Ecuador, sólo que ahora el director ejecutivo O'Reilly dice que como hay muchas resoluciones, pueden verse en el caso de limitar el tiempo de las intervenciones.

Ah, *no,* piensa Alpern. Aquí tenemos un problema. El sólo hecho de que a uno lo dejen asistir a la asamblea no garantiza que le permitan hablar. Pronto van a hacer uso de su poder para limitar la discusión. Así es como se libran de nosotros. ¡Tengo que hacer algo!

Se apodera del micrófono y pide la palabra. "Tengo una moción de procedimiento, dice. Algunos de nuestros invitados han venido desde muy lejos, desde el Ecuador. Es posible que necesitemos algo de tiempo extra". O'Reilly no promete nada; pero gracias a la rapidez con la cual ella procedió, él no parecería un caballero si los parara en seco.

¿Cómo conservó Alpern la calma y actuó de manera tan decidida? Ella lo atribuye a su meditación de la mañana: "Me ayudó a pensar con claridad y me impidió enfadarme. Estoy en una especie de juego de ajedrez. No me puedo poner muy emotiva. Tengo que pensar: ¿cuál va a ser mi siguiente jugada?"

La resolución. Al fin, los proyectos de resolución ya están sobre el tapete. Alpern lee una declaración en apoyo del suyo y termina diciendo: "Ya es hora de que nuestra compañía acabe con la mala fama que se ganó en el Ecuador".

Jagger, que visitó la zona del desastre dos veces durante los seis meses anteriores, apoya la resolución. "ChevronTexaco es responsable por el peor desastre que ha ocurrido en la América Latina", dice, "y está eludiendo su responsabilidad moral y ética".

Leída y apoyada la resolución, los adláteres de Alpern entran en acción.

"Mi pueblo está al borde de la extinción", informa Toribio Aquinda a O'Reilly. "Me temo que dentro de cinco años ya no estemos aquí. Cuando se abrió el primer pozo petrolero, mi pueblo constaba de 15 000 almas; hoy somos 800".

En seguida pasa al micrófono Rosa Moreno, una enfermera de la región, y dice: "Todos los días veo niños con erupciones de la piel, hombres y mujeres con cáncer de garganta y páncreas, una mujer que aborta. Todos sufren dolores terribles". Rosa perdió su familia por el cáncer en un pueblo cercano a los pozos petrolíferos de ChevronTexaco.

Dos monjas, ambas accionistas que acaban de regresar del Ecuador, cuentan en detalle todos los horrores que vieron. ¿Cómo podrá ChevronTexaco reparar los daños que ha causado?, preguntan.

Al recorrer el auditorio con la vista, Leyla Salazar, de Amazon Watch, ve a un accionista enjugar una lágrima, pero no reconoce ninguna otra señal visible de apoyo.

El director ejecutivo O'Reilly trata de defender a la compañía lo mejor que puede, y alega que ésta no es responsable de tantos perjuicios, puesto que ocurrieron como resultado de operaciones de la empresa nacional de petróleos, Petroecuador. Los abogados del pueblo ecuatoriano lo niegan, por supuesto, y se proponen demostrarlo ante los tribunales.

Una vez que se han contado los votos la sesión se levanta. Alpern y sus compañeros repasan los resultados. "Hablamos durante 35 minutos de las dos horas y media que duró la asamblea", dice ella, "y ganamos ¡9% de la votación!"

¿9% nada más? ¡Y lo celebra! "Estamos encantados, explica. ¿Un voto como éste, el primer año? Apenas esperábamos un 3%".

¿Que cómo lo hicieron? Ganando aliados poderosos como el Common Retirement Fund del estado de Nueva York, que posee 350 millones de dólares en acciones de ChevronTexaco, y el Sistema de jubilación de los empleados públicos de California (CALPER). Las instituciones que son inversionistas generalmente votan con la gerencia, pero esta vez no sucedió así. "Sólo necesitábamos 3% para poder volver el año entrante y obtuvimos el triple".

No hay duda de que volver es lo que Alpern ha pensado. Presionará a otros grandes inversionistas y pedirá a la Comisión de Vigilancia y Control del Mercado de Valores de los Estados Unidos que investigue si ChevronTexaco violó la obligación que tenía de revelar a los accionistas en sus informes a la Comisión el juicio que se le sigue.

Alpern sin duda sabe muy bien cómo mantener los problemas a la vista del público. "Por supuesto", dice, "ayudó mucho con los medios de comunicación que Bianca [ex esposa de la estrella del rock Mick Jagger] estuviera trabajando con Amazon Watch y ya a bordo. Bianca es una profesional de tomo y lomo ".

Las resoluciones de los interesados: no hay nada igual

"Los directores ejecutivos de algunas de las 500 empresas reseñadas por *Fortune* me dicen que se les presiona de todos lados, pero cuando intervienen los inversionistas, ellos saben que el problema no va a desaparecer", dice Alisa Gravitz, de Co-op America.

Las compañías tienen sus maneras de librarse de factores perturbadores, me dice Gravitz. ¿Mala publicidad? Bueno, las habladurías no duran mucho. La gente se interesa en alguna otra cosa y se olvida del asunto. ¿Disgusto de los consumidores? Se pueden pacificar si se les dan unos buenos cupones de descuento. Sin embargo, los inversionistas nunca lo dejan a uno en paz. Las resoluciones que proponen sus representantes sólo necesitan unos pocos votos para volverse a presentar, así que aun cuando no se aprueben, al año siguiente vuelven los activistas.

¿Un portafolio de inversiones "limpias"?

Distintos puntos de vista, dice mi amigo Cliff Feigenbaum, son lo que hace andar a la comunidad de inversionistas responsables. El *Green Money Journal,* editado por él, sirve como plaza de mercado de las ideas, como foro para que los inversionistas responsables discutan los problemas porque, según él, "con frecuencia mucho tememos ofendernos unos a otros".

En la primavera del 2003, Paul Hawken, un distinguido ambientalista, partidario de los llamados "portafolios limpios", criticó a Amy Domini por tener acciones de McDonald's, empresa a la cual Domini presionó reservada y discretamente para que adoptara mejores políticas. Feigenbaum cree que la controversia entre la fiscalización y la defensa de una entidad refleja el crecimiento y maduración de los inversionistas socialmente responsables. "Incluso se podría alegar que no hay suficiente defensa de parte de nuestra comunidad", dice Cliff. "Eso es un peligro. Si no estamos también del lado de quienes actúan responsablemente, no tendremos voz".

DE VISIONARIOS A MIEMBROS DE LA CORRIENTE DOMINANTE: LA DEMOGRAFÍA DE UNA TRANSFORMACIÓN

Ya hemos visto dos razones por las cuales el capitalismo va a sufrir un cambio definitivo:

1. La espiritualidad personal, habiendo llegado a masa crítica, está pasando a ser corporativa; y
2. la crisis del capitalismo pide una nueva ideología.

Estas dos megatendencias, el poder del espíritu y el surgimiento del capitalismo consciente, están convergiendo para transformar la libre empresa, pero podrían no triunfar sin un factor adicional:

3. La demografía de las empresas está cambiando dramáticamente.

Las filas del capitalismo consciente

¿Quiénes son hoy las personas de negocios? ¿Una elite ejecutiva (y un ejército de atildados jóvenes profesionales) cuya única pasión la constituyen los sueldos lucrativos, las bonificaciones sustanciosas y las grandes utilidades por acción, cueste lo que cueste?

Reconozco que a veces *parece* así, pero ¿lo es en realidad? Claro está que no. Somos millones los que queremos visión y valores, los que exigimos trabajo significativo en compañías que contribuyan a la sociedad. ¿Quiénes somos "nosotros"? Una mezcla dinámica de gerentes "ordinarios", pequeños negociantes, agentes del cambio, innovadores, activistas, inversionistas socialmente responsables, mujeres empresarias, lo mismo que directores ejecutivos y altos funcionarios con visión.

Sin embargo, de acuerdo con la CNBC y *The Wall Street Journal,* somos casi invisibles en el mundo. Pues no lo seremos durante mucho tiempo. Personas como nosotros, en un tiempo tenidas por visionarias, hemos pasado a formar parte de la corriente dominante.

Somos nosotros los individuos que hicimos de *Fast Company* la revista de negocios de más rápido crecimiento en la historia. En sólo siete años ha llegado a tener 725 000 suscriptores y 3 200 000 lectores. *Business Week* tardó 41 años en llegar a ese nivel de circulación, *Fortune* 62 y *Forbes* 67.

En la declaración de misión de *Fast Company* se dice: "Creemos que el trabajo no es únicamente el cheque de paga; es la expresión última de la propia realización. Creemos que las obligaciones de una compañía van más allá del balance de utilidades y sus accionistas, e incluye un amplio grupo de interés que comprende a los empleados, los clientes, los proveedores y la comunidad".

Millones de nosotros —gerentes, inversionistas, consumidores— nos hemos congregado en torno a esa visión, y vamos a transformar los negocios.

¿Creativos culturales contra creativos empresariales?

Recordemos los "creativos culturales" del capítulo 1, los 50 millones de personas —más de 26% de los estadounidenses— que serán la cultura dominante en el término de cinco o diez años. Pues óigase esto:

Quince millones de ellos son o gerentes o profesionales, informó el autor de *Cultural Creatives*, Paul Ray, a una audioconferencia patrocinada por Wisdom Business Network que hoy tiene 38 grupos de base en todo el mundo.

Los creativos culturales son la vanguardia de la transformación empresarial. Pero ésa no es toda la historia. Los "modernos" seguidores de Ray, como se recordará, son los que dan más peso al dinero, al estatus y al éxito, y son epítome de los grandes negocios. Sin embargo, muchos se han desilusionado de esos valores y se están pasando en grandes números a las filas de los creativos culturales.

Veinte millones de "modernos" están muy cerca de ser creativos culturales, dice la coautora Sherry Anderson.

No se puede pelear con la demografía. Según el análisis de Ray y Anderson hay:

- 15 millones de personas de negocios y profesionales son creativos culturales.
- 20 millones son modernistas simpatizantes.
- 35 millones de creativos culturales no son gerentes ni profesionales, sino consumidores o inversionistas.

Esto arroja un total de 70 millones de personas que de una u otra manera están transformando activamente el capitalismo, de ser un sistema en el cual directores ejecutivos corrup-tos y accionistas codiciosos llevan la batuta a constituir un mundo nuevo en el cual los mercados libres prosperan y honran a los interesados en el nombre de un preclaro interés propio.

Al paso que el capitalismo consciente transforma las empresas comunes y corrientes, nosotros descansamos en los hombros de algunos grandes pensadores y hacedores. Consideremos el trabajo del talentoso Paul Hawken, funda-dor de Smith & Hawken, comercializadora de elementos de jardinería por catálogo, anfitrión del programa de televisión *Growing a Business* y autor cuyo trabajo ha cambiado el mundo y a sus líderes.

"Fue como un dardo que me diera en el corazón", dice Ray Anderson, director ejecutivo de Interface, fabricante de alfombras, de la lectura del libro de Hawken *The Ecology of Comerce: A Declaration of Sustainability* (Harper Business, 1993). Yo estaba entre el auditorio en la conferencia sobre conciencia en los negocios en el 2003, cuando Anderson contó su historia una vez más y todos los circunstantes sintieron el poder espiritual de su dedicación a una empresa ambientalmente responsable, no pequeña proeza para una industria de uso intensivo de sustancias petroquímicas.

"Los que están en los negocios tienen que dedicarse, o bien a transformar el comercio en una actividad restauradora, o a conducir a la sociedad al enterrador", había escrito Hawken. Para Anderson la elección era clara.

Posteriormente Hawken unió sus fuerzas con Hunter y Amory Lovins, fundadores del Rocky Mountain Institute, para producir otra obra definitiva: *Natural Capitalism* (Little Brown, 1999), que visualizaba un nuevo mundo "verde", en el cual cuatro principios: 1) productividad de recursos radicales, 2) biomímica, 3) economía de flujo y servicio y 4) inversión en capital natural, generan prosperidad al mismo tiempo que protegen el ambiente y eliminan el desperdicio.

Natural era la palabra clave cuando estos precursores —y otros como el doctor Karl Henrik Robert, fundador de The Natural Step, entidad que les enseña a las compañías los principios de la sostenibilidad— demostraban el papel crítico que tienen que desempeñar los negocios para que la humanidad resista el impulso de destruir el planeta.

Los precursores fijaron el rumbo; los innovadores lo siguen. Hoy despertamos en un mundo nuevo en el cual la transformación y la sostenibilidad no son simples opciones valiosas sino el único camino seguro que tenemos. Por eso las personas de negocios están sintonizando en una onda nueva.

El capitalismo consciente significa que nos estamos dando cuenta del costo insoportable de una filosofía inconsciente (por no decir ilógica) que preferiría "utilidades cueste lo que cueste". La dimensión espiritual del capitalismo consciente nos dice que las respuestas a cuestiones tan ordinarias como los problemas de los negocios y tan extraordinarias como la supervivencia planetaria caen en el reino divino de la conciencia y que la práctica espiritual es la manera más eficiente de alcanzar las frecuencias en las cuales reside la sabiduría práctica.

QUÉ ES EL CAPITALISMO CONSCIENTE

Hagamos un resumen de las características de la megatendencia del capitalismo consciente que surge por estos tiempos:

1. De abajo hacia arriba: un movimiento popular de amplia base, que presiona en favor de mayor responsabilidad e integridad en los negocios.
2. De arriba abajo: sostenido por centenares de las principales compañías del mundo.
3. Orientado a la prosperidad: un motor de rendimiento financiero superior.
4. Movido por los inversionistas: atrae a miles de millones de personas a fondos socialmente responsables, como se verá en el capítulo 7.
5. Activista: un semillero de apoyo de todo tipo de interesados.
6. Demográfico: refleja el cambiante perfil humano de los negocios.
7. Consumista: gana cada vez más apoyo público en el mercado.
8. Espiritual: es la manifestación en el mundo real de la búsqueda de lo trascendental en los negocios.

Como lo ilustra esta letanía, capitalismo consciente es un fenómeno multidimensional. Se podría imaginar como el "capitalismo de los interesados" o darle el nombre de "triple balance de utilidades", pero hay aun más que eso.

El capitalismo consciente es la matriz dinámica de las tendencias sociales, económicas y espirituales que están transformando la libre empresa.

3

Dirigir desde el medio

¿Quién ha sido bendecido con el poder de transformar una compañía? ¿A qué fuerza impulsora se debe su éxito?

La creencia vulgar nos dice que es el director ejecutivo. "En cuatro años", decía con mucho entusiasmo *Fortune,* "Lou Gerstner le agregó 40 000 millones de dólares al valor de mercado de la IBM". ¿Pero es esto exacto? ¿Lo hizo todo él solo? Claro que no, pero así era como Wall Street y los medios de comunicación pintaban el mundo del comercio en los años 90, la década loca, especulativa, que exaltó el mito del director ejecutivo superestrella.

Todo el mundo sabe que se necesita *toda* una organización para crear el valor de una compañía, ya sea que se mida en ventas, en utilidades por acción o en capital de mercado. Lo que todavía no entendemos es qué significa esa pequeña verdad:

El liderazgo no reside únicamente en manos de los altos ejecutivos.

Los líderes no elegidos, los mandos medios rebeldes, producen cambios verdaderos, dice Jon Katzenbach, veterano de 39 años con McKinsey & Company, autor de muchos libros, entre ellos *Peak Performance* (Harvard Business School Press, 2000) y fundador de Katzenbach Partners, LLC. Estos "líderes del cambio", como los llama Katzenbach, poseen destrezas técnicas, están orientados hacia las personas, son flexibles, locos por resultados, maestros en motivación y dispuestos a romper las reglas. Fluctúan entre los 25 y los 40 años de edad. La tercera parte son mujeres.

"Para una transformación en grande escala se necesita una masa crítica de líderes de cambio en el medio de la organización", dice Katzenbach.

Mientras pasamos a trompicones por la década "de los dos ceros", una nueva generación de líderes espirituales vive la realidad que describe Katzenbach. La fama del director ejecutivo carismático ha entrado en decadencia y, como se verá en el presente capítulo, una nueva estrella se eleva en el horizonte corporativo. El más reciente héroe de los negocios, y tal vez el que menos se esperaba, es el gerente honrado y trabajador .

El director ejecutivo sabio

Cuando los mercados cayeron y millones de millones se esfumaron a raíz de los escándalos de contaduría, los inversionistas y el público querían saber dónde estaban los directores ejecutivos que se paraban y decían: "No jugamos. Este juego no está bien".

Yo conozco por lo menos a uno, Bill George, quien se retiró como director ejecutivo de Medtronic, insistiendo en que la misión de su compañía no era darle gusto a Wall Street sino servir a los clientes. En el caso de Medtronic, el cliente final era el paciente. "Si cuidamos del paciente", dijo muchas veces, "las ganancias vendrán por añadidura". En Medtronic ciertamente sucedió así: las utilidades fueron en promedio más del 20 % al año durante una década.

Desgraciadamente, pocos de sus colegas poseían su sabiduría, arraigada tanto en la perspectiva de su práctica como en su considerable capacidad ejecutiva. Sin embargo, incluso un director ejecutivo dinámico fortalecido con el poder del espíritu se vería en aprietos para revitalizar por sí solo una compañía. El verdadero liderazgo es función de la energía espiritual de la creación conjunta, la danza energética de los altos ejecutivos con los gerentes comunes y corrientes.

El poder espiritual del liderazgo recae en el acto de la creación conjunta.

El plan lo conciben los altos ejecutivos, pero son los gerentes y los líderes de equipo los que diseñan los medios detallados de ponerlo en práctica. Ambas cosas requieren iniciativa, creatividad y liderazgo. No es tampoco un simple "tira y afloja" sino un intercambio de energía en espiral. Infortunadamente, las empresas olvidan con frecuencia la importancia crítica de los gerentes "comunes y corrientes". Hoy, al fin, nuestra comprensión del papel que éstos desempeñan en la transformación de las compañías ha tenido un inmenso avance.

En este capítulo se describen dos tendencias comple-
mentarias en materia de liderazgo: la decadencia y ruina del
director ejecutivo célebre, y la aparición de los líderes en los
niveles inferiores. Conjuntamente, estas cambiantes direcciones han preparado el terreno para un masivo desplazamiento del poder. Sobre este nuevo entramado gerencial
florecerá el capitalismo consciente.

UNA NUEVA VERSIÓN DE LIDERAZGO

Nos encontramos en la cumbre de un cambio masivo en la
conciencia corporativa. De él depende el futuro del capitalismo — y de la propiedad. En el fondo hay una nueva
mentalidad, un punto de vista que es natural, inspirador,
afirmativo de la vida y que ya existe en toda clase de
compañías.

La nueva versión de liderazgo plantea la posibilidad
revolucionaria de que los más eficientes líderes de hoy no
sean los destacados directores ejecutivos o estrafalarios
empresarios sino los modestos y aplicados gerentes, que sin
hacer alardes y lejos de los reflectores hacen calladamente lo
que deben hacer para sí mismos, para sus colegas y para sus
compañías.

No encontraremos la relación de estas tendencias en las
páginas de *Business Week* ni de *Fortune* ni escucharemos sus
alabanzas en los programas de televisión de la CNBC, pero
hay un creciente consenso de que un nuevo tipo de gran
poder gerencial se infiltra en millares de compañías y las está
cambiando para mejorarlas. Podríamos llamarlo el triunfo
del carácter sobre el carisma.

¿Qué significa esto? Significa que llegó la hora de los gerentes populares, los hacedores, los líderes espirituales, los mandos medios, los soldados rasos, los agentes del cambio, los tábanos prácticos, los que saben, los conspiradores de abajo hacia arriba, las mujeres ejecutivas, los empresarios, los consultores, los activistas y los entrenadores que salen de la sombra y acometen la no muy secreta tarea de transformar el capitalismo.

Pero si nosotros, como gerentes, elegimos sinceramente asumir la responsabilidad, tenemos que matar antes un par de dragones. Primero, tenemos que acabar con el mito del poder de arriba abajo. En seguida, tenemos que rechazar las disculpas que impiden nuestro propio éxito, como: "¿Yo qué puedo hacer? Yo no soy el encargado".

El error que cometemos aquí es suponer que el liderazgo sólo se puede ejercer en virtud de la autoridad formal conferida a una posición de poder, como la de director ejecutivo, senador o vicepresidente de marketing.

Ya es hora de que nos iniciemos en el poder especial y único de la autoridad informal.

El llamado al liderazgo informal

Nuestro guía es mi amigo Ron Heifetz, que enseña en la Kennedy School of Government de la Universidad de Harvard. En su libro *Leadership Without Easy Answers* (Belknap/Harvard University Press, 1994) analiza la diferencia entre autoridad formal e informal y, con base en el ejemplo de líderes como Martin Luther King, Jr., Margaret Sanger y Mohandas Karamchand Gandhi (llamado *el Mahatma,* "alma grande", por su pueblo), nos convence de que la autoridad informal tiene ciertas ventajas sobre la autoridad formal.

¿Qué es autoridad informal? Según yo interpreto a Heifetz, es el poder conferido a los líderes populares por sus pares – y posteriormente por otros. ¿Cómo es? Recordemos aquellas ocasiones en las cuales uno acaba en un pequeño grupo de trabajo, tal vez de no más de cuatro o cinco personas. ¿Qué pasa? Heifetz dice que los científicos sociales que estudian los grupos pequeños y les asignan un líder informan que la gente no hace mucho caso del líder nombrado y más bien pronto elige su propio líder: ¡el informal! El grupo entonces:

- Se orienta hacia el nuevo líder,
- Espera que éste "dirija la atención a las tareas y sus temas", y
- Aumenta en cohesión una vez que aquél ha entrado en funciones".

Así pues, como lo observan los científicos, la autoridad informal nace "del respeto, la confianza, admiración, popularidad y hasta temor" de los propios compañeros.

No se necesita un experimento de laboratorio para entender esto. Esta misma escena se repite en las oficinas de todo el mundo. Los expertos en administración apremian a los altos ejecutivos para que busquen a estos líderes informales y sus redes de influencia. Sin embargo, las jerarquías corporativas rara vez siguen el consejo. ¿Por qué? Tal vez porque no se sienten seguras frente a los líderes populares a quienes se suele ver, dice Heifetz, como rebeldes que ven "a través de los puntos ciegos del criterio dominante". Esa visión, por supuesto, sería altamente ventajosa para el sistema.

Las ventajas del liderazgo informal

Heifetz describe tres beneficios del liderazgo informal sobre el formal. Para cada uno de ellos yo ofrezco un ejemplo de cómo actuó en cada caso Bárbara Waugh, líder del cambio en las compañías, a quien el lector conocerá pronto. **Laxitud para disentir de manera creativa.** Recordemos a Martin Luther King y el movimiento de los derechos humanos. Mediante la organización de manifestaciones, el desafío a las leyes racistas y el sufrimiento de condenas en la cárcel, el doctor King dramatizó la injusticia que quería destacar. En el frente corporativo, cuando Hewlett-Packard (HP) bloqueó los beneficios para las parejas que cohabitan sin casarse, heterosexuales u homosexuales, Barbara Waugh puso en escena "una tragedia griega" para dramatizar esa injusticia (más adelante se verá una relación completa de este episodio).

Concentración en una sola cuestión. Los líderes informales pueden darse el lujo de concentrarse en su primera prioridad. El doctor King tenía una pasión: los derechos civiles. Lyndon Johnson tenía que atender a Vietnam, la economía y el Congreso. De modo análogo, al paso que la ex directora ejecutiva de HP, Carly Fiorina, atendía a las guerras de los accionistas, a las utilidades del tercer trimestre y a la participación de mercado de Dell, Barbara Waugh, fundadora del proyecto e-Inclusion de HP, se tomaba el tiempo para considerar los límites de la tecnología en una gran parte del Tercer Mundo.

Proximidad a la línea de fuego. Los líderes informales están cerca "de la experiencia detallada de los interesados en una situación", dice Heifetz. Cuando Gandhi regresó a la India en 1915, después de 20 años de activismo en Sudáfrica, pudo haber encontrado una posición de dirección, pero lo que hizo fue irse por las pequeñas aldeas y empaparse de los valores, los prejuicios y "los arraigados hábitos de servidumbre y pobreza" de su pueblo. El doctor King conocía el miedo, la rabia y la humillación de la gente negra. Ni las autoridades británicas ni el gobierno de los Estados Unidos podían profundizar estas realidades. Antes de que HP formulara siquiera una política ambientalista, Barbara Waugh había organizado a los activistas de la empresa como una poderosa red de acción sostenible.

Heifetz sostiene que no se puede hablar de liderazgo sin hacer referencia a valores. Pregunta qué tal que la verdadera medida de un líder no sea con qué éxito ha influido en una comunidad o en una organización para que siga su visión, sino cómo ha logrado que la gente haga frente a los problemas y los resuelva, algo que requiere un difícil cambio de valores, creencias y conductas.

Eso, por supuesto, es lo que están haciendo multitud de activistas populares. Aquéllos de quienes se habló en el capítulo 2, por ejemplo, repetidamente levantan el espejo y tratan de que todos veamos el alto costo del capitalismo "inconsciente".

La activista corporativa

"Nos ha cegado la imagen del director ejecutivo heroico", le dijo Barbara Waugh, conocida como la revolucionaria de Hewlett-Packard, a un grupo interesado en el espíritu en los negocios que se quejaba de que no había directores ejecutivos presentes, "pero 100 000 empleados haciendo cada uno una cosa pequeña de diferente modo pueden mover una compañía tan poderosamente como cualquier director ejecutivo".

Barbara, sin embargo, no se limita a las cosas pequeñas. En colaboración con el banco Grameen, el mayor proponente de micropréstamos del mundo, fundó la iniciativa e-Inclusion de HP, cuya misión radical es llevar tecnología e infraestructura a los países más pobres. Barbara Waugh es una de las principales activistas corporativas del mundo. Se verá más sobre sus actividades en las páginas siguientes.

En cuanto a liderazgo, los mismos directores ejecutivos dan sus explicaciones, que incluyen sus disculpas: "Esta compañía tiene su propia mentalidad. Se sorprenderían ustedes si supieran qué poco control tengo yo aquí".

Bueno, tal vez sea así.

Seis razones por la cuales los directores ejecutivos están en aprietos

El director ejecutivo estrella de ayer está asediado por todas partes: arrogancia, abuso del poder, egoísmo, malversación de fondos y cosas peores. Para vergüenza de los líderes honrados, que los hay en todas partes, a todos los directores ejecutivos de hoy se les pinta con la misma brocha gorda... y manchada.

1. Una cuestión de integridad

¿Ya sabe usted que viene un nuevo programa "realista" de televisión? Se llama: *Los directores ejecutivos más sucios de los Estados Unidos.*

Infortunadamente, cuando "los malos", como los señores Rigas, Skillings y Kozlowski, aparecen en los sórdidos
titulares de los periódicos, sufre el buen nombre de todos los
directores ejecutivos. En los Estados Unidos, sólo el 47 % de
los empleados califica a sus líderes como "altamente éticos",
informa un estudio de ética en las empresas de ese país
llevado a cabo por Hudson Institute/Walker Information. Con
razón que los titanes de las corporaciones no gocen de muy
buena reputación entre el público en general. En una encuesta realizada en el 2002 por el Pew Forum, se encontró que los
estadounidenses tienen mejor idea de los políticos de Washington que de los ejecutivos de las empresas. ¡Qué dolor!

Después de nuevos escándalos en AIG, Merck y Fannie
Mae, lo más probable es que los políticos vayan todavía
adelante.

2. Decadencia y ruina del director ejecutivo superestrella

Jim Collins, conocido autor de los éxitos de librería *Built to
Last* y *Good to Great* (Harper Business 1994 y 2004)*, acaba
con el mito del heroico superjefe y ensalza en cambio el trabajo metódico y el crecimiento continuo. "El director ejecutivo es importante", dice Collins, "pero es sólo una pieza de
un rompecabezas mucho más grande".

Rakesh Khurana, de la Harvard Business School, está de
acuerdo y advierte: "Es mucho más fácil tomar hechos complejos y reducirlos a un individuo".

---

* Publicados por Editorial Norma en español, bajo los títulos *Empresas que
  perduran* y *Empresas que sobresalen*, en julio del 2003 y marzo del 2002,
  respectivamente.

Veamos el caso de Ed Breen, el ejecutivo práctico que sucedió a Dennis Kozlowski en Tyco. Breen, ex presidente y director ejecutivo de Motorola, se arremangó y acometió la difícil tarea de restaurar el prestigio de Tyco. ¿Cómo lo hizo? Fue más un caso de valor y arduo trabajo que de carisma:

- Reemplazó toda la junta directiva y el equipo ejecutivo de Tyco;
- Trasladó la elegante sede de Tyco en Manhattan a un conjunto comercial en West Windsor, New Jersey; y
- Negoció precios más bajos para cuentas de teléfono y otros costos indirectos.

Los accionistas le han pagado con su confianza. Las acciones, que tenían un precio de 8 dólares por unidad en julio del 2002, cuando él se encargó, empezaron a subir inmediatamente y en enero del 2005 se cotizaban a 36.

"El mercado quiere antihéroes", dice Neil Scarth, gerente del fondo de cobertura Symmetry Management.

"Siempre ando en busca de personas que no se promuevan demasiado", añade Bob Olstein, gerente del Olstein Financial Alert Fund.

3. Ansiedad de desempeño

El *quid* del desplazamiento del poder corporativo actual está en una nueva y sorprendente respuesta a una pregunta de negocios que con frecuencia se formula: ¿Cuánto influye realmente el director ejecutivo de una compañía en el precio de las acciones? No tanto como creíamos. Las investigaciones revelan que el impacto del director ejecutivo en el valor accionario no es mayor que "el de las condiciones generales de la industria o el del clima económico".

Así lo concluyen dos estudios citados en la revista *Fortune*. Margarethe Wiersema, profesora de administración de la Universidad de California en Irvine, examinó 83 nuevos directores ejecutivos, 40 % de los cuales habían sido contratados para realizar la recuperación de las empresas. A los dos años, en la mayoría de ellas se registraba una *baja de precios* de las acciones. De modo análogo, Constance Helfat, de la Tuck School of Business de la Universidad de Dartmouth, encontró que los directores ejecutivos ascendidos desde adentro se desempeñaban más o menos de la misma manera que los contratados fuera de la compañía.

"Lo fundamental de una compañía es mucho más importante que el director ejecutivo", dice Bob Olstein.

4. La manía de las fusiones

¿Pero qué es lo que *realmente* obsesiona a los directores ejecutivos? Las fusiones. ¿Es verdad que estas operaciones, que reciben tanta publicidad, son la razón de que suban tanto los precios de las acciones, hecho que el director ejecutivo puede reclamar como obra suya?

No precisamente. *Business Week* examinó 21 grandes fusiones realizadas en la primavera de 1998 y halló que 17 de ellas *no dieron los resultados* que los accionistas esperaban. "Si los directores ejecutivos hubieran mantenido su libreta de cheques bajo llave y candado y simplemente hubieran igualado el comportamiento de su respectiva industria en el mercado de valores, todos habrían salido mucho mejor librados", afirma esta revista. Éstas son duras palabras.

(A medida que yo leía el estudio de *Business Week,* me encogía al pensar en una de mis heroínas de los negocios, Carly Fiorina, entonces directora ejecutiva de HP, cuya fusión con Compaq se había anunciado hacía poco. Me sentí triste cuando la obligaron a renunciar en febrero del 2005, y la fusión encabezaba la principal razón para ello.)

Posteriormente *Business Week* amplió el estudio, en colaboración con el Boston Consulting Group, a 302 grandes fusiones, llevadas a cabo del 1^0 de julio de1995 al 31 de agosto del 2001. Aquí se incluyó la de AOL y Time Warner, que valía 160 000 millones de dólares, y se descubrió que en esta megafusión (¿o mejor diríamos megadesastre?) *"61 % de los compradores destruyó su propia riqueza como accionistas".* *Destruyó,* recalquemos.

¿La conclusión? La prestigiosa revista de negocios aconseja que uno, en cuanto vea aparecer dos directores ejecutivos juntos en la tribuna, debe *VENDER.*

¿Qué *está* pasando? ¿Debemos entender los inversionistas comunes y corrientes que los directores ejecutivos están despilfarrando su bien pagado intelecto para jugar con fusiones *y* quemar el valor de nuestras cuentas de fondos de jubilación en lugar de atender a más simples deberes, como administrar la compañía?

Es como para que uno se adhiera a la primera red de activistas que halle a mano. Entonces, ¿por qué se inflan tanto los directores ejecutivos con las fusiones? Ésta es la explicación que da *Business Week:* "En los años 90, las actividades de crecimiento dominaban el mercado y los inversionistas exigían compañías con crecientes ganancias por acción. *Una manera fácil de exprimir ganancias era comprar otras empresas".*

Aquí está otra vez el lado oscuro del capitalismo: la entrega inmediata del dinero o la venta de las acciones a menos precio; la meta insostenible y nada realista de utilidades siempre en aumento; la negativa a aceptar con paciencia el crecimiento de valor de una empresa a largo plazo.

En el 2005, las fusiones estuvieron otra vez en las noticias. ¿Tendrá mejor éxito la tanda siguiente? Por lo menos uno de los expertos no está muy seguro. Es Patrick Gaughan, profesor de economía y finanzas en la Universidad Fairleigh Dickinson, autor de muchos libros y artículos sobre fusiones, y quien también hace avalúos de negocios para fusiones y adquisiciones. Su último libro, titulado *Mergers: What Can Go Wrong and How to Prevent It* (Wiley 2005), describe fusiones sensacionales que resultaron fracasos megamillonarios. "Mientras más compañías recurren a fusiones y adquisiciones como fuente de nuevo crecimiento e ingresos, hay una posibilidad mayor aún de que tales operaciones salgan mal", dice la descripción del libro que hace la editorial.

5. Tempestad de despidos

En reacción a tendencias como éstas, las compañías empezaron a deshacerse de los directores ejecutivos superestrellas tan rápidamente como las respectivas juntas directivas pudieran despedirlos. En el 2002, esa especie de caballeros de industria estaba abandonando el barco —a veces arrojándose por la borda— a razón de dos por día, calcula el *USA Today*. En el solo mes de mayo de ese año, dice la agencia de reubicación laboral Challenger, Grey & Christmas, 80 directores ejecutivos "desaparecieron". La mayoría eran veteranos, experimentados líderes, no como sus colegas de las empresas punto-com del año anterior. En el 2005, la racha de despidos de directores ejecutivos estuvo otra vez en pleno auge. En enero de ese año, 92 recibieron la notificación de despido, el mayor número desde el 2001, dice Challenger, Grey & Christmas. Los directores ejecutivos han cambiado en un 53%, informa Booz Allen Hamilton en un estudio de 2 500 compañías globales. La firma de reubicación laboral Drake Beam Morin estudió 367 empresas en un período de tres años y encontró que el 57% tenía un nuevo director ejecutivo.

Mientras tanto, ¿quién está a cargo? Ya lo veremos.

6. La compensación del director ejecutivo

Si no obtenemos liderazgo, no es porque no lo paguemos. En los años 90, la paga de los empleados subió en un 37% y las utilidades de las compañías crecieron en un confortable 114%, pero la paga de los directores ejecutivos se remontó a un 570%.

No cabe duda: los directores ejecutivos cuyo nombre es hoy sinónimo de fraude, salieron indemnes con el equivalente fiduciario del asesinato. En un período de tres años, Dennis Kozlowski, de Tyco, logró 240 millones de dólares en opciones de acciones, mientras que Jeff Skillings, de Enron, se embolsó 112 millones, también en este tipo de prebenda. En efecto, las opciones de acciones para los ejecutivos se citan como una de las principales causas de la crisis del capitalismo entre el 2001 y el 2002. "La capitalización en el mercado de valores en la última parte de los años 90... engendró un desproporcionado aumento de oportunidades para la avaricia", declaró Alan Greenspan, presidente de la Junta de la Reserva Federal de los Estados Unidos. "Demasiados ejecutivos de las corporaciones buscaron la manera de cosechar algunas de esas ganancias del mercado de valores".

Mientras tanto, a los directores ejecutivos los critica el público por todo, desde los sueldos por las nubes hasta la

mala administración. Muchos se preguntan ahora qué papel
ha desempeñado el director ejecutivo en el reciente reino del
terror corporativo.

John Bogle, destacado gurú de la administración, de 76
años, fundador del Vanguard Group y padre del primer fondo
mutuo indizado, The Vanguard 500, propone limitar su
poder. Dice que ningún director ejecutivo debe ser al mismo
tiempo presidente de su junta directiva, y que esta poderosa
posición sólo se debe dar a una persona de fuera de la
compañía.

Como siempre, el visionario Mr. Bogle va más adelante
que sus colegas.

Hacia una cultura de valores

¿Hacia dónde van los negocios en la década de los dos ceros?
¿Qué estrella polar nos va a guiar? Volvamos a la cuestión que
anima el paseo por estas megatendencias económicas y
espirituales: ¿qué filosofía debe mover al capitalismo moderno cuando tratamos de recuperarnos de una serie de escándalos? La afirmación financiera de los años 90 era: "Esta
compañía arrojará crecientes utilidades trimestre tras trimestre, sea como sea". ¿Lo han olvidado realmente las
compañías?

Una cosa es segura. El mito del crecimiento continuo y
previsible de las utilidades fue justamente lo que desvió a los
directores ejecutivos y nos llevó a todos al borde del desastre
económico. Tan seductor era el canto de sirena de una
prosperidad creciente y sin fin que hasta los pequeños
inversionistas abandonamos los valores espirituales de verdad y equilibrio.

A medida que se recupera el mercado de valores, Wall Street está presionando otra vez a los directores ejecutivos para que produzcan más utilidades. ¿Qué va a detener la invención de ingeniosos malos manejos por parte de las compañías? Las reformas y los reglamentos ayudarán, por supuesto, pero algunos se muestran escépticos incluso con eso. Oigamos a Larry Elliott y Richard Schroth, autores de *How Companies Lie: Why Enron Is Just the Tip of the Iceberg* (Three Rivers Press, 2002):

La "primera línea de defensa" de las compañías, los auditores, los políticos y Wall Street "es complacer a los inversionistas creando la ilusión de reforma, pura palabrería política seguida de reglas que no se pueden hacer cumplir. La mendacidad bien manejada y dirigida sistemáticamente al público inversionista se ha convertido en la nueva ciencia de las sociedades anónimas".

Como para que el lector no se vaya a creer que los autores son completamente cínicos, también escriben: "Las compañías que rinden bien para sus inversionistas no necesitan mentir".

La cuestión es: ¿Hemos aprendido la lección? ¿Estamos preparados para recuperar *verdad* y *equilibrio* y para adoptar una filosofía práctica, sana, que diga: El camino más práctico hacia el éxito es fomentar el crecimiento a largo plazo de una empresa, en el cual las utilidades sean el resultado natural, orgánico?

Ésa es la posición que un Bill George elogiaría. Armada con esta sensata sabiduría, ¿encontrará la empresa privada valor para enfrentarse a Wall Street y convertir orgullosamente esa filosofía liberadora en su política?

Valores frente a cuplimiento

En el mercado actual son claramente visibles las señales exteriores del cambio: oleadas de reformas enderezadas a la limpieza total de un sistema corrupto y cansado. No obstante, la reglamentación de arriba abajo no puede fomentar una cultura de valores. Una cultura de complacencia, quizá; pero no de valores. Los valores se basan en la dimensión espiritual. Para que prosperen los mercados libres se necesita que los inversionistas comunes y corrientes volvamos a confiar en los negocios, lo cual no ocurrirá mientras no creamos que la cultura y la filosofía de los negocios se han transformado. Sólo las personas pueden provocar un cambio en la conciencia corporativa.

Todo lo que el sistema sabe es cómo sobrevivir. No sabe cómo curarse, pero nosotros sí lo sabemos. Sabemos que la única manera de salvar al paciente es con una inmersión en conciencia y valores. La verdad y el valor nacen en el corazón humano, de abajo hacia arriba. A millones de gerentes les encantaría manifestar tales valores y este capítulo empieza a decirles cómo hacerlo. El primer paso es adquirir claridad sobre la manera de producir resultados en los negocios, y yo tengo justamente la persona que lo puede explicar.

EL GRAN CAMBIO
DE LÍDER CORPORATIVO

Detrás de las inquietantes revelaciones sobre compensación de los directores ejecutivos y las fusiones, se ha venido gestando una silenciosa revolución en los negocios. Una vez más acogemos la sabiduría práctica que nos recuerda que la clave del éxito en los negocios es la capacidad de ver que las cosas se hagan (y no hablo de fusiones). ¿En quiénes, se podría preguntar, se va a encontrar tan preciosa capacidad?

Sí, en los gerentes comunes y corrientes y en los líderes de base.

¿Qué es ejecución?

Hasta el director ejecutivo más dictatorial estará de acuerdo con que el liderazgo efectivo depende del compromiso de los gerentes que manejan las operaciones del día a día. El poder de hacer que las cosas se realicen lo tienen *las personas*.

Harry Bossidy, de 70 años, el muy respetado presidente y director ejecutivo de Honeywell, hoy jubilado, canta las excelencias de la "ejecución" en su éxito de librería *Execution* (Crown, 2002), escrito en colaboración con Ram Charan. Una gran parte de esta obra se refiere a una clara y decisiva comunicación con los líderes de los niveles inferiores. "Las personas", dice Bossidy, "son el vínculo con una cultura de la ejecución". Exactamente lo que yo digo.

Para fortalecer ese vínculo, Bossidy apela a ritos antiguos, como las comunicaciones de seguimiento para asegurarse de que todos recuerdan lo que convinieron. También es gran partidario de evaluaciones imparciales del rendimiento y generosas recompensas para los más meritorios.

El primero de los siete requisitos de Bossidy para un director ejecutivo es, pues: "Conoce a tu gente y conoce tu negocio". Y no admite quejas del director ejecutivo que se dice demasiado ocupado para esos esfuerzos. "Estoy convencido", dice, "de que una razón importante para que tantos directores ejecutivos sean despedidos es que no le dedican suficiente tiempo a su oficio". Amén.

¿Qué aconseja Bossidy a los gerentes? "Aun cuando uno no tenga la última palabra, la ejecución es tan importante para uno como lo es para el director ejecutivo. Lo que buscamos es que las cosas se hagan. ¿En dónde no es eso importante en los negocios?"

Desgraciadamente los negocios y los medios de comunicación olvidan: 1) que los gerentes, no los directores ejecutivos, son los que realizan la tarea vital de la ejecución; 2) que el alma de la ejecución es el compromiso, no el cumplimiento; y 3) que el compromiso se fía del sagrado poder de contrato.

Si el lector ha llegado hasta aquí, estaremos de acuerdo en que muchos gerentes incorporan valores espirituales. Larry Bossidy nos muestra cuán importantes son para generar resultados. ¿Estamos ya dispuestos a aceptar la idea de que los mandos medios tienen el poder de producir cambios permanentes en las compañías?

Un nuevo tipo de héroe

Considérese esta afirmación: El liderazgo que practican millones de gerentes —silencioso, modesto, tras bambalinas— es *más persuasivo* y *más efectivo* que el atrevido y heroico liderazgo que asociamos con los directores ejecutivos y otros encumbrados líderes.

Tal es el veredicto maravillosamente subversivo que emerge hoy de los augustos claustros de las principales escuelas de negocios. Dos nuevas voces, de Harvard y de Stanford, acaban con el estereotipo del "Gran Hombre" del liderazgo y sientan las bases para una nueva teoría en la cual las estrellas ya no son los directores ejecutivos sino los gerentes del común.

Éste es el marco intelectual que necesitamos para "dirigir desde el medio".

Los trabajos de Debra Meyerson, de la Universidad de Stanford, autora de *Tempered Radicals* (Harvard Business School Press, 2001), y el de Joseph Badaracco, de Harvard, autor de *Leading Quietly: An Unorthodox Guide to Doing the Right Thing* (Harvard Business School Press, 2002), basados en años de estudio y centenares de entrevistas, inspirarán y darán valor a los líderes espirituales de todas partes. Badaracco y Meyerson registran los hechos heroicos de gente "ordinaria" en todos los niveles empresariales, cuyas pequeñas pero importantes decisiones morales frente a los dilemas de todos los días transforman las compañías. Personas como:

- Martha Wiley*, vicepresidenta ejecutiva que celebra contratos de trabajo favorables a las familias, con el objeto de facilitar las cosas para los padres jóvenes, y que discretamente muestra a sus colegas, a veces sexistas.
- Rebecca Olson, doctora en medicina, recién nombrada directora ejecutiva, que tiene que lidiar con una junta directiva compuesta por personas que trabajan dentro de su compañía, y con un ejecutivo rival, mezclado en un feo caso de acoso sexual, para poder dedicarse a su oficio.
- John Ziwak, padre deportista que trabaja en alta tecnología, quien tranquila pero deliberadamente rechaza viajes improvisados y reuniones nocturnas o de los sábados fuera de la oficina.

---

* Los nombres han sido cambiados por los autores.

Esta nueva versión de liderazgo no podía venir más oportunamente. Ante la indignación del público por el fracaso de los directores ejecutivos, ofrece la esperanza de que el alma del liderazgo no esté en una posición de poder o en un título impresionante del cargo sino en los millones de actos conscientes y de decisiones cotidianas que emanan del carácter de un líder.

A medida que esta nueva idea se arraigue, iremos prescindiendo de los viejos mitos del liderazgo, descubriremos cómo evolucionan en realidad las compañías y cómo se acelera la evolución del capitalismo consciente.

Los nuevos héroes de los negocios, empero, son visionarios prácticos. Adoptan un sano interés propio pero se mantienen alejados del sacrificio y la autodestrucción. Hacen lo que está bien hecho y sin embargo conservan su puesto. Elliot Cortez, por ejemplo, es un activo representante de marketing de especialidades farmacéuticas que olfatea un paso ético indebido y sin embargo elige entre todas sus opciones. Quiere honrar su conciencia, proteger al paciente y al mismo tiempo cumplir con su cuota de ventas.

Los discretos héroes de Badaracco

John Badaracco sostiene que los problemas difíciles rara vez se resuelven "con un golpe rápido y decisivo que viene de arriba", sino en virtud de "esfuerzos cuidadosos, bien pensados, pequeños, prácticos" de personas comunes y corrientes. La transformación puede ser un proceso modesto y tedioso, nos advierte.

En un período de cuatro años, Badaracco destiló 150 casos de estudio en simples reglas para los que quieran ser líderes, tales como "Ganar un poco de tiempo", "Estirar un poco las reglas" y "Empujar, ensayar, aumentar gradualmente".

Su precepto de "Confiar en motivos mezclados", por ejemplo, destruye la falsa dicotomía entre interés propio y altruismo. Arguye que ambas cosas se necesitan: "Quienes quieran ser líderes necesitan sacar fuerzas de una multitud de motivos, altos y bajos, conscientes e inconscientes, altruistas e interesados", escribe Badaracco. "El reto no es suprimir los intereses propios sino dominarlos, canalizarlos y dirigirlos".

La no cantada belleza del interés propio, dice, es la manera como éste lo sostiene a uno para la larga lucha, que es precisamente lo que su "discreto liderazgo" pide. El sentido común nos aconseja escoger las batallas. Badaracco agrega una apostilla: Escoger un asunto que a uno *le interese* profundamente. Los líderes tranquilos no sólo evitan equivocarse en sus ideas: *lo sienten*. Esa pasión los prepara, no para "una gloriosa carga de caballería" sino "para una larga guerra de guerrillas".

Los líderes discretos, dice, practican la moderación, la modestia y la tenacidad.

Los radicales templados de Meyerson

Los "radicales templados" no se ven a sí mismos como revolucionarios, dice Debra Meyerson. Su tono es modesto, sus pasos graduales. Creen que con paciencia, perseverancia e ingenio, la tarea se puede hacer. Aunque tengan éxito, los radicales templados *se oponen* al statu quo, hábilmente negocian compromisos creativos y al fin y al cabo desempeñan un papel tan importante como el de "colegas que tienen más autoridad".

Peter Grant, afroamericano, alto ejecutivo y veterano con tres décadas de antigüedad en Western Financial, por ejemplo, hizo contratar al principio de su carrera a unos pocos miembros de las minorías. Después, a centenares. Tras 30 años, puede contar 3 500 candidatos de minorías a quienes directa o indirectamente contrató.

El trabajo de Meyerson tiene sus raíces en teorías sociales de identidad y diferencia. Los radicales templados han dado la medida como trabajadores en la empresa, pero hay algo en su identidad —raza, sexo u orientación sexual— que los distancia de la mayoría del personal y los hace en cierto modo extraños. Honrando por igual identidad y diferencia, ellos desafían el statu quo pero conservan su posición.

"Lo que ha sido 'templado' ha sido endurecido", escribe Meyerson. "El acero templado se vuelve más resistente y más útil".

La renovación ética del capitalismo no va a ocurrir por órdenes impartidas desde arriba, por más reformas y reglamentos que dicten el Congreso, la Bolsa de Nueva York u otras entidades. Se forjará en el corazón y en la mente de las personas de negocios de todos los días. La labor de los líderes espirituales es la infusión masiva de conciencia y valores en todo el sistema, con permiso o sin permiso de las altas autoridades. En este capítulo se plantea un contexto intelectual para el liderazgo moral que salvará los mercados libres y transformará el capitalismo.

En la tumultuosa primera década del siglo XXI, las empresas aceptarán finalmente la verdad: que el liderazgo no se limita a la cúspide de la pirámide administrativa sino que se distribuye por toda la estructura, en personas competentes

de todos los niveles. La lección para el líder espiritual es:
¡Despierta! Eres el líder a quien siempre quisiste seguir.
Empieza a dirigir con el ejemplo.

PERFILES DE COMPROMISO: LIDERAZGO DESDE ABAJO

Enero del 2003. Estoy en Santa Fe, Nuevo México, donde he
venido a dar el discurso de apertura en la conferencia de
negocios y conciencia, y hay aquí una persona a quien me
muero por conocer. Estoy a la puerta del ascensor. Todavía
no llevan los asistentes tarjetas con sus nombres para iden-
tificarse. Una mujer se acerca. No se parece a la foto, pero
adivino que *tiene que ser* ella.

"¿Barbara?", me atrevo a decir. "¿Barbara Waugh?" Me
da un estrecho abrazo.

Barbara Waugh, veterana de 20 años con la gigantesca
empresa de tecnología Hewlett-Packard, es bien conocida
como agente del cambio corporativo. Fija el punto de referencia del activismo de los mandos medios, en parte porque en
su carrera anterior a su ingreso en HP, acumuló en el campo
de los derechos civiles, la paz, el movimiento feminista y las
manifestaciones callejeras una gran colección de herramientas para los líderes espirituales, fuera de que toda una noche
le sirvió de guardaespaldas a Angela Davis.

Todas esas herramientas las ha llevado Barbara al mundo
de los negocios.

*"Soy la empleada 210834 de Hewlett-Packard. No lo puedo
creer. Estoy adentro".* Desde la primera página de su libro *Soul
in the Computer* (Inner Ocean, 2001), sabe uno que tiene entre

manos una buena lectura de acelerado ritmo. Barbara gusta del tiempo presente y de la prosa escueta y vívida: "Christopher Shockey, de HP, que mide dos metros de estatura y se acaba de cortar la cola de caballo, es un granjero orgánico".

Barbara recomienda lo que ella llama "herramientas radicales y principios de cambio". Yo he incorporado algunos de sus preceptos en los subtítulos de esta sección.

Ampliar las desviaciones positivas

Barbara es una mujer emotiva y de pelea, sin pizca de arrogancia, por lo cual todos se sienten atraídos por ella casi inmediatamente. Pasan por su cubículo, comparten sus hondos secretos, se deshacen en lágrimas – y luego adhieren a sus disparatados proyectos, como ella misma los llama.

Cuando HP suspendió las prestaciones sociales para las parejas no casadas que cohabitan, sean de un mismo sexo o no, Barbara, indignada, recogió historias de homosexuales, lesbianas y heterosexuales, y tejió con sus poderosas palabras toda una especie de obra de teatro, sin que le faltara su coro de tragedia griega que cantaba los nombres de las compañías precursoras que ya reconocían prestaciones sociales a ese tipo de parejas. Tanto éxito ha tenido el drama corporativo de Barbara, que los actores lo "representan" de la oficina del director ejecutivo hacia abajo por toda la cadena de mando. ¡Y qué éxito: 60 representaciones en seis meses!

Ah, sí: los empleados de HP que cohabitan ya disfrutan de prestaciones sociales.

Aprovechar el valor de sus relaciones

Barbara entrena "líderes tranquilos", como Tan, brillante ingeniero, antiguo refugiado vietnamita que está tratando de ayudar a un orfanato en su país de origen. Sus remesas por desgracia se pierden muchas veces por el camino. Barbara le aconsejó abordar a su jefe Stan y pedirle que financie su trabajo, e idear medios técnicos para hacer con seguridad las transferencias. Tan y Stan almorzaron en un figón donde sirven fideos (ésta es la parte amable de la historia), y Stan convino en financiar 10% del tiempo de Tan.

Hacer solicitudes imposibles

En realidad Barbara *no* enumera "hacer solicitudes imposibles" entre sus herramientas radicales, pero lo practica. Segura de que iba a sufrir un rechazo, preguntó a los altos mandos por qué las reuniones estratégicas fuera de las oficinas —a diferencia de las que se celebran en las salas de juntas— eran únicamente para los más altos ejecutivos. Con gran sorpresa oyó que le respondían que, en efecto, ése era un buen punto. "Si se pueden arreglar las cuestiones de seguridad", contestaron, "la próxima reunión fuera de las oficinas se anunciará en la *intranet* y todo el que quiera puede asistir". Muchos aceptaron la invitación y la cultura de HP empezó a cambiar.

Volviendo a Santa Fe, Barbara y yo cenamos en el espléndido restaurante Pasquale's. Hablamos de la vida y la familia mientras compartíamos amistosamente nuestros deliciosos platos. Barbara y su compañera Anastasia Casulos han adoptado dos criaturas afroamericanas. Descubro con alegría que Barbara, la activista, no está por encima de hablar de cosas de mujeres: admiró mi capa de terciopelo morado y yo elogié su collar, étnico y colorido. En el camino de regreso al hotel, me contó la historia de una amiga suya muy querida, la activista Lahe'ena'e Gay, que fue asesinada en Colombia, adonde había ido para ayudarles a los indígenas Uw'a a construir escuelas. Al día siguiente, en una mesa redonda que Barbara iba a dirigir, me pidió que me sentara a su lado. "Necesito tu fuerza", me dijo al oído.

¿Fuerza yo? Después de todo lo que ella ha resistido y ha realizado, yo sé quién es la que tiene la fuerza. Pero lo que en ese momento me sedujo fue la dulzura con la que me lo pidió.

Convertir enemigos en aliados

Me encantan las anécdotas que Barbara cuenta de sí misma, como la de romper su propia regla sagrada contra los estereotipos. Alguna vez alguien le sugirió que solicitara la ayuda de su colega Rolf, que es músico. "Me estremecí. Rolf es un físico de los laboratorios de HP, pero yo ya lo había destinado al cesto de los zopencos: muy inteligente, ensimismado, sarcástico, cínico e incapaz de ayudar en cosa alguna que a uno se le ocurriera".

Con todo, le pidió su ayuda y él se la negó. A cambio, le dio una cinta con una grabación de su música. En el viaje de regreso a su casa, Barbara la tocó en el estéreo de su automóvil. "Era tan hermosa", dice, "que casi me salgo de la carretera". Barbara y Rolf llegaron a comprenderse y él pasó a ser uno de sus colegas conspiradores.

Recontextualizar lo que se está haciendo

Después de unos años, Barbara está haciendo realmente muchas cosas. Organizó una conferencia interna para reunir a los partidarios de la acción sostenible. Aislados, dice ella, estos ambientalistas no son sino símbolos, pero en masa constituyen una minoría con la que hay que contar. Lo malo es que una vez que se organizó la reunión, llegó una orden superior: todas las conferencias quedan canceladas... excepto cuando vienen clientes de visita.

En vista de ello, Barbara modificó su conferencia, le dio la forma de una visita de clientes y nadie se opuso. El resultado es que 150 personas de todas partes del mundo se reunieron durante tres días y una poderosa "minoría" regresó a su domicilio con la inspiración de que su causa es vital para que HP deje su huella perdurable en el mundo.

Recordar para quién se trabaja

Barbara dice que su misión es ayudar a los demás a "convertir sus sueños en realidad". El veterano científico Sid Liebes, que está ya a las puertas de la jubilación, soñó durante 27 años en crear lo que él llama "un viaje de una milla por el tiempo", para mostrar la evolución de la vida del hombre, incluso el actual e inminente peligro para el ambiente.

Barbara consiguió los fondos necesarios para financiar los costos iniciales y pronto 100 empleados, armados con la avanzada tecnología de impresión de HP, imprimieron carteles de un metro por metro y medio. A última hora, la corporación se alarmó. "¡Hola! ¿Qué están haciendo ustedes?" HP ni siquiera ha adoptado una posición oficial sobre el ambiente.

Barbara se hundió en una profunda desolación. ¿Cómo iba a fracasar un proyecto tan fantástico? Ya en cama, al final de un largo día de contrariedades, volvió los ojos a Dios: "Arregla esto, Señor", y, misericordiosamente, se quedó dormida. "Recuerda para quién trabajas". A las cuatro de la mañana saltó con una solución: "Ésta no es una declaración de *contenido*", explicó al día siguiente en el trabajo. "El 'viaje por el tiempo' es el *contexto* dentro del cual debemos plantear nuestros mayores interrogantes de negocios". La corporación cedió y el proyecto de Sid ha tenido un éxito formidable.

Ser el cambio que uno quiere ver

La veo como una líder imponente, pero la Barbara de su propio libro es conmovedoramente humana: a veces nerviosa, autocrítica, llorona, audaz, graciosa, y siempre arrastrada por el compromiso de sus compañeros de trabajo a quienes inicialmente no aprecia. Una y otra vez, *nerds* y mujeres superficiales resultan ser sus mejores aliados. ¿Por qué salen éstos de su aislamiento espiritual? Porque Barbara hace que el amor que los fortalece salga a la luz.

Eso es exactamente lo que usted y yo vamos a hacer.

Liderazgo desde abajo: una invitación

He expuesto ya en dónde los directores ejecutivos se desviaron del buen camino, dejaron perder el respeto que se les tenía, perdieron estatura. Hemos descubierto la nueva tendencia administrativa que proponen académicos pioneros de las universidades de Harvard y Stanford, y hemos conocido a Barbara Waugh, una de las activistas corporativas más inspiradoras del mundo.

Ya es hora de presentar al más grande de los líderes corporativos que el lector va a conocer en su vida, el verdadero guía de su alma en el azaroso empeño de transformar el capitalismo: el líder que lleva dentro de *sí mismo*.

Este libro es una crónica de las megatendencias que dispusieron la escena para esa metamorfosis, pero sin gerentes como los de todos los días, el capitalismo tal vez jamás llegaría a ser plenamente consciente. La cuestión es: ¿tomarán parte en la cruzada esos gerentes, incluyéndolo a usted?

Ha habido varios movimientos sociales importantes después de 1950: por los derechos civiles, por la paz, por la igualdad de la mujer, por la defensa del medio ambiente. Todos estos movimientos pueden sostener que han tenido grandes éxitos. Lo mismo va a suceder con la lucha por el capitalismo consciente.

SER: Salir de un lugar más profundo

Confío en que todos los que nos alineamos al espíritu seamos lo suficientemente fuertes como para abandonar el estilo tan familiar de ataque, de "nosotros contra ellos". En lugar del juego de buscar a quién culpar, el espíritu nos invita a SER el cambio que queremos ver que ocurra. Incorporar el valor que nos es más caro, ya sea la justicia, la compasión o la verdad. Pero no hay que parar allí.

Demos el siguiente paso: pasar de ser a hacer. Lanzar su propia iniciativa. Estamos en los negocios, no en un monasterio. Ejecutar. Hacer que Larry Bossidy se sienta orgulloso. Recordar, eso sí, que aun cuando uno sale del dominio del ser, no ha de perpetuar "los negocios como de costumbre". Lo que uno haga, sea lo que sea, tiene el poder de transformar porque viene de su ser y se nutre de sus valores más queridos. Personifique el valor que lo inspira, inicie las acciones que expresan su verdad y cree el éxito emblemático de su alma.

HACER: Un menú de opciones

¿Qué puede uno *hacer*? ¿Cómo puede empezar? La próxima

tormenta de ideas podría ser empresarial, inspiradora, gerencial, espiritual o educativa:

- Iniciar una clase de meditación corporativa;
- Instalar una línea de urgencia para violaciones éticas;
- Instituir un momento de silencio en las reuniones;
- Recordarles a todos los valores declarados y la misión de la compañía;
- Lanzar un club de libros de la empresa, empezando con los citados en este capítulo;
- Hablar claro en una reunión;
- Conceder un premio;
- Patrocinar un acontecimiento;
- Organizar una mesa redonda;
- Invitar a un conferenciante que inspire;
- Contar una historia;
- Recompensar a un colega;
- Humanizar un proceso robotizado; y/o
- Cortar costos, no servicios.

Un espacio sagrado

"Vivimos en un tiempo de crisis económica y gran oportunidad espiritual". Es el momento que todos hemos estado esperando.

Debido a las tendencias que se describen en este libro, los negocios han llegado a un crítico punto de inflexión. El sistema está ahora más abierto al aporte creativo, esto es, a la medicina que ofrecen los líderes populares: valores y conciencia. Es tiempo de inundar los negocios con estas preciosas energías intangibles.

¿Cómo?

Espero que la anterior lista de opciones permita que usted se inicie, aun cuando no es exhaustiva. Encontraremos mil millones de maneras de afectar el sistema, inspirar a nuestros colegas y tocarles el punto sensitivo que los moviliza para el servicio y la contribución.

Pero si esa voz interior escéptica le dice que "mi lista de opciones es superficial y no lleva a ninguna parte", siga adelante y agradézcale compartir. En cierto modo está bien. Así es como *ha sido*. Hay que reconocerlo.

¿Y qué más da? Procedamos, de todas maneras, porque nuestras acciones provienen de un lugar más auténtico: de la paciente y tranquila profundidad del liderazgo del cual hablan Meyerson, Badaracco y Heifetz. Tenemos un largo camino por delante.

¿Cómo se inunda el sistema de nueva conciencia?

Recuerdo los primeros tiempos del movimiento feminista, cuando cinco, siete o diez mujeres se reunían para "despertar la conciencia", pero viéndolo bien, nos uníamos al grupo local de mujeres por dos sencillas razones: 1) Para decir nuestra verdad y 2) para dar testimonio de la verdad de otra. Este segundo paso era crítico. Dando testimonio nos validábamos unas a otras, nos entrenábamos mutuamente para sentir la verdad de nuestro poder. ¿Qué sucedería si hoy millares de gerentes se reunieran en "círculos de conciencia" informales pero con regularidad, a tomar un café o un refrigerio y hablar de conciencia y valores en los negocios?

Estas reuniones podrían empezar con cuatro simples preguntas:

1. ¿Cuáles son mis valores?
2. ¿Cuáles son los valores de esta compañía o departamento?

3. ¿En qué somos fieles a esos valores? y

4. ¿En qué somos falsos?

O si se prefiere, no tener ninguna agenda. Hablar desde el corazón y dejar que surja el tema. Eso es lo que hace el grupo que vamos a conocer en seguida. El resultado es Sacred Space, que invoca el espíritu para crear un lugar donde la verdad se diga y se escuche.

4

La espiritualidad en los negocios

En el corazón mismo del distrito financiero de San Francisco es hora de tomar el almuerzo. Los banqueros esquivan el tráfico y se dirigen al barrio chino, mientras que los analistas invaden el café de la esquina para comprar comidas de llevar. En el piso 12 de un edificio de oficinas de Montgomery Street, donde tiene su sede una institución cuyo nombre mismo es un símbolo del capitalismo estadounidense, no se oye volar una mosca.

En la sala de juntas, en torno a una gran mesa de conferencias y con la cabeza ligeramente inclinada, 14 espíritus afines —toda una colección de edades y de razas— guardan un momento de silencio. Debra Mugnani Monroe, presidenta de Monroe Personnel Services y una de las líderes del círculo, reconoce a algunos de los asistentes habituales: Allison, una cuarentona técnica en marketing que ayudó a producir los premios Emmy; Max, de 33 años, ingeniero de Snapfish.com; Catherine, de 30, asesora de inversiones responsables. Monroe enciende una vela, y las tensiones y preocupaciones de la mañana empiezan a disiparse.

La asesora de asuntos públicos Sarah Q. Hargrave, ex ejecutiva de marketing de Sears Corporation y vicepresidenta de Northern Trust, colaboradora de Monroe en la fundación del círculo, le da la palabra al asiático que está a su izquierda, un contador público juramentado de unos 50 años, y le pide que hable de cualquier cuestión laboral o espiritual que considere de importancia.

"¿Cómo se entiende uno con una cultura que está concentrada en los números y en los resultados financieros?", comienza a decir él. Uno por uno todos se van sincerando, en una creciente atmósfera de confianza y apoyo. Antes de una hora todos dicen su verdad, encuentran nuevas perspectivas o se ofrecen recíprocamente cordiales consejos.

Bienvenidos al almuerzo informal "El espíritu en el trabajo: una conversación continuada", que celebra mensualmente la cámara de comercio de San Francisco desde hace siete años, en los buenos tiempos o en los malos. Aquí, en el corazón mismo de uno de los centros financieros más importantes de la libre empresa, en medio de las diarias tensiones de los negocios, la gente está invocando la divina presencia y creando un espacio sagrado.

En el curso de los años, más de un millar de personas, desde asistentes de gerencia hasta directores ejecutivos, han venido a los almuerzos informales de la cámara en busca de sostén espiritual. Son indios, caucásicos, del Oriente Medio, afroamericanos, vietnamitas y chinos; banqueros, contadores, expertos en relaciones públicas o en alta tecnología y entrenadores de ejecutivos.

"Hay lugares adonde uno puede ir a hablar de ser espiritual", dice Sara Hargrave, "y lugares adonde se puede ir a hablar de negocios. Pero aquí se hacen *ambas cosas"*.

Volveremos a los almuerzos informales de la cámara de comercio de San Francisco en este mismo capítulo, para descubrir qué es lo que hace que la gente vuelva año tras año.

El espíritu en los negocios: el movimiento, la megatendencia

Habiendo florecido silenciosamente durante décadas, la espiritualidad en los negocios es ya una tendencia establecida y a punto de transformarse en una megatendencia.

Con verdadero estilo de megatendencia, el espíritu está brotando en *muchas* regiones geográficas, como aparece en recientes titulares locales:

- "Organización internacional con sede en Dallas ofrece ayuda espiritual en el lugar de trabajo", informa el *Star Telegram*, de Fort Worth, en diciembre del 2004.
- "Los fieles se abren un nicho en el lugar de trabajo", se lee en un artículo de *Los Angeles Times,* en el 2005.
- "Las creencias religiosas se hacen más visibles en el lugar de trabajo", dice *The Charlotte Observer,* de Carolina del Norte.

En Boston, un desayuno de oración, secreto, para altos ejecutivos y al cual sólo se puede asistir por invitación, se denomina "Primer martes". La iglesia presbiteriana de la quinta avenida en Nueva York ofrece una serie de prédicas bajo el título "La fe en el trabajo". En Minneapolis, 150 líderes empresariales almuerzan mensualmente y escuchan a líderes como Marilyn Carlson Nelson, directora ejecutiva de Carlson Company, que les habla sobre cómo la Biblia guía sus decisiones de negocios y otros temas por el estilo. En Chicago, 60 ejecutivos, en su mayoría católicos, socios del movimiento "Líderes de los negocios defensores de la excelencia, ética y justicia" (BEEJ, por su sigla en inglés), se han venido reuniendo desde hace más de diez años para partir el pan y discutir los aspectos sagrados y seculares del trabajo. Bill Yacullo, presidente de la firma de contratación de empleados Lauer, Sharbaro Associates, de Chicago, y cofundador del BEEJ, dice que el grupo "nutre su vida espiritual y le ayuda a ser más franco y más confiado con sus clientes".

Es indudable el atractivo del espíritu en los mandos medios. La mitad de la gente ha hablado sobre fe en el trabajo en las últimas 24 horas, según una encuesta Gallup. La High Tor Alliance de Nueva York, en un estudio para el Instituto Fetzer y la Fundación Nathan Cummings, titulado "Disciplinas contemplativas aplicadas en el trabajo y la vida organizacional", encontró que el 81% de quienes respondieron usan en el trabajo prácticas individuales como oración, silencio o meditación.

"La línea divisoria entre los negocios y la vida espiritual se está borrando", comenta *The London Times*. Eso es seguro. Considere lo siguiente:

En medio de las negociaciones para la compra de la empresa fabricante de helados New Age, Terry Mollner, de Ben & Jerry, fundador de Calvert Social Investment Funds, entidad que quiere comprar la compañía, pide un receso. Ya todos están a punto de darse por vencidos y abandonar la discusión en torno a un compromiso que permita ajustar un trato. Mollner invita a toda esa gente tensa, polarizada, a guardar unos pocos minutos de silencio y sugiere que cada uno se pregunte: "¿Cuál es aquí la verdad? ¿Qué es lo más conveniente para todos?" En seguida reanuda la sesión y ofrece la palabra a quien quiera hablar. Uno por uno va haciendo uso de ella para volver a plantear su posición, pero ahora en términos que tienen en cuenta el punto de vista contrario. La negociación avanza. Mollner repite esta táctica tres veces durante semanas de conversaciones, y adelanta lo mismo cada vez.

"El actual movimiento espiritual es probablemente la tendencia más significativa en administración desde el movimiento del potencial humano de los años 50", dice Paul T. P. Wong, Ph. D., profesor en la Trinity Western University en Columbia Británica y presidente de la International Network on Personal Meaning. Los números justifican la afirmación de Wong.

Hace unos pocos años había un par de centenares de empresas sin ánimo de lucro que practicaban la espiritualidad o la fe en el lugar de trabajo, dice David Miller, director ejecutivo del Centro para la fe y la cultura, de la Universidad de Yale. En el 2005 eran por lo menos 1 200. Esas entidades sin ánimo de lucro "orientadas" a la fe de que habla Miller, ¿son de religión o de espiritualidad? Repasemos mi interpretación de cada una.

Religión es la adoración formal de Dios institucionalizada bajo una denominación; la espiritualidad es una experiencia más personal y universal de lo divino, de lo sagrado que hay en la vida de cada uno.

"Para que una organización corporativa pueda favorecer la fe, no puede promover ninguna religión en particular", escribe Susan González en un artículo sobre el Centro para la fe y la cultura. "Por el contrario, tiene que presentar un terreno en que se sientan bien los fieles de todas las religiones — e incluso los que no tengan ninguna".

Muy bien dicho. Pero como lo ilustra la lista siguiente, parece como si tanto la religión como la espiritualidad hubieran llegado a los negocios.

- Sounds True, de Colorado, un catálogo que enumera 600 títulos inspiradores, honra lo sagrado con meditaciones diarias en grupo, un momento de silencio antes de cada reunión y una sala de meditación.

- Ford, American Airlines, Texas Instruments e Intel sostienen a grupos religiosos de empleados.

- Las reuniones departamentales semanales en el Saint Francis Health Center, en Kansas, dedican 30 minutos a la reflexión y 30 minutos al diálogo sobre asuntos espirituales en la administración.

- La asociación evangelista de Billy Graham está formando personal para el ministerio en el lugar de trabajo. En el 2004, realizó su primer foro sobre liderazgo en Ashville, Carolina del Norte.

- En el SREI International Financial Limited de Calcuta, India, hay un templo en el vestíbulo principal y espacios de altar para los equipos de trabajo.

- Coca-Cola Bottling Company, de Charlotte, Carolina del Norte, reconoce que "los empleados tienen cuerpo, mente y alma". Tiene capellanes de la corporación y una declaración de misión "que honra a Dios".

- En HomeBanc Mortgage Corp., que mereció figurar en la lista de "las 100 mejores compañías con las cuales trabajar" de la revista *Fortune,* el director ejecutivo Patrick Flood abre las conferencias telefónicas con una oración.

La espiritualidad en los negocios siempre habla del espíritu como algo universal y no confesional. Nadie quiere una piedad de la cual se haga ostentación en oficinas y talleres, dice Gregory Pierce, autor de *Spirituality at Work* (libro editado en el 2001 por ACTA Publications, de Chicago, empresa de la cual es presidente). "Yo no me voy a poner a rezarle al cliente antes de venderle algo", dice Pierce. "Le voy a dar un buen producto a un buen precio y trataré de cuidar del ambiente lo más que pueda".

Pero queda en pie el hecho de que la mayoría de las grandes religiones del mundo están de alguna manera vinculadas con los negocios o la vida de trabajo. Pronto veremos cómo las grandes compañías de los Estados Unidos, como Ford e Intel, manejan la religión en el oficio, ya sea musulmana, cristiana, judía o hindú.

Entonces, ¿hablamos de espiritualidad o de religión en el trabajo? Probablemente de ambas cosas, gústenos o no. En todo caso, la línea de separación entre las dos es por lo general muy tenue.

Más adelante en este capítulo conoceremos a un ex ejecutivo de recursos humanos que sostiene que los negocios pueden manejar el delicado problema de la religión en el lugar de trabajo con el mismo equipo de personas llamado a manejar la diversidad. Mientras tanto, no se puede negar que puede ser un reto tener que distinguir entre espiritualidad y religión en los negocios.

El negocio de la restauración

¿Qué significa la tendencia a lo espiritual en los negocios?
Nace, sencillamente, de nuestro anhelo de celebrar la totalidad
de nuestro ser en el trabajo, y ése es un serio reto al sistema
empresarial tal como lo hemos conocido hasta ahora.

Vivimos en un mundo en el cual la divina presencia se
retira de las compañías y de la vida de trabajo, como si no
tuviera por qué estar allí, pero el espíritu vive en todo nuestro
ser, y si uno arranca lo sagrado de lo humano, arranca el
corazón. Sin corazón ¿cómo se hace circular la sangre? Hay
que proveer un sustituto. A los ojos de muchos, ya lo hemos
encontrado, sin duda. Se dice que los negocios adoran el dios
falso del dinero. Si no, ¿por qué hablamos del dólar todopode-
roso? La idolatría, sin embargo, desata muchos males. Enron,
WorldCom y las demás nos enseñan el lado sombrío del
capitalismo: el costo de excluir al espíritu de la sala de juntas
y glorificar las utilidades en lugar de la presencia divina.

No obstante, incluso la crisis del capitalismo tiene su
aspecto favorable. Los escándalos de la contaduría corporativa enviaron un llamado "kármico" a millones de células
dormidas codificadas con la misión de restaurar el espíritu, la
ética y los valores en el mercado de la humanidad.

Uno por uno, estamos despertando.

¿En qué negocio estamos *realmente?* Ésta es una pregunta
clave en la planeación estratégica. Cuando se trata del movimiento del espíritu en los negocios, se podría decir que
estamos en el negocio de la restauración. Nuestro nicho en el
mercado es reunir lo sagrado con lo humano en el mundo de
los negocios y el trabajo.

"La mayoría pasamos tanto tiempo trabajando que sería una vergüenza si no pudiéramos encontrar allí a Dios", dice Gregory Pierce. "Hay en el trabajo una energía creadora que está de alguna manera vinculada con la energía creadora de Dios".

La espiritualidad va a la universidad

El mundo académico bendice con conferencias, cursos y nuevos centros esta nueva megatendencia.

- En la Harvard Business School, en el 2003, un simposio dirigido por estudiantes desafió a los líderes a que volvieran a acoger los valores y explorar los puentes entre la espiritualidad y los negocios.
- La Universidad de Loyola, en Nueva Orleáns, cuenta con un Instituto de Ética y Espiritualidad en los Negocios.
- La Universidad de Santa Clara es un semillero de actividades del espíritu en los negocios.

Ahora incluso algunos programas de magíster en administración de empresas ofrecen cursos espirituales, informa *The Wall Street Journal*.

- Srikumar S. Rao, de la Columbia Business School, dicta un curso sobre "Creatividad y dominio personal", en el cual los estudiantes llevan diarios personales, asisten a retiros de fin de semana y "desnudan el alma" en la clase. El curso ha recibido tantos elogios, que la universidad ha resuelto instituir una versión para ex alumnos. "El trabajo que uno hace se necesita para expresar sus valores", dice Rao, "y beneficiar a la sociedad en general".

- En la Stanford Business School, William McLennan dicta un curso de posgrado titulado "El mundo de los negocios: indagación moral y espiritual a través de la literatura". Entre otros libros, los estudiantes leen *The Great Gatsby* y *Siddhartha,* y comparten sus propios sueños y frustraciones.

- La clase "Espiritualidad y religión en el trabajo" de la Universidad de Notre Dame invita a los estudiantes a "ver más allá del prestigio y el sueldo" y preguntarse si una compañía es también apropiada moral y espiritualmente. Aunque Notre Dame es católica, el curso toma material de fuentes judías, protestantes y budistas. Al igual que Columbia, ofrece un curso de espiritualidad a ex alumnos del posgrado en administración de empresas.

La espiritualidad fue durante un tiempo un tabú en el mundo empresarial, reconoce Thierry Pauchart, catedrático de ética en la Escuela de Altos Estudios Comerciales (HEC), de Montreal, "pero ahora la gente sufre si no puede atender a esa parte de sí misma".

En efecto, muchos líderes empresariales acogen gustosos la tendencia hacia el espíritu. El 60 % de los ejecutivos y gerentes encuestados para el libro *A Spiritual Audit of Corporate America,* de Ian Mitroff y Elizabeth Denton (Jossey-Bass, 1999), reconoce los beneficios del espíritu en el trabajo, siempre que se abstenga de imponer una religión. Mitroff es profesor en la escuela de negocios de la Universidad del Sur de California y sus hallazgos aparecieron publicados el 2001 en la revista *Fortune,* en un artículo titulado "God and Business".

Otros están de acuerdo, sobre todo en aquello de no imponer ninguna religión. El reverendo Thomas Sullivan, director espiritual en el Babson College, dice: "Quienes sienten que pueden llevar sus valores espirituales al trabajo son más felices, más productivos y se quedan más tiempo", pero, agrega, "no queremos presión proselitista en el trabajo".

Redes religiosas en Ford, American Airlines e Intel

Antes de la oración, los musulmanes deben realizar un lavado ceremonial llamado "la ablución", pero, ¿si rezan a la hora del almuerzo? Un suelto publicado en *Workforce Management*, en el 2004, informa que los trabajadores musulmanes de Ford pidieron ayuda a la Interfaith Network (financiada por la compañía) y obtuvieron autorización para utilizar los lavaderos de los cuartos de baño del departamento de desarrollo de productos para cumplir con ese rito.

"Estamos particularmente empeñados en que todos se convenzan de que no tienen que dejar su fe o sus creencias religiosas en la puerta", dice el gerente de finanzas, Daniel Dunnigan, que preside Interfaith Network. "La compañía reconoce que eso es parte de lo que son".

Ford vetó las redes de una sola fe. La Interfaith Network, a su vez, representa ocho religiones distintas: católicos, budistas, evangelistas, hindúes, musulmanes, judíos, mormones y protestantes de la corriente principal. Mensualmente les manda un correo electrónico a 6 700 empleados.

American Airlines aprobó un grupo de empleados cristianos en 1995, y para 1997 había también una red judía y otra musulmana. No ha habido ninguna dificultad con los grupos religiosos, dice la directora de diversidad Sharyn Holley. Los empleados cristianos de la compañía mandaron 729 discos

de música cristiana contemporánea a las tropas estadounidenses desplegadas en Irak.

Un grupo de trabajadores de Intel ganó viajes costeados
por la compañía a la Conferencia de diseñadores cristianos
de juegos electrónicos. A diferencia de los cristianos, los
juegos de computador son notoriamente violentos, así que
me interesó mucho leer que los técnicos que desarrollan
juegos invocan la bendición de Dios para su industria... que
ciertamente la necesita.

Capellanes en el trabajo

Marketplace Ministries, grupo que fundó en 1984 Gil Stricklin,
ex capellán militar, atiende a las necesidades espirituales de
350 000 personas en 38 estados, desde California hasta
Massachusetts. "El 50 % del personal empleado no pertenece
a ninguna organización religiosa", dice Stricklin, y el 73 % no
asiste a ningún servicio. Necesitan que alguien los asista", y
eso es lo que hacen los 1 500 capellanes de la compañía,
quienes están de servicio 24 horas al día, 365 días al año.

Pilgrim's Pride, de Pittsburgh, Texas, emplea a 35 000
trabajadores y es el mayor cliente de Marketplace Ministries.
Su director ejecutivo, Bo Pilgrim, dice: "Ésta es una tercera
persona, una fuente independiente y privada de auxilio para
los empleados. Si quieren hablar sobre cualquier cosa, pueden considerar que es una conversación privada".

¿Por qué ahora?

Cuando quiera que aparece una nueva tendencia, los entendidos, los periodistas y hasta el hombre común y corriente se
preguntan: ¿Por qué? Yo creo que la pregunta pertinente es

¿Por qué *ahora?* ¿Qué factores están llevando esta o aquella cuestión directamente a nuestra atención colectiva?

Este año. Hoy. Ahora.

El lector ya conoce la razón que para mí es la primera, de la tendencia a la espiritualidad en los negocios, descrita por extenso en el capítulo 1: la búsqueda personal del espíritu ha llegado al punto de masa crítica. Para decirlo en términos claros pero espirituales, tantas personas han absorbido y acumulado tanta energía de Dios que están pasando más allá de la curación personal a la misión y al activismo, ya sea en comunidades, en el gobierno o en las empresas. Sin embargo, hay muchas razones adicionales. En la siguiente lista anoto los poderosos factores contribuyentes que he recopilado de un buen número de entrevistas y artículos.

La búsqueda de significado. Puede uno ser completamente ateo y sin embargo anhelar un trabajo que lo llene. Además, la demografía de la generación de posguerra nos muestra que más y más personas han llegado a una edad en la cual buscan mayor significado en la vida. Quienes han triunfado y gozan de comodidades materiales llegan a la conclusión de que eso ya no basta; ahora quieren mayor significado en la vida.

Despidos masivos. Desmoralizados por los despidos, volvemos a examinar nuestros valores personales, y dudamos de los de la compañía para la cual antes trabajábamos.

Quemadura. Nos quemamos en los años de bonanza; nos quemamos en los años de crisis. No hay respiro. Los sobrevivientes de los despidos masivos se ven recargados con las tareas adicionales de los cesantes, para no mencionar la preocupación de que su propia cabeza será la siguiente que pase al tajo. El resultado es, no nos sorprendamos, más tensión. Cuando usted, amigo lector, oiga hablar otra vez de esas cifras estelares de la productividad de los Estados Unidos, considere los costos no calculados del estrés y las quemaduras.

Escándalos de contaduría. Esos vergonzosos delitos no hicieron más que confirmar lo que muchos ya hacía tiempo sospechaban: que en los negocios la virtud se supedita con demasiada frecuencia a las ventajas financieras a corto plazo y al deseo desordenado de ganancia, cueste lo que cueste.

Terrorismo y violencia en el trabajo. En tiempos atribulados como los actuales, no hay manera de dejar el alma consignada en el guardarropa de la recepción de la oficina. Los empleados rabiosos se lanzan a la violencia. La Oficina de Estadística Laboral de los Estados Unidos informa que en el 2002 (último año para el cual hay datos), hubo 18 104 trabajadores lesionados por asalto y 609 homicidios. Los Centros de Control de Enfermedades de los Estados Unidos denominan a la violencia en el trabajo "una epidemia nacional". La mayor parte de quienes perdieron la vida el 11 de septiembre estaban *trabajando*.

Competencia. "Despidos masivos, rápido crecimiento, más cortos ciclos de producción y más competidores han traído pesadumbre a muchos, y en los momentos de dolor la gente suele apelar a la metafísica y a Dios", dice David Miller, de Yale.

Pero ya basta de tribulaciones y de penas. En un plano mucho más positivo, los líderes de las compañías están empezando a entender al fin que para triunfar en la competencia del mercado global, los negocios tienen que encontrar la manera de captar la creatividad y la inventiva —en otras palabras, el poder de Dios— que la gente lleva en sí.

Eso es justamente lo que se propone la compañía cuyo caso se estudia en este capítulo.

PERFILES EN DEDICACIÓN:
ALTA TECNOLOGÍA, ALTO TOQUE

Imagínese una deslumbrante firma de alta tecnología en la cual los principios espirituales, los valores y la conciencia están entretejidos de manera tan inconsútil que en la tela resultante de la vida cotidiana hace eco el espíritu en las comunicaciones, la gestión corporativa del cambio, la formación de líderes, el entrenamiento y el bienestar.

Esa compañía es TELUS Mobility, que tiene un valor de 2 600 millones de dólares canadienses y 6 000 empleados. Es la activa división inalámbrica de TELUS Corporation, la segunda en tamaño de las grandes compañías de telecomunicaciones del Canadá. La casa matriz tiene un valor de 7 600 millones de dólares y se negocia en las bolsas de Nueva York y Toronto. En TELUS Mobility, que tenía cerca de cuatro millones de suscriptores en el 2004, los ingresos subieron en un 19 % en el primer trimestre del 2005, superando así a la rival más grande, BCE (Bell Canadá).

Por su devoción a la tecnología y al espíritu, TELUS Mobility simboliza el principio de alta tecnología y alto toque del cual hablábamos John Naisbitt y yo en *Megatendencias*. Cuanta más tecnología haya en nuestra vida, más necesitamos el contrapeso de un alto toque. TELUS Mobility lo tiene, y por eso ganó el Premio internacional del espíritu en el trabajo que se describe más adelante en este capítulo.

Transformación corporativa

TELUS Mobility es hija de la bonanza informática, una época de fusiones, adquisiciones e incontables tentativas fracasadas de integración. Por eso, "guiar a la gente en el cambio" es uno de los temas claves de la firma. Empero, lo que puede sorprender a algunos líderes empresariales es la colección de técnicas espirituales prácticas pero inspiradoras que TELUS Mobility ha empleado para alcanzar el éxito.

Guiar a la gente en el cambio

Un año después de que TELUS Mobility adquirió a Clearnet Communications en el 2000, Karen Goodfellow, entonces consultora, guió a 600 gerentes en la difícil tarea de integrar dos culturas corporativas distintas en dos provincias. Su meta era clara pero exigente: darles a los gerentes las armas necesarias para ayudar a sus empleados a manejar el cambio, aunque al mismo tiempo éstos estuvieran en la agonía del caos.

Esto suena definitivamente como una tarea para el espíritu. Entre febrero y abril del 2001, los 600 gerentes (y después 1 600 empleados) estudiaron instrumentos espirituales de reflexión, registro en un diario y visualización, y luego exploraron las aplicaciones a los negocios de principios universales como:

- Lo que resistimos, persiste.
- Cuanto más fuertes sean nuestros valores personales, más capacidad de recuperación tenemos en el caos.
- Quienes nos provocan (sobre todo a la cólera) pueden reflejar las cuestiones o aspectos de nuestro ser en los cuales podríamos tratar de mejorar.

- Nadie gana hasta que todos ganemos.
- Fortaleza mediante la diversidad.

Los ensayos de transformación personal y corporativa de TELUS Mobility tuvieron gran éxito. Los participantes, entusiastas, les asignaron un puntaje de 4,44 en una escala de 5.

El poder del bienestar

El *centro de bienestar,* "un santuario en medio del día laboral y del lugar de trabajo", es el núcleo del lado espiritual de TELUS Mobility.

¿Por qué invierte la empresa en bienestar o, lo que es lo mismo, en espiritualidad? La compañía apoya talleres de trabajo populares basados en la espiritualidad, con el fin de aumentar la energía, la capacidad de tomar decisiones, la productividad, la responsabilidad, la reflexión y el amor propio. Pero cita un factor adicional: la decisión de los empleados de emprender una jornada espiritual conduce a una salud mejor, lo cual rebaja los costos corporativos en esta materia. De 1999 al 2000, el uso de los servicios de bienestar subió en un 47%, mientras que el costo de las medicinas prescritas y las ausencias por enfermedad *bajaron* en un 16%.

Los almuerzos ofrecidos por la compañía y los cursos de estudio después del trabajo dictados por maestros y empleados incluyen meditación, T'ai Chi, yoga, manejo de la tensión, flexibilidad y concentración mental, lo mismo que danzas latinas y defensa personal. Además:

- En "Qué es la meditación" se introducen varios tipos de meditación y se describen los beneficios de la práctica espiritual, la respiración profunda y la visualización.

- En "Desencadenar el cerebro" se revive un compromiso de divertirse, correr riesgos y abrir comunicaciones.
- "¿Qué sigue en mi vida" es un curso de ocho semanas en el cual hay meditación, se llevan diarios y se visualiza para "reimaginar" dónde ha estado una persona y adónde quiere ir.

Defensa de la alineación

El primer concepto espiritual que aceptaron los negocios fue la visión. Una visión poderosa inspira a la gente y organiza las prioridades. En seguida vino la alineación: cuando las metas individuales están alineadas con las metas de la empresa, el desempeño puede ser sobresaliente.

Muchas empresas tratan de persuadir a los empleados de que si aceptan sus objetivos realizarán sus metas personales, como ser miembros del equipo o fuertes competidores. Son pocas las que dicen: "Nosotros sostendremos su formación personal con la esperanza de que algo bueno quede para la empresa". En TELUS Mobility, el 80% de los miembros del equipo tienen un "Plan de desarrollo personal".

Centenares, tal vez millares de compañías contratarían con entusiasmo a esos asesores del espíritu en los negocios si entendieran, como TELUS Mobility, la conexión directa entre espiritualidad y responsabilidad personal. En TELUS Mobility, el 92% del personal está de acuerdo con la siguiente afirmación: "Yo soy responsable de contribuir a nuestra rentabilidad".

Vamos a suponer que nuestra compañía no es TELUS Mobility. ¿Dónde encontramos el sostén espiritual para mantenernos hasta que, junto con nuestros colegas, podamos crear la refacción corporativa extrema que transforme la firma en una precursora? Tal vez en una organización de base dedicada a personas exactamente iguales a nosotros.

El espíritu en el trabajo

Judi Neal, cantante y compositora, doctorada por Yale y profesora de administración en la Universidad de New Haven, dio a luz una red informativa que nutre abundantemente a muchos líderes de niveles inferiores devotos del espíritu en el trabajo.

La Asociación del espíritu en el trabajo (ASAW) tiene 55 capítulos activos o en proceso de organización, y más de 300 socios. Desde Kittery, en Maine, hasta Austin, en Texas, y desde Toronto, en el Canadá, hasta Ciudad del Cabo, en Sudáfrica, los líderes espirituales se reúnen en cafés locales o en salas de casas particulares para escuchar a expositores que los inspiran, y para compartir sus esperanzas de un mundo en que el espíritu esté vivo en el trabajo. Los primeros capítulos, que se fundaron en la ciudad de Nueva York y en San Francisco, están funcionando todavía.

ASAW nació en una conferencia del Instituto de ciencias noéticas (IONS), en 1992. Allí, dice Judi Neal, "sintió en todo el cuerpo una descarga eléctrica de sólo pensar en el espíritu en el trabajo". Cuando otros colegas asistentes a la conferencia compartieron sus historias sobre el tema, ella siguió con un boletín noticioso distribuido a unas diez personas, pero entre 1995, cuando *Business Week* citó a Judi en un artículo sobre espiritualidad, y 1996, la ASAW pasó de 100 afiliados a 200.

El boletín noticioso de ASAW se sigue publicando y las nuevas teleconferencias bimensuales de autores, en las cuales se destacan entrevistas con escritores de libros sobre temas espirituales, están despertando mucho interés. En el apéndice de este libro se encontrará más información sobre ASAW.

Ahora vamos a descubrir cuál puede ser la contribución más importante de ASAW al movimiento de la espiritualidad en los negocios, y de qué es de lo que más se enorgullece Judi Neal.

El Premio internacional al espíritu en el trabajo

¿Qué tienen en común la minorista de modas Eileen Fisher, el periódico *The Times of India* y TELUS Mobility? Los tres son ganadores del Premio internacional al espíritu en el trabajo, otorgado por primera vez en el 2002 a entidades pioneras cuyas políticas y programas nutren explícitamente la espiritualidad en el trabajo. Este premio, creado por ASAW, es manejado hoy en colaboración con otros tres grupos: el Instituto de espíritu en los negocios, la Academia mundial de los negocios y el Foro europeo bahá'í de negocios*.

Los diez ganadores en el 2004, escogidos por un comité de activistas, ejecutivos y consultores, representan a más de 150 000 empleados en múltiples industrias de todo el mundo. Entre los agraciados figuran el Australia and New Zealand Banking Group, Ltd. (ANZ), Phenomenex, compañía global de especialidades farmacéuticas con sede en California, Excel Industries de la India, Ascension Health de Missouri y Hearthstone Homes, firma constructora de Nebraska.

---

* La fe bahá'í es considerada la más joven de las religiones independientes del mundo. Su fundador, Mírzá Husseín-'Alí (Teherán, 1817 – Acre, 1892), conocido como Bahá'u'lláh (*La gloria de Dios*, en árabe), es considerado por los baha'is como el más reciente en la cadena de mensajeros de Dios, entre quienes se incluyen Abraham, Moisés, Buda, Zoroastro, Cristo y Mahoma. *(Nota del editor.)*

¿Cuáles son lo ganadores potenciales? Se puede candidatizar a cualquier organización para el premio, siempre que tenga cinco años de existencia y dé empleo a no menos de 60 personas. Para conocer las reglas para la postulación, debe consultarse la página web de la Asociación del espíritu en el trabajo: www.spiritatwork.com.

El premio fue inspirado por el finado Willis Harman (1919-1997), profesor de ciencias sociales en Stanford, autor, fundador de la Academia mundial de negocios, presidente del Instituto de ciencias noéticas, futurista y renacentista, quien en opinión de muchos es el padrino del movimiento de espíritu en los negocios.

Explícitamente espiritual

El Premio internacional al espíritu en el trabajo busca compañías cuyo sentido del espíritu sea tanto "vertical" como "horizontal", dice Cindy Wigglesworth, presidenta de la firma consultora Conscious Pursuits, y quien presidió el comité de selección durante dos años.

¿Qué quiere decir eso de vertical y horizontal? "El espíritu vertical es el reconocimiento explícito por parte de una organización de una conexión con un poder superior, con lo trascendente, Dios o una dimensión sagrada", dice Cindy, veterana de 20 años con Exxon, empleados principalmente como gerente de recursos humanos. El espíritu horizontal, en cambio, es el que se manifiesta en el servicio y en tratar a la humanidad y al planeta con amor y comprensión, todo lo cual es la marca de la divinidad. "Muchas grandes compañías muestran espíritu horizontal", dice Cindy, "y ciertamente merecen y obtienen reconocimiento. Muchas aparecen en listas como 'Las 100 mejores compañías con las cuales trabajar' o 'Las 100 mejores compañías ciudadanas'. Sin embargo, no es eso lo que estamos buscando: Para nosotros tiene que haber un vínculo explícito con lo trascendente". Según ella, muchas firmas califican en el plano horizontal pero no en el vertical, "porque sus líderes quieren *actuar* de acuerdo con el espíritu pero no *hablar* abiertamente de ello. Eso está muy bien, desde luego, pero nosotros nos especializamos en celebrar a las compañías que tienen el valor de volar *a la vista* del radar".

¿Cuál es su visión del futuro para los premios? "La primera página de *The Wall Street Journal, The Financial Times, The Times of India"*, contesta. (Este último, ganador del premio en el 2003, probablemente encabezará la lista.) "Y si nos vemos acosados por firmas que pregunten qué se necesita para ganar el Premio al espíritu en el trabajo, tendremos que crear un programa de adiestramiento para enseñárselo", dice riendo. *"Eso* es lo que yo llamo tener éxito".

¿Suena familiar?

La devoción de Cindy Wigglesworth al espíritu en el trabajo nació de su búsqueda de la integridad. Su antigua compañía, la Exxon, era en su sentir "sobresaliente por muchos aspectos: ética, libros limpios, inmejorable en el entrenamiento de los empleados para el triunfo". Todavía estaría ella allí a no haber sido por un conflicto de valores, dice. "Mi valor principal es la fe en un poder superior; y sin embargo, pasaba la mayor parte del tiempo dedicada a mi carrera". Esa discordancia fue la causa de su descontento. "Oré durante dos años para que se me revelara lo que debía hacer".

Hace diez años tomó parte en un retiro espiritual de tres días en Unity Village, en Missouri. "Estaba sentada en la vieja capilla, constante lugar de oraciones durante casi cien años, cuando mi mente calló por completo. Eso *nunca* me sucede. Una voz interior, tan clara como una campana, me dijo: 'Jesús con un empleo, Buda con un maletín'".

Esas pocas palabras identificaron su pena, contestaron sus oraciones. Desde entonces ella ha hablado, ha escrito, dirigido entrenamiento y asesorado sobre el espíritu en el trabajo. Más adelante trabajó en un proyecto de transformación a base de valores en el Hospital Metodista, ganador en el 2003 del premio al espíritu en el trabajo que se describe en el capítulo 6.

¿Por qué es tan importante ese premio? "Porque aprendemos por el ejemplo", dice Wigglesworth. "Si un líder quiere crear una compañía en la cual el espíritu pueda prosperar, todos podemos señalar a otra compañía y decir: 'Vean lo que ellos hicieron'".

Yo me entusiasmé tanto con el Premio al espíritu en el trabajo y con la ASAW, que lancé el capítulo de Boston. Permítame el lector invitarlo a una de nuestras mejores reuniones.

El chamán corporativo

Aquí en la confortable sala comunal de mi condominio en Cambridge, la luces están tenuemente encendidas y nos disponemos a abrir la sesión de diciembre del 2004, última de las reuniones de ASAW hasta la primavera. Estamos ciertamente de ánimo festivo.

La mesa de centro, cubierta de valiosos objetos —una hermosa tela, una gran pluma, salvia y una concha gigante— se ha transformado esta noche en altar porque Richard Whiteley, de 63 años, uno de nuestros socios, nos va a llevar en un viaje chamánico por el submundo, donde conoceremos animales y remedios poderosos para sostener nuestras carreras, nuestra vida laboral y nuestros negocios.

Whiteley, un hombre de negocios que ha tenido un éxito asombroso, empezó a estudiar el chamanismo en 1992 y actualmente dirige talleres en todo el mundo para individuos, corporaciones y organizaciones muy destacadas, como el Club de presidentes jóvenes. En su libro *The Corporate Shaman: A Business Fable* (HarperBusiness, 2002), Whiteley narra la historia del chamán Jason Hand que sanó a Primetec, "una compañía de tamaño mediano que estaba en crisis".

La reunión es un deleite especial. Joe Miguez, guía de laberintos, ha venido desde New Jersey, y la fundadora de ASAW, Judi Neal, ha llegado desde Connecticut. Hay unas pocas caras nuevas, como Marvin Smith, socio de Synthetics, de Cambridge. Lynn Robinson, la experta en "intuición corporativa", está aquí, así como también mi querida amiga Donna Coombs y su novio Brett Zacker, ingeniero de Allegromicro, cerca de Worcester.

La palabra *chamán*, nos dice Richard, es de origen siberiano y significa "el que ve en la oscuridad". Desde hace 40 000 años, los chamanes entran en estados alterados de conciencia, viajan por otros mundos y traen de allá el poder y la sabiduría para curar a la gente. Gran parte de esa sabiduría, dice Richard, proviene de animales que han ayudado a la humanidad desde hace muchos siglos. "Escojan una cuestión qué preguntar a los animales", agrega, y en seguida describe lo que sucederá.

"Entraremos en la Tierra por un agujero en el suelo. Entren ustedes como quieran, arrastrándose o tirándose de cabeza. La mayoría encontrará animales, pero algunos de ustedes pueden no encontrarlos, sobre todo en su primer viaje. Eso es normal, pero no dejen de observar cualquier animal que vean dos veces. Probablemente son sus tótems".

Yo me pregunto si la suave voz de Richard no estará ejerciendo ya su magia chamánica, pues muy pronto todos nos sentimos extraordinariamente relajados. Varios estamos tendidos sobre la alfombra, con los ojos cerrados, listos a emprender la jornada. Richard empieza a tocar una cinta fantástica de tambores que ha grabado con sus hijos. Los tambores dominan la atmósfera y nosotros estamos en camino. No es una jornada larga: diez minutos o quizás un poco más. No tarda Richard en llamarnos otra vez a la normalidad. Algunos no tenemos ningún interés en regresar: estamos en un estado anímico muy alterado, pero uno por uno vamos abriendo los ojos, nos estiramos, volvemos a sentarnos en los asientos y nos contamos recíprocamente nuestras experiencias.

Yo les contaré a ustedes la mía, que me pareció muy sorprendente. En una jornada anterior yo había visto un pájaro de muchos colores, nada más, y francamente me había sentido un poco desilusionada. Ésta vez no fue así. Advierto que no soy persona muy amiga de los animales, pero encontré dos bestias enormes, un puma y un rinoceronte. En los meses siguientes la potencia, la autenticidad y lo práctico de su mensaje me golpearon una y otra vez. En mi carrera —e incluso escribiendo este libro— he tenido que trabajar con una rapidez que me vuelve loca, pero después de mi paseo chamánico montada en el puma, manejé la situación perfectamente. En otra situación, en que se trataba de propiedad raíz, me vi en un aprieto que amenazaba mis sentimientos y mis finanzas. No había más remedio que hacerme la del cuero duro y atacar... como un rinoceronte.

Centros espirituales: Washington, Minneapolis, San Francisco

Por más de 20 años, mis amigos Corinne McLaughin y Gordon Davidson han venido enseñando lo que denominan la sabiduría eterna de Oriente y Occidente, y en 1996 fundaron el Centro de liderazgo visionario en la ciudad de Washington, con la misión de nutrir los "recursos internos" que se requieren para un eficiente liderazgo.

Estos amigos, coautores de *Spiritual Politics* (Ballantine Books, 1994), están igualmente comprometidos con los sectores público y privado. En su conferencia del 2000, "Reanimación del espíritu estadounidense", se destacó la asistencia del representante demócrata de Ohio Dennis Kucinich, candidato presidencial, y el autor de *Conversations with God,* Neale Donald Walsch.

Además de retiros espirituales y cursos sobre transformación, Corinne y Gordon son asesores de empresas, del gobierno y de entidades sin ánimo de lucro. En el 2002, abrieron un centro en San Rafael, California, para servir al área de la bahía. En San Francisco también tiene su centro de operaciones el pionero de espíritu en los negocios, John Renesch, editor (New Leaders Press) y empresario (Presidio Dialogues), quien ha dedicado más de diez años a organizar convenciones, talleres de trabajo, reuniones después de las horas de oficina, discusiones al almuerzo y conferencias. Ésa es una razón más para que Corinne y Gordon hayan podido introducir a los principales actores del movimiento y presentarlos unos a otros.

El círculo Heartland

El Hearland Circle, de la región de Minneapolis, es una red informática global con sede en la comunidad, fundado conjuntamente por Patricia y Craig Neal. Mantiene viva la llama del espíritu en el Oeste Medio de los Estados Unidos y más allá, con iniciativas como éstas:

- Una jornada de retiros para líderes, que ofrece un tiempo de reflexión y tranquila conversación con líderes espirituales.

- Las reuniones de líderes del pensamiento, que se celebran en Boston, en el área de la bahía de San Francisco y cerca de Minneapolis, que presentan a expositores como Meg Wheatley, autora de *Leadership and the New Science* (Berrett-Koehler, 1992).

- El "Arte de las convenciones", entrenamiento a distancia que enseña a los aspirantes a maestros los principios de las "reuniones y conversaciones transformadoras", y que claramente está produciendo muchos entusiastas. "Para mí, el mayor beneficio del "Arte de las convenciones" ha sido una reserva de fortaleza para seguir haciendo lo que debo hacer, y confiar, confiar, confiar", dice Mary Berry, de Wells Fargo.

Solaz del espíritu

Es el año 2002. La gerente de planeación Joyce Orecchio, de 51 años, que ha trabajado 30 años con Agilent, fabricante de equipos para hacer pruebas de maquinaria que acusó ingresos de 7 200 millones de dólares en el 2004, ama su compañía pero está desolada por la angustia y dolor que reina entre los empleados debido a los despidos masivos. Agilent ha dejado cesantes a varios miles de personas en su propia división, y a medida que aumenta la manufactura en el extranjero, serán más. Sus programas de despidos fueron calificados como justos en la edición de "Las 100 mejores compañías con las cuales trabajar", de *Fortune,* y Joyce cree que la compañía ha tratado a los cesantes con integridad y compasión. Sin embargo, según ella, los sobrevivientes sufren con el temor al despido y la tensión emocional, y el espíritu de trabajo nunca había descendido a tan bajo nivel como ahora.

Orecchio ha podido resistir su propio sufrimiento gracias al "solaz del espíritu", como ella dice. Medita a diario y encuentra en sus prácticas espirituales soluciones a los problemas, pero ahora quiere ayudar a sus compañeros de trabajo a reavivar la llama vacilante del espíritu y para ello aborda al departamento de recursos humanos con un plan para los que no han sido despedidos: 1) una capellanía para todas las religiones; 2) un espacio de meditación; y 3) discusiones para sostener a los empleados.

Hoy, en el clima de negocios más atribulado de que haya memoria, la espiritualidad de Joyce se está viendo en el trabajo.

"Muchas compañías están convencidas del valor de la espiritualidad —no de la religión—", dice el profesor de administración Ian Mitroff. "Lo que les hace falta es una manera de llevarla al lugar de trabajo sin producir perturbaciones ni amargura".

Inspirada por las palabras de Mitroff, por mi charla con Cindy Wigglesworth y la historia de Joyce Orecchio, vi que las ideas de este capítulo podían ser útiles para los gerentes de recursos humanos, que son quienes están al frente de los más serios problemas de los trabajadores surgidos de las nuevas situaciones creadas por la nueva economía.

"El departamento de recursos humanos con frecuencia lleva la energía del *chakra* del corazón de una organización", dice Wigglesworth, "pero no puede hacerlo todo por sí solo. Tiene que contar con el liderazgo poderoso de quienes al más alto nivel fijan la política". Una vez que un director ejecutivo o uno de sus altos funcionarios decide seguir la tendencia del espíritu en el trabajo, lo primero que hace es preguntarse: "¿Y ahora qué hacemos?" En lugar de vacilar, lo que debe hacer es buscar la energía del corazón de la compañía, el departamento de recursos humanos. Confío en que este capítulo le ayude a estos departamentos a:

- Presentar un menú de opciones de programas basados en el espíritu, que ya estén sutilmente incorporados en la vida de la corporación;
- Seleccionar políticas que sean favorables para el usuario; y
- Citar firmas que ya hayan alcanzado estas metas, para seguir posiblemente su ejemplo.

Una lista de esta especie se encontrará en la tabla 1: "Entretejer lo sagrado en la vida corporativa". Confío en que ésta sugiera dónde puede acomodarse mejor un programa basado en el espíritu en la singular cultura de una empresa.

Sin embargo, primero es justo ofrecer unas palabras de advertencia.

Los "peligros" del espíritu en los negocios o "Recursos humanos al rescate"

Cindy Wigglesworth se arma de sus convicciones en materia de recursos humanos y me habla claramente: "Como gerente

de recursos humanos", dice, "yo preguntaría inmediatamente cómo podríamos implantar el espíritu en el trabajo sin
provocar una demanda judicial. Una demanda por acoso, por
ejemplo, incoada por una empleada que alega que la empresa o su jefe está tratando de obligarla indebidamente a
adoptar sus creencias religiosas. En este momento", agrega,
"hay claros y seguros linderos en cuanto se refiere a la
separación de iglesia y compañía. ¿Es prudente abrirlos y
exponerse a un alud de demandas judiciales?"

Le doy las gracias. Yo necesitaba eso. Demasiados jóvenes, al igual que yo entusiastas del espíritu en los negocios,
se olvidan de las espinosas cuestiones que surgen con el
movimiento. En efecto, las preocupaciones de Cindy están
bien fundadas. En el 2004, la Comisión estadounidense de
igualdad de oportunidades de empleo (EEOC) recibió 2 466
quejas por discriminación religiosa de la fuerza laboral, o sea,
un 85% más que en 1992.

A sabiendas de que Cindy es una promotora del espíritu
en el trabajo, le pido que me explique cómo podría recursos
humanos hacer frente a esas objeciones. Su respuesta fue un
alivio y me abrió los ojos: "Recursos humanos puede hacerlo", me dijo. "Gracias a las herramientas y la experiencia que
hemos adquirido atendiendo a cuestiones delicadas, como el
acoso sexual y la diversidad, podemos mantener el espíritu
en los negocios". El quid es saber *cómo*. Éstas son las pautas
de Cindy paso tras paso, lo que yo llamaría sus "reglas del
compromiso espiritual":

1. *Aclarar el lenguaje.* Crear un diccionario corporativo de
   términos espirituales. Como presidenta de la comisión
   del Premio al espíritu en los negocios, Wigglesworth

exigió a cada uno de los miembros de la Asociación redactar una definición de la palabra "espiritual", y luego buscó un consenso.

2. *Entrenar al personal en el despertar de la conciencia.* Como lo hicieron los departamentos de recursos humanos con la acción afirmativa y el acoso sexual, también pueden enseñar a los trabajadores a ampliar la mente para atender al espíritu en los negocios.

3. *Tratar de la religión de manera realista.* Wigglesworth dice que no se pueden levantar barreras entre espíritu y religión. Una tercera parte de la gente se dice espiritual, informa Cindy, pero dos terceras partes se llaman a sí mismas *tanto* espirituales como religiosas.

La religión no es tan difícil como parece, dice ella, si se ve a través del modelo de entrenamiento en diversidad. La clave está en fijar límites sanos, saber qué es aceptable y qué no lo es. "No es aceptable, por ejemplo, hacer proselitismo para su propia iglesia en el trabajo. Eso *constituye* acoso". "¿Qué tal colgar en su cubículo un almanaque que diga: 'Jesús es mi Señor'?", pregunta Cindy. "¿Es eso acoso? ¿Está colgado en un rincón privado o es visible desde el corredor? ¿Ofende a un compañero de trabajo musulmán o hindú?"

Éste es el tipo de preguntas que se deben hacer ahora las empresas, dice la ex directora de recursos humanos de Exxon. Una compañía o un tribunal podría resolver que la religión en el trabajo "está bien" si alimenta el espíritu de uno pero no si pretende lanzar un desafío ofensivo, como "Mi Dios es mejor que el tuyo" o "Mi religión es superior a la tuya".

Varios casos recientes, de los cuales da cuenta *Workforce Management,* ilustran el punto de vista de Cindy. Un ex

empleado de Hewlett-Packard, despedido por colgar repetidamente versículos bíblicos que condenaban el homosexua-
lismo, demandó a la compañía, pero el juez dictaminó que el
empleado había violado la política antiacoso de HP. Por su
parte, Cox Communications despidió a una cristiana evangé-
lica por criticar durante una revisión de desempeño la orientación sexual de una lesbiana. También en este caso la
compañía ganó el pleito, por la misma razón.

Éste puede ser un diálogo difícil, concluye Cindy, pero no
imposible. "Los gerentes de recursos humanos saben cómo
tratar estos casos".

TABLA 1: ENTRETEJER LO SAGRADO EN LA VIDA CORPORATIVA

En este capítulo hemos explorado varios modelos de iniciativas del
espíritu en el trabajo: redes multirreligiosas de empleados, como la de
Ford; capellanías corporativas, bien sea confiadas a entidades externas,
como Marketplace Ministries, o dentro de la misma compañía, como la
que quiso lanzar Joyce Orecchio; y salas silenciosas, para no hablar de
almuerzos de estudio de la Biblia o seminarios de meditación después
de las horas de oficina.

Las siguientes son diversas áreas en las cuales los pioneros están
entretejiendo todos los días espiritualidad en los negocios. Las empresas
que se citan a continuación son todas ganadoras del Premio internacional al espíritu en el trabajo. En el apéndice de este libro se encuentra
información para hacer contacto con estas ganadoras.

Ritual corporativo

La ceremonia del medallón de Medtronic honra a todos los empleados
con una medalla en la cual se destaca el logotipo espiritual de la
compañía: "Un paciente que se levanta de la mesa de operaciones
completamente curado". Creada por el fundador de la compañía, Earl

Bakken, esta ceremonia, que dura una hora y media, se ha puesto en escena para grupos entre 10 y 10 000 personas.

El Memorial Hermann Healthcare System, de Houston, celebra un emotivo ritual: la "Bendición de las manos" para todos los que prestan cuidados de la salud. La ceremonia, a la cual es opcional la asistencia de los empleados, se ha celebrado más de 5 000 veces y ayuda a enfermeras, terapeutas, amas de casa, médicos y otros a renovar su vocación. La bendición la pronuncia el capellán, el director ejecutivo o un gerente de unidad, y contiene estas sencillas pero hermosas palabras: "Que el Dios que te creó bendiga los cuidados que prodigas a tus semejantes".

Transformación corporativa

La iniciativa "Ruptura y transformación cultural" del Australia and New Zealand Banking Group (ANZ) ganó la confianza de los interesados clave y aumentó la satisfacción de los empleados. La "ruptura" busca el crecimiento a través de las personas y los valores, y fomenta relaciones positivas, abiertas, honradas. Más de 21 000 empleados del ANZ (de un total de 32 000 en 40 países) han asistido a mesas redondas de desarrollo personal como parte del programa.

El programa "Dirigir a la gente a través del cambio", de la proveedora de servicios inalámbricos TELUS Mobility, de Ontario, utiliza técnicas espirituales como la redacción de diarios, la visualización y la reflexión, y conceptos espirituales como "lo que uno resiste, persiste". Ésta y otras iniciativas de TELUS Mobility se describieron más ampliamente en páginas anteriores de este capítulo.

Desarrollo de liderazgo

El Memorial Hermann Healthcare System tiene un programa de nueve días de entrenamiento en liderazgo espiritual, que se fundó en 1995. Incluye tres sesiones de tres días cada una, distribuidas en el transcurso del año. Todos los líderes tienen que asistir y son más de mil los que se han enfrascado en temas como "Qué aspecto tiene una organización espiritual" y "Convertirse en una persona espiritual".

Wheaton Franciscan, de Illinois, casa matriz de más de 100 servicios de salud y refugio, selecciona líderes centrados en la espiritualidad, los entrena y les aplica retroalimentación de 360 grados.

El Saint Luke's Episcopal Health System, de Houston, Texas, cuenta con un programa vocacional que ayuda a los empleados a encontrar su verdadera vocación. Dedica el 50% de sus capellanes a servir a los empleados y con frecuencia merece figurar en la lista "Las 100 mejores compañías para las cuales trabajar", de la revista *Fortune*.

Prácticas de entrenamiento y espiritualidad

Para *The Times of India*, de Bombay, el "cliente final" es Dios, que ayuda a los empleados "a catalizar la divinidad latente que hay dentro de cada uno de nosotros", y con base en ello entrena a los empleados en autodominio para controlar el ego y liberar el potencial personal. El *Times* estudia cómo el yoga, la meditación y el control de la respiración afectan el desempeño.

La iniciativa "Ruptura", del grupo ANZ, incluye entrenamiento en una técnica mental "de alto desempeño" y "salas silenciosas" para prácticas espirituales.

Ascension Health, de Missouri, que emplea a más de 100 000 personas, se esfuerza por crear un lugar de trabajo que profundice la espiritualidad personal. Su tarjeta de puntaje en espiritualidad y su proceso de siete puntos de discernimiento ético fomentan la reflexión sobre uno mismo.

Retiros

En Holanda, el Instituto Geert Groote de la Universidad de Windesheim ofrece retiros de dos días para reflexionar e inspirarse, y un retiro avanzado, denominado "Búsqueda del significado y la espiritualidad".

La Wheaton Franciscan Services, de Illinois, celebra un retiro anual de dos días para fomentar la vida espiritual de los líderes de la compañía.

Peace Health, de Washington, que emplea a 9 500 personas, tiene retiros de cuidados compasivos para médicos y ejecutivos, a fin de explorar temas como la manera de honrar todas las tradiciones espirituales. También ofrece retiros avanzados llamados "Una experiencia de renovación".

Valores y misión

En Phenomenex, compañía de especialidades químicas, de 350 personas, con plantas en los Estados Unidos, el Reino Unido, Alemania, Australia y Nueva Zelanda, fomentar los valores espirituales se considera un principio fundamental y de primera prioridad, especialmente porque la empresa está creciendo entre un 20 y un 30% al año.

Centura Health, de Colorado, emplea a 12 000 personas. Su entrenamiento para el liderazgo se concentra en el propósito, la pasión y la creación de relaciones sinceras y afectuosas. Su riguroso "Análisis del impacto de los valores" mantiene a la compañía en concordancia con los valores fundamentales.

La consigna "A mí sí me importa", del Hospital Metodista de Houston, significa integridad, compasión, responsabilidad, deber y excelencia*. La transformación que el Hospital preconiza en virtud del programa de herramientas corporativas, se describe en el capítulo 6.

La minorista estadounidense de modas Eileen Fisher fomenta y da publicidad a los valores de belleza, sencillez y placer. Su propósito es "inspirar simplicidad, creatividad y deleite mediante conexión y gran diseño".

Embassy Graphics, de Winnipeg, Canadá, patrocina los valores de verdad y amor y dice ser "una comunidad de la era moderna", en la cual los negocios consisten en algo más que la búsqueda de utilidades y los individuos pueden crecer, desarrollarse y, además, ganar dinero.

Los cargos

El Methodist Hospital System, de Houston, tiene en su estructura orgánica un vicepresidente de cuidado espiritual.

La Wheaton Franciscan Services cuenta con un vicepresidente de ética y uno de integración de la misión.

---

* En inglés: I CARE (por Integrity, Compassion, Accountability, Responsibility y Excellence). *(Nota del editor.)*

Oración

Excel Industries, de la India, empieza cada día con una oración corporativa para todas las religiones.

El Saint Luke's Episcopal Health System inicia todas las reuniones con una plegaria ecuménica.

SREI International Financial Limited, de Calcuta, India, empieza las reuniones con una oración en silencio.

En el Planters Development Bank, en las Filipinas, se recita con regularidad una "oración de familia" propia.

Seminarios, talleres de trabajo, encuentros

El Geert Groote Institute patrocina almuerzos denominados "emparedados con sustancia".

Ascension Health es anfitriona de un simposio espiritual.

El espíritu en el alma del capitalismo

Antes de concluir, pasemos revista a la historia que lanzó la discusión de este capítulo sobre la tendencia del espíritu en los negocios, el almuerzo informal de la cámara de comercio de San Francisco, que ha perdurado desde 1998. ¿Por qué ha tenido tanto éxito? Aquí van unas pocas ideas de las fundadoras, Sarah Q. Hargrave y Debra Mugnani Monroe:

- **Da la tónica precisa.** El almuerzo informal honra la diversidad y todas las creencias espirituales y religiosas. "No estamos aquí para convencer ni catequizar a nadie", dice Sarah.
- **No hay expositores.** "Alguien que lleve la palabra está muy bien en algunas reuniones espirituales, pero eso no es lo que nosotros buscamos. Nos hemos reunido como iguales en un espacio abierto, no estructurado".

- **No hay agenda.** Cada reunión es una nueva aventura, dice Debra, quien reconoce que ha tenido que aprender a relajarse, confiar y seguir la corriente. Una vez que todos han tenido la oportunidad de participar, un tema parece surgir, y lo mismo ocurre, como por arte de magia, con la discreción para tratarlo.

En alguna ocasión, una mujer veinteañera se quejaba: "He encontrado el oficio de mis sueños, pero trabajo 60 horas a la semana. No me queda tiempo para el espíritu, ni siquiera para mi matrimonio. ¿Cómo se pueden hacer *tantas cosas?*" La persona perfecta, una asesora laboral, de algo más de cincuenta años, la aconsejó según su experiencia: "El equilibrio entre el trabajo y la vida", le dijo, "es como una bicicleta: si se inclina demasiado a un lado, hay que enderezarla".

Dejando a un lado la magia, Sarah y Debra han confeccionado unas pocas pautas que podrían ser útiles en otras reuniones parecidas:

1. Ser concisos en lo que se dice.
2. Guardar la confidencialidad.
3. No tratar de resolver los problemas de los demás, sólo compartir sus propias anécdotas.
4. Tomar con tranquilidad la creación de redes personales. Éstas se dan normalmente cuando las personas llegan a conocerse, pero no son una prioridad. Hay que dejar madurar el asunto.

Elogio de lo práctico

Aunque el almuerzo informal es seriamente espiritual, el trabajo ocupa el centro de la escena todos los meses. ¿Qué clase de preguntas hace la gente? ¿Cómo responden sus colegas? Van en seguida algunos intercambios.

—¿Cómo se hace para encontrar tiempo para lo espiritual cuando uno trabaja 60 horas a la semana? Tomarse un minuto o dos de silencio cada hora.

—¿Cómo se aplica la práctica espiritual en el empleo? Ni siquiera se necesita hablar de ello. Sencillamente, se aplica. Por ejemplo, cuando suena el teléfono, uno bendice al desconocido que llama, con un silencioso *Namaste,* una expresión hinduista que significa "Lo divino que hay en mí honra lo divino que hay en ti".

—¿Cómo se mantiene una perspectiva espiritual en tiempos difíciles y períodos estériles —como la interminable búsqueda de empleo— cuando parece que no sucede nada? Recordar que "si el campo está en barbecho", eso no significa que nada esté ocurriendo. Mucho sucede bajo la superficie.

—¿Cómo se mantiene intacta el alma en medio de gente difícil en una oficina llena de tensiones? Poner un mensaje inspirador sobre el escritorio o en el marco de la pantalla de su computador.

Hace algunos años el almuerzo informal llegó a contar hasta con 35 asistentes. Demasiados, dice Debra, para la intimidad que casi todos buscan. Cuando la reunión se redujo a 12 o 15 personas, "se ahondó la comunicación desde el alma". Muchos informan que vuelven de estos almuerzos renovados y con una perspectiva mejor.

Para empezar

¿Cómo podría *uno* imitar tan emocionante modelo en la cámara de comercio de su localidad, el club Rotario, la asociación de jóvenes cristianos o el lugar local de adoración? Tal vez las historias de Sarah Hargrave y Debra Monroe puedan sugerir algunas ideas.

Sarah, veterana en su compañía y ministra protestante ordenada, predica siempre en "desayunos espirituales" cerca de San Francisco. Una vez que asistió a una de estas reuniones Kristin Siversind, vicepresidenta de socios de la cámara, ella y Sarah resolvieron sondear a la Mesa redonda de mujeres en los negocios de la cámara (WIBR) para ver si había interés en un suceso con un tema espiritual. La respuesta fue entusiasta, así que en 1997 Sarah dictó una conferencia sobre "El espíritu en el trabajo y los negocios: siete claves del éxito", a la cual asistió un público que llenó el salón de bote en bote.

Debra Monroe, que también preside la WIBR, y Sarah decidieron continuar con un desayuno informal "de una sola vez", que se ha venido celebrando desde entonces. Aunque patrocinado por la WIBR, este desayuno informal está completamente abierto también para los hombres y —óiganlo bien los buscadores de gangas— después de siete años sigue siendo gratis.

Los negocios y finanzas de los Estados Unidos, duramente golpeados por los excesos de los años 90, sufren acerbas penas. El sistema no sabe cómo curarse, pero nosotros *sí lo sabemos*. Sabemos que si la codicia, el fraude y la especulación nos llevaron a la crisis del capitalismo, se necesitará carácter, fe y liderazgo espiritual para sacarnos de ella. La tendencia a la espiritualidad en los negocios fomentará todas estas características y al mismo tiempo levantará nuestros corazones.

Gregory Pierce, autor y hombre de negocios, lo dice muy bien: "Si tratamos de administrar nuestra compañía con una espiritualidad que dice que Dios está presente en medio del bullicio y la agitación, seremos mucho más felices y trabajaremos mejor". Exactamente.

5

El consumidor movido por valores

Christiane Perrin se mueve campante, con una gran sonrisa y energía de sobra, en la reunión de octubre del 2004 del capítulo de Boston de la Asociación del espíritu en el trabajo. Yo supongo que la entusiasma nuestra pequeña reunión, pero cuando nos congregamos en un círculo y empieza la charla, se ve claramente que es algo *más* lo que hace palpitar su corazón. Pronto la verdad sale a la luz: es su nuevo automóvil Toyota Prius, un híbrido de gasolina y electricidad. "Me encanta conducirlo", dice entusiasmada. "En el tablero de instrumentos hay uno que indica cuánto mejora el kilometraje cuando pasa de gasolina a electricidad. Yo me fijo en el cambio y aprendo a conducir cada día con más eficacia".

Perrin, de 49 años, es una madre soltera con dos hijos adolescentes, y se encuentra en medio de un cambio serio: dueña de una firma de ingeniería de calefacción, ventilación y aire acondicionado, está iniciando una nueva carrera como entrenadora de ejecutivos. "Ciertamente yo no tenía mucho dinero sobrante", explica, "pero no pude privarme de este

automóvil", así que en la primavera del 2004 "fui en mi
Chrysler Concord a la Toyota de Westborough (Massachusetts)
y pedí el híbrido". Sólo cinco meses después, en septiembre,
desembolsó 23 000 dólares por el Prius color vino tinto.
"Ahora uno tiene que esperar *nueve* meses", dice.

¿Por qué compró el automóvil, aun no estando holgada
en materia de dinero? "Por el kilometraje y el ambiente",
responde sin vacilar. El Toyota Prius produce entre 30 y 50 %
menos de contaminación ambiental y es entre 40 y 60 % más
eficiente en consumo de combustible que los vehículos que
sólo utilizan gasolina. Perrin informa que obtiene el doble del
kilometraje por galón que el que obtenía con su viejo Concord
y ahora llena el tanque una vez cada quince días en lugar de
una o dos veces por semana.

Por otra parte, el Prius refleja su apreciación de lo que es
práctico y de los valores de frugalidad y calidad. "Detesto las
cosas baratas que van a parar al basurero", dice, "como esos
juguetes que vienen con la comida de los niños en los
restaurantes de comida rápida". Christiane Perrin no entra
en un McDonald's ni compra en un Wal-Mart, y ni le hablen
de las camionetas utilitarias deportivas que tragan gasolina.
"Pero lo que más me saca de quicio", dice, "es verlas esta-
cionadas frente a Whole Foods (los supermercados orgánicos) o el Sierra Club (un cónclave de ambientalistas)".

Le encanta, en cambio, la camaradería que se establece
entre los propietarios de los automóviles híbridos. "Nos salu-
damos y nos hacemos señas los unos a los otros", dice ella.
Para Christiane es claro lo que hay en el fondo: "Hago lo que
puedo para reducir a un mínimo el daño al ambiente".

Christiane es uno más de un creciente número de consumidores conscientes que están haciendo sentir su presencia en

las ventas de automóviles y en las bombas de gasolina de todo el país. Su pasión por una tecnología automovilística limpia es lo que da energía a la historia de éxito de los híbridos.

Para el 2010, el mercado de estos vehículos puede llegar al millón, dice un experto a quien conoceremos más adelante en este capítulo, lo cual significa aproximadamente un 6% del mercado de automóviles nuevos.

- Bill Evans, de 66 años, dibujante de arquitectura, tiene un híbrido y se ufana de que sólo gastó 40 dólares en gasolina en un viaje de 1 600 kilómetros. Calcula que en una camioneta 4×4 ese viaje habría costado varios centenares de dólares. "Por eso me siento sobrado", agrega.

- En Seattle, Adam Schmidt, de 24 años, y Megan King, de 25, cambiaron sus Mustangs, que consumían un galón cada 24 kilómetros, por sendos Honda Civic híbridos, y *triplicaron* su eficiencia de combustible.

- En los Estados Unidos, los principales centros de uso per cápita de híbridos son Washington, el eje San Francisco-Oakland-San José y Seattle.

Sin embargo, la tendencia a los híbridos, aunque es muy dramática, representa apenas el aspecto más celebrado de una ola de mayores proporciones que ni siquiera hemos empezado a comprender.

Qué es el consumidor movido por valores

Esa tendencia es la aparición del consumidor movido por valores, o consciente. El consumidor consciente, cuyas filas se calculan en 63 millones, vota con la billetera todos los días del año. Los gastos de consumo constituyen más de dos terceras partes del producto interno bruto en la economía de los Estados Unidos, lo cual significa que los consumidores van a la par con los inversionistas como una fuerza poderosa en la transformación del capitalismo.

¿Quiénes son los consumidores conscientes de hoy?

Nadie lo dice mejor que Cliff Feigenbaum, del *Green Money Journal:* "Mi dinero es una voz en el mundo. Yo quiero que exprese mis valores". Sin embargo, no para allí: "Quiero coherencia total entre lo que creo y lo que hago con mi dinero". Cliff habla por una nueva generación de consumidores que no sólo son acomodados y pensantes sino que también actúan movidos por valores.

¿Qué quiere decir eso de movidos por valores? Simplemente esto: si los *valores,* más que el ingreso, la demografía, la geografía u otros factores influyen profundamente en lo que uno elija hacer en la caja registradora, si compra café de comercio equitativo, paneles solares o un nuevo Honda híbrido, uno es un consumidor consciente.

En este capítulo se examinan tres categorías de productos en las cuales los consumidores conscientes están dirigiendo el mercado: automóviles híbridos, alimentos naturales y edificios "verdes", es decir, automóviles gasoeléctricos, comida orgánica y casas de energía cero. ¿Qué sigue? Sector por sector los consumidores conscientes están imponiendo en los mercados de la libre empresa sus estilos de ahorro de energía, de defensa de la vida y del medio ambiente.

Los consumidores movidos por valores tenemos el poder de transformar el capitalismo con la fórmula clásica de la oferta y la demanda. Demandamos tomates orgánicos, vidrio aislante, automóviles eficientes en combustible y muchos otros "bienes conscientes". Al principio el mercado es lento para ofrecer estos artículos cargados de valor, pero a medida que recompensamos con el poder del dinero de nuestros gastos a los negocios pioneros que sí satisfacen nuestras necesidades, obligamos a más compañías a acceder a nuestros términos o a perder la venta. Es una alternativa de la máxima capitalista de "encontrar una necesidad y satisfacerla". El problema es que los negocios tradicionales están tan aferrados al statu quo, que no tienen ni idea de cuáles son nuestras necesidades, lo cual hace muy difícil satisfacerlas. Por eso es que tenemos que seguir apoyando los negocios innovadores y evitando los productos que no cumplan la prueba de los valores, lo cual se podría llamar la economía de la demanda.

Los consumidores conscientes a menudo predicen hacia dónde va el mercado; no todo el mercado tal vez, pero sí una buena parte. Hasta los compradores tradicionales son atraídos por bienes que incorporan y promueven valores. Más adelante en este capítulo oiremos a la gurú de las marcas de fábrica, Elsie Maio, explicar cómo las compañías conscientes proyectan sus valores por medio de sus marcas registradas – y por qué esas compañías dominarán.

El mayor mercado del cual no habíamos oído hablar

En el año 2000, según un informe publicado en *The New York Times,* el mercado para el comercio movido por valores, desde alimentos orgánicos y ecoturismo hasta aparatos que no hacen daño a la Tierra y medicamentos alternos, había llegado a valer 230 000 millones de dólares, y crecía más del 10 % cada año. No es de extrañar que el periódico lo llamara

"El mayor mercado del cual no habíamos oído hablar".
Productos naturales, desde alimentos hasta bienes personales, constituían un mercado de 36 000 millones de dólares en
el 2002, mercado que cinco años antes valía 15 000 millones,
dice el banco de inversiones Adams, Harkness & Hill, de
Boston.

Con frecuencia los consumidores conscientes son catalo-
gados como clientes LOHAS, sigla que en inglés significa
"estilos de vida de salud y sostenibilidad". Para el 2005, 63
millones de estadounidenses —el 30 % de la población adul-
ta— formaban parte del mercado LOHAS, dice el Natural
Marketing Institute, firma de investigación de mercados que
se especializa en ese campo.

Cinco sectores componen este mercado: 1) Economía
sostenible (edificios "verdes", energía renovable, inversión
socialmente responsable); 2) Vida saludable (comida natural
y orgánica, suplementos nutritivos, cuidado personal); 3)
Cuidados alternos de la salud (bienestar, cuidados comple-
mentarios y alternos, como la homeopatía); 4) Desarrollo
personal (productos y servicios para la mente, el cuerpo y el
espíritu, desde discos compactos hasta seminarios); y 5)
Estilos de vida ecológicos (bienes ecológicos o reciclados,
ecoturismo y viajes).

Pero éste es el punto clave:

El 90% **de los clientes LOHAS prefiere comprar a
compañías que comparten o reflejan sus valores, dice el**
LOHAS Journal, **publicación para negocios y consumidores conscientes.**

Una pequeña paradoja

Los consumidores movidos por valores siguen siendo un misterio para los negocios comunes y corrientes, y no es difícil saber por qué. Muchos consumidores conscientes son acomodados y hasta ricos en poder adquisitivo (aunque Paul Ray describe a los creativos culturales como de ingresos medios). Sin embargo, todos desdeñan el consumismo y no quieren saber nada del mercado de masas, así sea de descuento, de diseñadores o cualquier cosa intermedia.

Sin embargo, cuando estos caprichosos clientes encuentran lo que *quieren,* no se paran en pelillos: gustosos esperan meses y pagan una prima de 3 000 dólares por un Honda Civic híbrido y luego se desvían 80 kilómetros de su camino habitual para ir a la tienda más cercana de Whole Foods a comprar las *mejores* espinacas orgánicas a 17,60 dólares el kilo.

¿Cuál es el secreto de sus decisiones de compra? Hay que conocer sus valores (y poco a poco las compañías corrientes los están aprendiendo) y asistir a las convenciones de LOHAS, como la que se celebró en Broomfield, Colorado, en junio del 2003. Fue allí donde Sheri Shapiro, gerente auxiliar de marketing de la camioneta híbrida Ford Escape (que salió al mercado en el 2004), descubrió que "los valores y atributos de los clientes LOHAS estaban de acuerdo con sus propias investigaciones". Time Warner, Sony y General Electric se unieron a Ford en la reunión LOHAS del 2004 en Marina del Rey, California.

¿Cómo llega una compañía hasta los consumidores conscientes? Comprendiendo la importancia que tienen los altos valores positivos, desde luego, pero también viviendo con esos valores en los propios negocios.

Tres círculos concéntricos

Los consumidores conscientes representan la vanguardia de esta tendencia, pero muchos compradores de la tendencia tradicional tienen también sus resquemores morales. En efecto, la mayoría de los estadounidenses sopesan las consecuencias morales de sus compras, por lo menos hasta cierto punto. Varias encuestas citadas en el capítulo 2 ilustran este punto. Las recapitulo aquí porque al reflexionar sobre sus resultados desarrollé una teoría acerca de cómo influyen los valores en el mercado como un todo. Éstos son, en breves términos, algunos de los resultados a los cuales me refiero:

- El 36% dice que la llamada "ciudadanía corporativa" es un factor importante de la decisión de si se debe comprar un producto;
- El 49% declara que, en igualdad de condiciones de precio, calidad y comodidad, prefieren comprar a compañías que considera socialmente responsables; y
- El 79% considera la responsabilidad social corporativa cuando compra algo.

No hay que concentrarse demasiado en los porcentajes, pues éstos varían mucho de una encuesta a otra. Mejor es pensar en estas perspectivas como tres círculos concéntricos en expansión, cada uno de los cuales representa un nivel distinto de dedicación al consumo consciente.

En el centro está el comprador irreductible movido por valores, el del núcleo duro. Yo he visto cálculos de ese núcleo que van desde el 16% hasta el 36% de los compradores. Digamos que constituyen el 25%, más o menos el mismo porcentaje que los creativos culturales. Son los ambientalistas, los compradores de alimentos orgánicos, los vegetarianos, los entusiastas de los automóviles híbridos y los amantes de las viviendas "verdes". *Los valores determinan muchas de sus compras, si no la mayoría.*

Alrededor de ellos está el segundo círculo a quienes yo llamo "seguidores conscientes", personas que se están interesando más en lo orgánico o en el ambientalismo pero no con la debida constancia sino de manera intermitente. *Los valores determinan un creciente porcentaje de sus compras, pero no todas.* Un estudio de RoperASW encontró que un 33 % más allá del núcleo duro (que estima en el 16 %) "puede ser persuadido de que base sus compras en sus valores ambientales", dice el artículo de *The New York Times* atrás citado. A mí me encantaría poder decir que yo soy una dedicada consumidora consciente, pero la verdad es que no lo soy. Tal vez sea una precursora del espíritu en los negocios, pero cuando se trata de consumo consciente, no he llegado allá todavía. Compro comida orgánica, reciclo, mi próximo automóvil será un híbrido, pero no fijo rumbos, sólo soy una seguidora.

Por último, está el público en general. La gran mayoría considera las consecuencias de sus elecciones. Constituye el 79 % citado arriba. *Los valores influyen en su conducta... unas veces.*

Ahí los tenemos: el núcleo duro, los seguidores, y todos los demás.

Consumidores conscientes, uníos

Ya sea uno del núcleo duro, de los adoptantes tardíos o de la corriente tradicional y los curiosos, un manual para guiarse hacia el consumo consciente son las *National Green Pages (NGP)* (o "Páginas verdes"), de Co-op America. Este manual, repleto de información, pone a los compradores en contacto con empresas —clasificadas en categorías desde productos de belleza hasta cuidados de mascotas, y desde servicios de computador hasta juguetes— que prometen manejar sus negocios de manera que fomente la transformación social y ambiental.

El consumidor consciente, como su misma designación lo indica, no tiene ciertamente el vicio de andar de compras. Las NGP sugieren que uno filtre sus decisiones de comprar a través de estos tres sencillos interrogantes:

- ¿Necesito esto realmente?
- ¿Puedo volverlo a usar, cambiarlo por otro o tomar uno en préstamo en vez de comprarlo?
- ¿Está esta compra de acuerdo con mis valores?

La lista de comprobación de las NGP (constituida por los llamados "pasos verdes") contiene sugerencias prácticas para diversas áreas como:

- La cocina (Comprar en pequeñas cantidades para disminuir el desperdicio en materia de empaques.)
- La limpieza (Usar 1/4 de taza de vinagre en el ciclo de enjuague de la lavadora para evitar el efecto corrosivo de algunas sustancias químicas en las telas.)
- El jardín (Invertir en una moderna podadora de carrete; éstas son de poco peso, fáciles de usar, no generan contaminantes y lo obligan a hacer buen ejercicio.)

Las NGP son sostenidas por un distinguido grupo de negocios conscientes, tales como Aubrey, una casa de productos orgánicos de belleza, Eden Organic, una firma de alimentos naturales, AMF Safecoat, fabricante de la pintura no tóxica zero-VOC, y Ecover, cuyos productos de limpieza están libres de sustancias corrosivas y fosfatos. Así mismo, en las NGP están reseñadas:

- Seventh Generation, la principal fabricante de productos naturales para el hogar, cuyos bienes reciclados, no tóxicos y ambientalmente seguros llenan las estanterías de minoristas conscientes como Whole Foods.
- GALAM, productora de una colección de ropa orgánica, artículos naturales para el hogar y bienes para la salud y el bienestar que invitan al consumidor "a vivir en armonía consigo mismo y con el mundo".
- AVEDA, cultivadora de la semilla roja que contiene el pigmento que los indígenas yawanawa de la Amazonia brasileña usan para decorarse el cuerpo y productora de afeites para los ojos, los labios y las mejillas, fabricados con ese pigmento.

Estos negocios conscientes publican anuncios informativos, hermosos y que dan en que pensar.

Más allá de los híbridos

Las *Páginas verdes* están llenas de historias inspiradoras sobre temas como inversión "verde" y fuentes alternas de energía, pero la que yo prefiero entre todas las del directorio es la que trata de Lightfoot Cycles, de Rod Miner, que fabrica el megatriciclo Greenway o *trike,* provisto de respaldar para el sillín (cosa emocionante a mi modo de ver), parabrisas y una enorme sección trasera con capacidad hasta para 50 kilos de equipo de campamento o alimentos. El *trike,* movido por fuerza humana, se puede personalizar con un espacio para pasajeros.

No habiendo encontrado nunca bicicletas cómodas ni prácticas, puesto que en ellas no se puede llevar mucho, me fue fácil imaginarme pedaleando por la ciudad en un *trike* Greenway para hacer mis diligencias. Quién sabe si al fin y al cabo me volveré una consumidora del núcleo duro.

Echemos ahora un vistazo a un área de consumo consciente que ha venido creciendo últimamente a grandes saltos: la construcción ambiental y el uso eficiente de energía.

Edificios "verdes"

En un tiempo, las viviendas "verdes" eran para los pioneros y los ambientalistas convencidos.

- Judy Cunningham, de Manistee County, Michigan, construyó su casa en cuatro años con 300 bultos de paja de centeno cultivado en el condado Benzie. "Cuando empecé, lo único que poseía era un martillo", dice esta coordinadora de reciclaje, de 54 años. La instalación eléctrica, las cañerías y el pozo séptico los contrató por fuera.

- David y Jean Wallace producen más energía de la que puede utilizar su bien iluminada vivienda subterránea de 260 metros cuadrados de superficie, cerca de Billings, Montana. Gracias a paredes de hormigón de 25 cm de espesor, una serie de paneles solares que producen 1 240 vatios y una torre de 15 m con un generador de viento al tope, a los Wallace les sobra energía que devuelven a la red eléctrica estatal. "Usar electricidad para calefacción", dice David, "es como usar una motosierra para cortar mantequilla".

- Teresa McMahon y Garth Frable, del nordeste de Iowa,

se valen de una turbina de viento de 1 000 vatios y paneles solares para operar la bomba hidráulica, las luces, el horno microondas, el refrigerador, el computador, la lavadora y la secadora en su vivienda, construida de pesados tablones de roble.

Respetamos profundamente a estos precursores, pero cuando se trata de seguir su ejemplo, la mayoría de nosotros no sabría ni por dónde empezar. ¿Dónde se encuentran diseñadores "verdes", contratistas y proveedores? Y además, ¿cuánto cuesta todo eso?

Hoy en día, la pasión y la práctica de economizar energía, y la construcción con amor a la tierra están al fin a punto de renovar los sistemas usuales de construcción. "Hace unos 10 o 12 años la construcción 'verde' era en realidad un movimiento marginal", dice el experto en sostenibilidad Mark Wilhelm, vicepresidente de Green Ideas y del capítulo del U. S. Green Building Council en Arizona, con 20 años de experiencia. "Hoy ha venido a ser más bien la corriente principal... una manera de hacer negocio".

"Sin duda el tema más discutido en el universo de la arquitectura es cómo reducir el impacto ambiental de todo, desde las cabanas de veraneo hasta los rascacielos", concluye *The Wall Street Journal* en enero del 2005.

En efecto, la construcción "verde" ha venido a ser sinónimo de eficacia y calidad, y está floreciendo en todo el territorio de los Estados Unidos.

- "La construcción 'verde' está arraigándose en todo Arizona", decía *The Arizona Republican* en el 2005.

- "La construcción 'verde' ahorrará propietarios, negocios, dinero", declaraba en el 2003 un artículo de *The
Daily Texan.*

- "Chicago da enseñanza sobre lo atractivo y práctico de
los edificios 'verdes'", se leía en un titular de *The Chicago
Tribune* en el 2004.

El U. S. Green Building Council

Gran parte del movimiento se centra en el Consejo de
Construcción Verde de los Estados Unidos (USGBC, por su
sigla en inglés), coalición de arquitectos, constructores, proveedores y ambientalistas que suministra información sobre
toda clase de formas de construcción "verdes".

**Los socios del USGBC se han cuadruplicado, de 1 137
en el 2001 a más de 4 000 hoy en día, como prueba del
vigor de esta tendencia.**

Sin embargo, el mayor éxito del consejo es quizás haber
establecido un marco de referencia para las construcciones
"verdes" con su certificado LEED (sigla en inglés para Liderazgo
en energía y diseño ambiental), que se describe más adelante en
este capítulo. "Antes del LEED cualquiera podía llamar 'verde' a
lo que se le ocurriera", dice Robert K. Watson, del consejo para
la defensa de los recursos naturales. "Ahora ya tenemos una
manera convincente para determinar qué significa 'verde'",
agrega Robert B. Krasa, director ejecutivo de Haworth Inc.,
fabricantes de muebles de oficina, miembro del USGBC.

¿Pero qué más da que se construya "verde" en la inmen-
sidad de la crisis energética y ambiental del mundo? Muchísimo.

¿Por qué construir "verde"?

Cuando pensamos en las causas del deterioro ambiental y el aumento en el consumo de energía, lo primero que se nos ocurre es culpar al automóvil y a la industria pesada. Sin duda, éstos son responsables en gran parte por la pavorosa situación en que nos encontramos, pero hay también otro culpable que generalmente escapa de ser señalado con el dedo. En los Estados Unidos, informa la Secretaría de Energía, los edificios desperdician un 39 % más de energía que las fábricas y los automóviles. La industria de la construcción es responsable por el 40 % del desperdicio que va a los basureros del país.

Y hay más aún: los edificios, dice el USGBC,

- Consumen el 65 % de la electricidad,
- Emiten el 30 % de los gases de invernadero y
- Devoran el 30 % de las materias primas.

¿Quién es ahora "el malo" de la energía y el ambiente?

El diseño y la construcción "verdes" rebajan dramáticamente el consumo de energía, protegen el ambiente y fomentan la buena salud de la gente. No se debe olvidar el síndrome del "mal de edificio". Trabajar en un edificio cerrado, en el cual se respira aire viciado (si no contaminado con humo tóxico), enferma a las personas. La llamada construcción verde fomenta el bienestar físico, aumenta la productividad y reduce el ausentismo y la rotación de personal. Y ni siquiera he llegado aún a las economías que produce.

LEED: historia de éxitos

El Bank of America, el zoológico de Reed Park y el supermercado Giant Eagle a primera vista no podían ser proyectos de construcción más diversos, pero los tres muestran avances decisivos en construcción favorable a la tierra y económica en el consumo de energía. Cada uno de estos tres edificios ha alcanzado —o espera alcanzar— la codiciada certificación LEED, que otorga exclusivamente un auditor oficial del USGBC.

En la primavera del 2005, 213 edificios habían sido certificados con el LEED, y otros 1 900 esperaban la certificación.

El USGBC concede cuatro niveles de certificado LEED: estándar, plata, oro y platino, según el puntaje que acumule un edificio. El LEED es "como un menú de metas favorables al ambiente", tales como eficiencia en consumo de energía, conservación del agua y materiales reciclados, dice *The New York Times*. Los edificios son calificados según éstas y otras categorías favorables a la tierra.

- Giant Eagle, un supermercado con 7 432 metros cuadrados de espacio en el noreste de Ohio, es el primer mercado de víveres que gana el LEED en el país. Consume 30 % menos energía que sus pares, economiza casi 380 000 litros de agua al año y no usa en su sección de refrigeradores ni en ninguna otra parte refrigerantes que agoten el ozono.
- El zoológico de Reed Park, en Tuxon, Arizona, no aspira "apenas" a una mejora en eficiencia energética del 20 o el 30 %. "Queremos una mejora del 50 al 60 %", dice la directora Vivian VanPeenen. Además de paneles de energía solar en la cubierta, vidrio aislante y la última

palabra en calefacción, ventilación y aire acondicionado, todos los materiales del edificio de educación del
zoológico, que costó 3 millones de dólares, han sido
usados antes: estructura de acero reciclado, paredes de
bloques de poliestireno reciclado y alfombras de algodón reciclado. *El Reed Park busca el LEED de platino, el
más alto de los que otorga el Consejo, y que hasta ahora
sólo han ganado siete edificios en el mundo.*

- El edificio del Bank of America, que se levanta en Bryant
  Park [en el corazón de Manhattan] a un costo de 1 000
  millones de dólares, es un rascacielos de 52 pisos
  programado para darse al servicio en el 2008, y también
  busca el certificado de platino. Construido principalmente con materiales usados, el edificio reciclará aguas
  lluvias y de desperdicio, se calentará y se refrescará con
  su propia central de energía de 10 millones de dólares
  y utilizará opciones eficientes en el consumo de energía
  para disminuir o intensificar la iluminación.

Pero el más alto LEED de platino no está en los Estados
Unidos, sino en Hyderabad, en la India. Lo tiene el Godrej
Green Building Center, que ganó una calificación de 56
puntos de un posible puntaje total de 69 en la escala LEED y
fue el primer edificio que ganó el certificado de platino fuera
de la unión americana.

El costo

Naturalmente, tanto los hombres de negocios como los
propietarios de casas de habitación quieren saber cuánto
cuestan todas estas maravillas de uso eficiente de energía y
protección del medio ambiente.

El director ejecutivo del USGBC, Richard Fedrizzi, dice que los edificios verdes frecuentemente pagan su costo con el solo ahorro de energía. Específicamente el Consejo informa que la construcción verde rebaja las cuentas de energía entre un 20% y un 50% en promedio. El costo de construir puede subir un 2%, dice el experto en sostenimiento Mark Wilhelm, pero economiza un 20% del costo total de construir en el curso de 20 años y, dada la manera como están subiendo los precios de la energía, el reintegro debe ser más rápido aún.

Ahora la construcción misma es más eficiente, a medida que los contratistas adquieren experiencia y los abastecedores producen mejores materiales. Es buen ejemplo el vidrio eficiente, que deja entrar más luz y así disminuye el uso de electricidad, pero en los días calurosos detiene el paso de los rayos solares, así que no se necesita aire acondicionado. Como resultado, las sinergias se multiplican. En la actualidad, los edificios certificados como estándar, la designación más baja del USGBC, cuestan lo mismo que los demás, lo cual significa que ya se están beneficiando con el ahorro de energía. En manos de proyectistas expertos hasta pueden costar menos.

En el 2004, el estado de California estudió 33 edificios que tienen certificado LEED. Se encontró que construirlos cuesta el equivalente de 53,75 dólares más por metro cuadrado, pero en 20 años los certificados estándar o plata economizan 525,35 dólares por metro cuadrado. Los de certificado platino recuperan 723,58 dólares por metro cuadrado. La mayor parte de las economías (un 75%) proviene de más baja rotación del personal que trabaja en ellos, menor ausentismo y más alta productividad, dice Gregory H. Kats, ex funcionario de la Secretaría de Energía y principal autor del estudio.

¿Y el mercado de viviendas?

Hoy la industria de la construcción de casas particulares y el mercado comercial en general van a la zaga de las empresas sin ánimo de lucro y las sociedades anónimas y municipales. Sin embargo, los consumidores conscientes demandan cada vez más casas verdes, como lo descubrió un reciente estudio del centro de investigación de la Asociación nacional de constructores de casas de los Estados Unidos (NAHB). Casi la mitad (46%) de los consumidores que se proponen gastar más de 10 000 dólares en renovación dijeron estar "ansiosos" de agregar productos verdes. La encuesta reveló que la mayoría de los consumidores pagarían más por construir verde: el 64% gastaría hasta 1 000 dólares extras y el 20% invertiría hasta 5 000 dólares para alcanzar metas energéticas y ambientales más altas.

¿Quién se opone? Los constructores. Sólo el 14% de los encuestados dijo que sus constructores les ofrecían opciones verdes. La mencionada asociación ofrece "Pautas para construir la casa verde modelo", que puede cambiar esa actitud. Preparadas en colaboración entre más de 60 arquitectos, constructores, dependencias del gobierno, proveedores, ambientalistas y asociaciones comerciales, estas nuevas pautas ayudarán a los compradores y a los constructores a decidirse por lo verde, sin aumentar por eso los costos.

La construcción verde prospera mientras tanto debido a iniciativas que parten tanto de los niveles inferiores hacia arriba como desde los niveles superiores hacia abajo, entre algunos constructores y ambientalistas, las empresas de energía y el gobierno.

Casas de energía cero

La Secretaría de Energía de los Estados Unidos designa como "casas de energía cero" a las que generan la misma cantidad de energía que consumen, lo cual constituye un estándar exigente. En el 2004, en la exposición de constructores de casas en Las Vegas, la NAHB mostró una casa de energía cero, de 492 m² de superficie, construida por Pardee Homes.

En Watsonville, California, las 257 viviendas de familias individuales y de apartamentos que constituyen la comunidad de Vista Montana han ganado la certificación de energía cero. Es la urbanización más grande que la haya alcanzado. Todas las unidades tienen calentadores de agua accionados por energía solar, sin tanques y con agua caliente a la orden, estufas y ventanas eficientes en consumo de energía, aislamiento especial, tejado que irradia y pisos de bambú. Estas casas, diseñadas por Clarum Homes, reducen las cuentas de energía en un 90 %.

Iniciativas desde abajo están surgiendo también en los estados progresistas de Washington y Colorado.

Ben Kaufman, copropietario de la firma de bienes raíces GreenWorks Realty, de Seattle, escribe en *The Daily Journal of Commerce* de esa ciudad: "El programa de construcción verde de la asociación de constructores del estado de Washington ofrece listas de comprobación con más de 254 ítems por los cuales los constructoras pueden ganar puntos para alcanzar certificado de una, dos o tres estrellas". Por su parte, en Fort Collins, Colorado, el Centro de ciencias de la energía, la respectiva secretaría federal, la municipalidad y abastecedores locales de materiales verdes patrocinaron conjuntamente en el 2004 talleres de trabajo sobre casas de energía cero. Los seminarios, que duraban todo un día, uno para propietarios de viviendas y otro para profesionales de la construcción, estudiaron tecnologías solares y construcción eficiente en consumo de energía, y culminaron con una gira para visitar ejemplos de edificios verdes.

¿Costeable y verde?

El movimiento pro construcción verde se esfuerza por disipar la falsa idea de que las edificaciones que protegen el ambiente y ahorran energía son sólo para el nicho superior del mercado. En Austin, Texas, el programa de ese tipo ayuda a edificar viviendas verdes, favorables al ambiente, sanas. "Algunas de nuestras casas 'más verdes' están en las zonas de más bajo precio", dice Mary McLeod, coordinadora del programa residencial de la oficina de energía de Austin.

La iniciativa "Comunidades verdes" es un compromiso de 550 millones de dólares para construir en cinco años 8 500 viviendas verdes de bajo precio, que facilita a los urbanizadores los medios financieros y la asistencia técnica que necesitan para levantar casas verdes, saludables. "Para muchas familias, el asma, las lesiones físicas y morales y el envenenamiento con plomo no son simples síntomas de un problema subyacente. La vivienda inadecuada es la verdadera enfermedad. Una vivienda sana, decente y costeable es la mejor medicina preventiva", dice la doctora Megan Sandel, de la Universidad de Boston, experta en enfermedades de la niñez causadas por la vivienda.

La tendencia a construir verde es un caso más de valores cambiantes que satisfacen necesidades económicas. Queremos edificios que protejan el medio ambiente y economicen energía, porque esto refleja nuestros valores. Si los costos elevadísimos de la energía hacen este concepto mucho más pertinente, los beneficios para la salud como aliciente de la construcción verde resultan prácticamente irresistibles. *The Wall Street Journal* lo dice muy bien: "Lo verde se está afianzando como una tendencia poderosa. Los altos precios de la energía deben mantener a los urbanizadores sedientos de soluciones de vivienda frugales".

ALIMENTOS NATURALES Y ORGÁNICOS

Cuando no estoy en Cambridge, Massachusetts, vivo en Telluride, Colorado, uno de los lugares más bellos del mundo. Cuando llega la hora de abandonar esas abruptas montañas, las rocas rojizas y los bosques de pino, siento siempre un poco de tristeza, pero recuerdo una ventaja del este de los Estados Unidos que es casi increíblemente fantástica, y entonces me voy al aeropuerto cantando una alegre canción.

¿Qué ventaja es ésa? Las tiendas de alimentos. En Cambridge puedo escoger entre tres tiendas de Whole Foods (hay muchas más en Boston y sus alrededores). En el avión sueño con un recorrido por los pasillos para escoger todo aquello de lo cual me he privado semanas o meses: frambuesas orgánicas, salmón silvestre fresco, tomates rojos reales, guisantes impecables, leche de soya sin endulzar, cerdo libre de hormonas, queso artesanal italiano de oveja... y podía seguir haciendo una lista interminable, para no hablar de los tejidos ciento por ciento reciclados y todas las esencias florales de Bach, que equilibran casi todas las emociones humanas.

Ciertamente no soy yo la única entusiasta de Whole Foods, la primera cadena de comestibles certificada como orgánica. En los últimos cinco años, la economía ha venido oscilando entre recesiones y recuperaciones parciales, pero Whole Foods, que sólo vende productos naturales, ha crecido constantemente, como un atleta a dieta de esteroides. De una tienda que tenía en 1980, ha pasado a 168 en los Estados Unidos, el Canadá y el Reino Unido. En el 2004 empleaba a 26 000 personas, pero en el 2005 sus empleados eran ya 32 000.

La trayectoria de Whole Foods es extraordinaria, sobre todo si se considera que el sector de comestibles permanece siempre casi sin cambio, creciendo apenas a razón de 1 o 2 % al año y a veces contrayéndose. Sin embargo, en el 2004, las ventas de Whole Foods crecieron en un 23 % y llegaron a 3 900 millones de dólares. En cuatro años, las ventas aumentaron en promedio en un 20 %. Para el 2010, Whole Foods prevé 260 tiendas y ventas por valor de 10 000 millones de dólares.

Sea cual sea el método que usen los negociantes en comestibles para tomarle el pulso a su negocio —márgenes, referenciación con tiendas iguales, ventas por metro cuadrado—, Whole Foods deja a la competencia muy atrás. Sus márgenes, por ejemplo, de alrededor del 3 %, son el triple de los de Safeway. También las acciones de la compañía se cotizan muy bien. De 64 dólares que valían en enero del 2004, pasaron a 100 dólares en marzo del 2005 y a 110 en mayo del mismo año.

Uno es lo que come

Todo se debe, naturalmente, a los consumidores movidos
por valores. Al fin y al cabo, uno es lo que come, como advirtió
uno de los primeros naturalistas. Los consumidores conscientes toman esa advertencia muy en serio y se enloquecen
por los alimentos orgánicos, es decir, los que se cultivan sin
pesticidas tóxicos, sustancias químicas o irradiaciones dañi-
nas. ¿Y a quién debemos agradecer los comestibles naturales, frescos, que hoy hacen honor a nuestra mesa? Pues a las
modestas tiendas de familia que despachan alimentos naturales, las cooperativas de consumo y los mercados al aire
libre, que mantuvieron vivo el movimiento orgánico durante
muchos años. Lo más probable es que precursores como
éstos estuvieran activos en alguno de los dos grupos que paso
a describir en seguida.

La Asociación de consumidores orgánicos (OCA), grupo
activista de 600 000 socios, aspira a representar a los 10
millones de amantes de los alimentos orgánicos que se
estima hay hoy en los Estados Unidos. Su agenda política,
citada en su página web, es sencilla y radical:

- Una moratoria global para alimentos y cosechas producidos por ingeniería genética (más sobre este punto en
  las páginas siguientes).
- Eliminación gradual de las prácticas agrícolas y fabriles
  más peligrosas.
- Conversión en por lo menos un 30% de la agricultura
  estadounidense tradicional a orgánica para el 2010.

La Asociación de comercio orgánico (OTA), fundada en
1985 por un círculo de pioneros, se ufana hoy de tener 1 500

socios. En 1986 estableció sus lineamientos para la industria de alimentos orgánicos, base de muchos estándares futuros. La OTA actualizó sus disposiciones, permaneció activa en todas las etapas del camino y finalmente trabajó con la Secretaría federal de Agricultura para crear el programa orgánico nacional del gobierno que se puso en práctica en el 2002.

Descubrámonos, pues, ante estos visionarios, sin cuyo arduo trabajo los compradores movidos por valores tendrían mucho menos opciones.

Por razones de calidad, buen sabor, salud e impacto ambiental, los capitalistas conscientes están dispuestos a pagar una prima para pasarse al consumo de productos orgánicos.

Debe tenerse en cuenta que:

- El sector de alimentos y bebidas orgánicos vale 10 000 millones de dólares al año, informa la OTA, y está creciendo entre el 17% y el 20% anual.
- Más de la mitad de los estadounidenses (el 54%) ha probado alimentos orgánicos, decía un estudio de Whole Foods en el 2004.
- A cerca de seis de cada diez estadounidenses les preocupa el problema de los pesticidas, informa una encuesta para el Día de la Tierra llevada a cabo en el 2005 por el Natural Foods Institute.
- Cerca de un 10% de la población estadounidense consume productos orgánicos "con regularidad o varias veces por semana", informa la encuesta de Whole Foods.
- El 44% de la población de los Estados Unidos consume alimentos orgánicos — por lo menos unas veces, según la encuesta para el Día de la Tierra.

Este entusiasmo —y el éxito de Whole Foods— no han pasado inadvertidos para los expendios de víveres tradicionales. Una coalición de 17 miembros minoristas, en la cual figuran Kroger, City Market, Food Lion y Giant Eagle, tomaron parte en la campaña de "pasarse a lo orgánico el Día de la Tierra", en el 2005.

¿Qué es la IG y cómo aumenta la venta de alimentos orgánicos?

Como si los pesticidas y otros tóxicos químicos no bastaran, al consumidor consciente le preocupa también la ingeniería genética (IG). ¿Cuál es la probabilidad de que el lector ya consuma víveres intervenidos genéticamente? Un 100%, a menos que esté obsesionado con lo orgánico.

La Coca-Cola, los chocolates Hershey, las sopas Campbell, los pasteles de arroz Quaker, las comidas congeladas Swanson, los cereales General Mills y centenares de productos más contienen ingredientes de IG, según ensayos hechos por Greenpeace y publicados en el número de julio-agosto del 2003 de *E: The Environmental Magazine*. Un 80% de los granos de soya y un 38% de los del maíz son producidos con el uso de ingeniería genética.

La única manera de evitar la comida intervenida genéticamente es comprar la orgánica, dicen los partidarios de los víveres naturales. Éste es un factor importante en el auge de los alimentos orgánicos.

La industria alimenticia afirma que los productos tratados con IG son sanos para la gente y para la Tierra, pero otros no están tan seguros. Por ejemplo, si a las semillas del maíz se les agrega un gen bactericida para aumentar su resistencia a las plagas, se debilita la capacidad de la planta para producir sus propios pesticidas naturales, dicen algunos expertos. Éste es apenas uno de los muchos argumentos que aducen los enemigos de la IG.

La IG es un asunto muy complejo, y hay argumentos muy serios de una y otra parte. Yo no me voy a detener a explorarlo aquí a fondo (ése es el riesgo de un escrito generalista), pero en el artículo citado del *E Magazine* se presentan desprevenidamente argumentos tanto a favor como en contra de la IG. Eso es admirable, puesto que la revista es claramente ambientalista.

No obstante, por lo menos un punto está bien claro en medio de tanto alboroto: el comprador quiere saber qué le están dando. Quiere que los alimentos que han sido cultivados, cosechados o producidos con IG estén así designados en las etiquetas, pero no lo están: la industria alimenticia ha intrigado con éxito para evitar la obligación de marcarlos. En efecto, hasta la misma Whole Foods vendía alimentos tratados con IG sin marcas, pero ante la insistencia de sus accionistas activistas, resolvió revelar la verdad, como se vio en el capítulo 2.

Whole Foods, gente sana

Aun cuando no hay ninguna compañía perfecta, Whole Foods Market simboliza una ética que todo capitalista consciente puede aprobar. Con todo, los sindicatos, los activistas con intereses en la compañía y los defensores de los derechos de los animales la han tomado contra Whole Foods y su director ejecutivo, John Mackey, hombre de 52 años a quien los periódicos gozan pintando como un vegetariano empedernido y chiflado. Lo que sorprende es la reacción de Mackey.

En el 2003, durante la reunión anual de Whole Foods, Lauren Ornelas, directora de "Viva USA", quien trabaja para mejorar las condiciones de los animales domésticos, habló en un discurso del tratamiento infame del cual eran objeto los patos. Al principio Mackey se puso a la defensiva y le dijo que Whole Foods tenía los más altos estándares del mundo en lo tocante al trato de los animales y que fuera a molestar a otros, pero luego se tomó el trabajo de leer una docena de libros sobre la cría de animales y cambió de opinión: "Hola", se dijo, "esta gente tiene razón. Esto es espantoso", e invitó a Ornelas para que le ayudara a cambiar las cosas. "Casi me desmayo de la sorpresa", dice ella.

Mackey, sin embargo, no ha cambiado su modo de pensar sobre los sindicatos, y muchos tendrán la tentación de censurarlo por ello, a no ser porque Whole Foods fija el marco de referencia para un liderazgo democrático y una economía democrática. Por ejemplo:

- Los empleados no ejecutivos son tenedores del 94 % de las opciones de acciones.
- La participación de utilidades a base de desempeño se distribuye cada dos semanas.
- Las diversas tiendas y los departamentos dentro de cada una de ellas —por ejemplo la pescadería o la fiambrería— toman muchas decisiones descentralizadas, incluso la de abastecer sus puestos con productos locales para atender al gusto local.
- Cada tienda lleva un libro en el cual se anota cuánto dinero ganó cada individuo el año pasado, desde los empleados hasta los ejecutivos.

- Se necesita una mayoría de dos terceras partes de los miembros del equipo para ratificar a un nuevo emplea-do (que ha estado trabajando provisionalmente cuatro semanas antes de la votación).

- En el 2003, los empleados escogieron su propio plan de salud.

- La compañía paga la totalidad del costo del seguro de salud para los empleados de tiempo completo.

- Los empleados de tiempo completo reciben 20 horas pagadas de ausencia al año para dedicarlas al volun-tariado.

- Los sueldos de los ejecutivos están limitados a 14 veces el de los trabajadores.

Esta impresionante lista explica por qué Whole Foods figura año tras año entre "Las 100 mejores compañías con las cuales trabajar" de la revista *Fortune*. Los impresionantes resultados financieros de la empresa están de acuerdo con sus ideales, de manera que Whole Foods Market también entra en la lista final de los 20 negocios más sostenibles del mundo.

Ahora que he realizado una investigación de la compañía, hacer el mercado en sus tiendas es un placer aun mayor que antes. No sólo puedo comprar los mejores alimentos de todos sino que gozo relacionándome con los cajeros, los gerentes de verduras y de los puestos de comidas preparadas —muchos de los cuales son inmigrantes muy trabajadores y miembros de minorías— quienes están ganando participación en las utilidades y opciones de acciones.

Así es como debe ser el capitalismo y así es el capitalismo consciente.

Volvamos ahora a la tendencia hacia los híbridos para ver de qué manera los consumidores conscientes están transformando la industria automovilística, porque la historia de estos vehículos es la historia de las emisiones tóxicas y el ambiente, del consumo de combustibles y de los precios cada vez más altos de la gasolina, del calentamiento global y de la manera como los Estados Unidos dependen del petróleo del Medio Oriente. Sin embargo, también es la historia de la transformación del capitalismo.

PUNTO DE CAMBIO DE LOS HÍBRIDOS: ¿2005?

A pesar de su diminuta presencia, los automóviles híbridos fueron el tema más discutido en la exposición de automóviles de Detroit en enero del 2005, dice un informe de MSNBC News. ¿Por qué? No es posible cerrar los ojos a su vertiginoso crecimiento. En el 2003, los estadounidenses registraron 43 435 nuevos híbridos, lo cual significa un aumento del 25,8 % con relación al 2002. Para fines del 2003, ya había mucho más de 100 000 en las carreteras del país. En el 2004, la venta de híbridos en los Estados Unidos llegó a 88 000 unidades, lo que dio para enero del 2005 un total de 200 000 propietarios. Se reconoce que las ventas de híbridos apenas representan el cinco por mil de los automóviles vendidos, pero no es porque la demanda haya sido floja. Hasta el 2005, tres empresas —Toyota, Honda y Ford— vendían unos pocos modelos híbridos en el mercado estadounidense, lo cual no alcanzaba a satisfacer una enorme demanda de los consumidores conscientes. Esto empezará a cambiar en el 2006.

Para el 2005 se proyectó la duplicación de las ventas, hasta llegar a 200 000 unidades, con lo cual la participación de mercado debió subir al 1,2 % del total de vehículos vendidos. La Toyota debió aumentar en 100 000 unidades sus despachos de híbridos a los Estados Unidos. Por otra parte, de las líneas de montaje están saliendo muchos modelos nuevos, lo cual discutiremos en la sección siguiente. El 1° de enero de 2006, 400 000 consumidores conscientes debieron ya estar conduciendo híbridos.

Más qué escoger

Hasta ahora, los modelos Prius de Toyota y Civic de Honda han dominado este mercado (Honda fabrica también un modelo menos conocido, el Insight, y el nuevo Accord), pero entre el 2005 y el 2007 han aparecido y seguirán apareciendo en el mercado estadounidense muchas otras opciones. En el 2005, los fabricantes intensificaron la competencia:

- El utilitario deportivo híbrido Mariner, de la Ford Mercury, se estrenó en octubre del 2005 con un rendimiento de 15 kilómetros por litro en la ciudad y 18 en carretera — 30 % más que el Mariner de gasolina.
- Ford, la principal fabricante de híbridos en los Estados Unidos, también lanzó un utilitario deportivo híbrido, el Escape, en septiembre del 2004, que rinde entre 16 y 18 kilómetros por litro en la ciudad (frente a 9 que ofrece un Escape de gasolina).
- Los llamados híbridos "suaves", como el Silverado de Chevrolet y la camioneta Sierra de GMC, puede que se vendan, aun cuando su economía de combustible es apenas la mitad de la de los verdaderos híbridos. ("¿Y esto es un híbrido? ¿Cómo se sabe?", preguntaba *Wired.*)

Para no quedarse atrás, en el 2005, Toyota, líder del mercado, estrenó dos utilitarios deportivos de alto rendimiento, el Lexus RX400h, en abril, y el Highlander, en septiembre. Desde principios del año ya estaba contabilizando ventas, con 11 000 pedidos del Lexus, pero el Highlander superaba todas las marcas. A principios del 2005 habían manifestado interés por él 100 000 aficionados a los híbridos, dice un informe. Tendrán que esperar, como todos los demás.

Los tres grandes mitos

Con todo, los distribuidores de automotores híbridos tienen que disipar tres grandes mitos para maximizar las ventas:

1. El tomacorriente. La investigación del mercado hecha por Toyota muestra que casi la mitad de los consumidores siguen creyendo que los híbridos necesitan tener acceso a un enchufe de corriente eléctrica. En una exposición de automóviles se veían por todas partes letreros que decían: "A los híbridos no hay que enchufarlos".

2. Potencia. Los primeros híbridos no eran muy veloces y esta idea persistió, aunque hoy la realidad es otra. Un Prius Toyota subió a 208 kilómetros por hora en Bonneville, Utah, la semana nacional de la velocidad en agosto del 2004. No se aconseja tratar de imitar esa hazaña.

3. Tamaño. A muchos conductores, es cierto, les gustan los vehículos que tengan amplio espacio. ¿Pueden complacerlos los híbridos? Sobre los utilitarios deportivos no hay duda, pero algunos de los modelos más pequeños

también tienen bastante espacio. "El Prius puede parecer compacto", dice Christiane Perrin, "pero por dentro es espacioso". Agrega que ni del asiento de atrás tiene queja su hijo, que mide 1,83 de estatura.

Mientras tanto ¿qué deben hacer los gobiernos estatales de los Estados Unidos?

- Un diputado estatal de Minnesota, propietario de un híbrido, presentó un proyecto de ley para conceder rebaja de impuestos a los dueños de estos vehículos.
- El estado de Washington ha introducido proyectos que recompensan a los dueños de híbridos.
- Virginia y Florida permiten a los conductores de híbridos que viajan solos transitar por los carriles reservados en sus carreteras a los vehículos de múltiples ocupantes.

Bill Ford, director ejecutivo de la Ford, dice que el gobierno federal debería conceder una rebaja de 3 000 dólares de impuestos a los propietarios de híbridos, o aumentar los impuestos sobre la gasolina para inducir a los consumidores a comprarlos. En el 2005, el representante Dave Camp introdujo en la Cámara de los Estados Unidos un proyecto de ley para conceder a los dueños de híbridos deducciones tributarias entre 600 y 4 000 dólares por vehículo.

Futuro híbrido

¿Hacia dónde va la tendencia? Entre los expertos la opinión está dividida. Thad Malesh de un grupo de investigación de la tecnología automovilística, dice que en el 2010 habrá 50 modelos para escoger y que se venderán alrededor de un millón de híbridos, el 6 % del mercado.

En cambio, Anthony Pratt, de la firma J. D. Powers, prevé que para ese año la producción de híbridos se estabilizará en 535 000 nuevos vehículos. ¿Por qué? Porque más vehículos eficientes de gasolina y diesel enfriarán la demanda de híbridos. Los consumidores vacilarán en pagar la prima de 3 000 a 4 000 dólares por reservar los híbridos.

Este analista puede saber de automóviles pero no entiende al consumidor consciente. ¿Por qué digo esto? Porque su análisis se basa en la eficiencia con respecto al consumo de combustible y al costo y no tiene en cuenta el muy importante factor de los valores. Los dueños de híbridos son protectores del medio ambiente.

Yo creo que el señor Pratt está equivocado. Lo mismo cree Bill Reinert, gerente en los Estados Unidos del grupo de tecnología avanzada de Toyota, quien predice que para el 2025 los híbridos constituirán la mitad del mercado estadounidense.

Cómo los consumidores conscientes transformaron la industria automovilística

Si Reinert está en lo cierto, la razón es triple: 1) consumidores conscientes; 2) empresas visionarias, como Honda, Toyota y Ford; y 3) economía de la demanda.

Dos grandes fabricantes han invertido su política a fin de satisfacer la creciente demanda de híbridos. La GM, que era abiertamente escéptica, cambió de parecer y anunció que fabricaría vehículos gasoeléctricos, en asociación con DaimlerChrysler. Carlos Ghosn, de Nissan, tampoco era entusiasta de los híbridos. "Son una historia bonita pero no una buena historia de negocios", declaró, pero en el 2006 se fabricará el primer híbrido de Nissan, un sedán Altima, con una licencia de la tecnología de Toyota.

Los fabricantes que no están haciendo híbridos dicen que están esperando los automóviles movidos por motores de celdas de hidrógeno, llamados FCV *[Full Cell Vehicles]*, los cuales funcionan con electricidad generada en celdas de combustible y aire. ¿Emisiones? Nada de nada: apenas un poco de vapor de agua. Incluso el director ejecutivo de Honda, Take Fukui, está de acuerdo: "Yo creo que al final los FCV dominarán el mercado", dice.

Sólo hay dos problemas: 1) el motor de hidrógeno resulta muy costoso ("Establecer una red de estaciones de abastecimiento costará centenares de miles de millones de dólares", dice Brendan Koernen en el número de abril del 2005 de la revista *Wired)*; y 2) un automóvil de hidrógeno que sea vendible está todavía lejos, tal vez a diez o veinte años vista. La cuestión no es híbridos o hidrógeno; la cuestión es qué vamos a conducir durante los próximos 15 o 20 años. Si los híbridos son sólo una solución temporal, que así sea, pero el consumidor consciente quiere una solución inmediata. ¿Esperaba Detroit que siguiéramos conduciendo devoradores de gasolina otra década o dos? Que lo medite el lector. Mientras tanto el público ya ha hablado: mientras no aparezca algo más limpio y más eficiente en consumo de energía, la respuesta es: ¡híbridos!

Nuestros valores, nuestro ser

Desde el principio prometí que este libro sobre megatendencias superaría mis anteriores esfuerzos y describiría la dimensión *interna* del cambio.

Porque el mundo interior de los ideales y creencias da forma a nuestros actos.

El consumidor movido por valores ilustra exactamente cómo éstos alteran los patrones de gasto, dando vida a un mercado activo para cualesquiera bienes que reflejen esos valores. Si 16,5 millones de personas practican el yoga, aumentarán las ventas de tapetes de yoga. Si los evangélicos se calculan entre 70 y 80 millones, no puede sorprender que 7 000 millones de álbumes de música cristiana y de los evangelios se vendieran en el 2004, según informa *Billboard*. Si 10 millones meditan, hay mercado para cintas de meditación. Si la mayoría de los estadounidenses quieren más espiritualidad en su vida, es comprensible que la venta de libros espirituales y religiosos remontara los 2 240 millones de dólares.

Nuestros valores, esas verdades internas que gobiernan la acción, nos obligan a realizar un esfuerzo extra por obtener camisetas de algodón orgánico, esperar meses para recibir un Toyota híbrido, llevar *The Purpose-Driven Life* a las listas internacionales de éxitos de librería o a protestar para que Wal-Mart no abra tiendas por todas partes. Todavía muchos se preguntan: ¿Dónde están los valores de los negocios tradicionales?

El poder espiritual de las marcas registradas

Si los valores son el distintivo del capitalismo ilustrado, ¿cómo exaltan sus virtudes las compañías que los defienden

y cómo atraen a clientes pensantes hacia las cajas registradoras? Muchas veces gracias al poder de una marca registrada,
ese activo precioso aunque intangible que simboliza lo que
representa la compañía.

Más que un nombre, un logotipo o un icónico director
ejecutivo, la marca registrada es un lugar del corazón donde
los empleados, los inversionistas, los proveedores y los
clientes conscientes se reúnen para contar la historia de una
compañía, dice la gurú de las marcas, Elsie Maio. "Cuando
una marca registrada revela autenticidad, valores y el impulso de la humanidad hacia la conciencia, es una poderosa
ventaja competitiva".

Dicho esto, no hay que subestimar el poder financiero de
las marcas registradas. La marca Coca-Cola, por ejemplo,
vale 67 000 millones de dólares dice Interbrand Valuation,
que calcula el valor de la marca Mercedes en 21 000 millones;
la de Dell en 11 000 millones y la de Harley-Davidson en
7 000 millones (todas las cifras son del 2004). Interbrand
llega a estas valoraciones mediante un análisis de lo que es
posible que gane la marca en el futuro, incluyendo proyeccio-
nes de ventas y utilidades. El "Marcador global de marcas" de
Interbrand se publica anualmente en *Business Week*. En el
2004, la compañía que mostró mayor porcentaje de aumento
de valor de su marca registrada frente al 2003 fue Apple, cosa
que no sorprendió en absoluto a sus aficionados.

Cuando una marca se mancha, el balance de utilidades se
perjudica. Las acciones de Nike y sus ventas cayeron cuando
la empresa fue acusada de explotación de los trabajadores,
pero una vez superadas esas dificultades, Interbrand
Valuations calculó el valor de Nike en más de 9 000 millones
de dólares.

Por medio de sus marcas registradas las compañías descubren cómo los valores impulsan el desempeño.

Curso básico

Elsie Maio, presidenta de Maio and Company y diseñadora de la tecnología SoulBranding, pasó varias décadas enseñando a las compañías cómo posicionar su identidad —o su marca registrada— ante los consumidores, los inversionistas y el público. Trabajó por temporadas en Wall Street con McKinsey & Company y con *Institutional Investor*. En 1998 se unió a la firma que ayudó a Walter Wriston a crear la identidad del naciente Citibank, y luego trabajó con firmas de las 500 de *Fortune,* como Raytheon, Sun Life, International Harvester y la IBM. La misión actual de Maio es desencadenar el poder espiritual de las marcas.

Elsie Maio habla mi idioma, pero antes de captar lo que es SoulBranding [cuya traducción al español sería ago así como "marcas del alma"] tengo que preguntarle: Entonces, ¿qué es poner una marca común y corriente? Elsie me da una definición clásica: "Es el proceso de crear preferencia por un conjunto único de características y asociarlo con una simbología identificadora".

¿Por qué un individuo compra Coca-Cola en lugar de Pepsi? ¿Por qué prefiere un refresco sobre el otro? Porque el uno o el otro le promete un determinado estilo de vida, diversión, aprobación de sus pares o una buena imagen. *La marca es una promesa que crea una expectativa.*

Eso es cierto, ya se trate de una marca tradicional o de la alternativa, más conmovedora, que ofrece Elsie.

¿Qué es SoulBranding?

Maio and Company ofrece a sus clientes un servicio revolucionario: les enseña cómo posicionar una marca registrada de manera que incorpore valores trascendentes. SoulBranding identifica doce principios básicos que los consumidores, los empleados y los inversionistas conscientes esperan que las compañías defiendan: compasión, humildad, justicia, valor, respeto, humanidad, facultamiento, integridad, totalidad, amplio bien, responsabilidad y excelencia.

¿Cómo se hace para que se manifiesten?

SoulBranding emplea una herramienta de autoevaluación que les da a los empleados (y a otros interesados, según las necesidades del cliente) la oportunidad de juzgar qué puntaje alcanza la empresa en esos principios básicos. Imagínese que se trata de evaluar su propia compañía en compasión —o en justicia—, a sabiendas de que su opinión llegará a conocimiento de las oficinas ejecutivas. El marcador resultante indica cuáles valores propaga la compañía y su marca registrada, y si en la práctica se ciñe a ellos.

Pero SoulBranding no se detiene allí. También calcula qué deben hacer las compañías para ser dignas de crédito. "Nosotros preguntamos qué pruebas específicas convencerían a una persona de que la compañía ha cambiado o ha mejorado", dice Maio. Al final los clientes reciben un informe detallado, una serie de metas y "una instantánea de los pasos que merecen crédito".

¿Cómo se conectaron tan estrechamente marca registrada, espíritu y valores? Gran parte de la respuesta la da la tendencia hacia el consumidor consciente y los cataclísmicos cambios en el panorama actual de las corporaciones.

Un nuevo día para los gerentes de marca

Ya pasó la época en la cual los gerentes de marca les podían decir a los consumidores lo que se les antojara, y éstos les creían. Entre los departamentos de relaciones públicas y los ases de la publicidad armaban una campaña en favor de la marca, inundaban el mercado de mensajes y creaban entre el público la impresión que querían. Pero esos tiempos ya pasaron, y pasó la gerencia de marca tradicional.

Hoy, los clientes reflexivos conscientes y activistas, diestros también en manejar los medios de comunicación, analizan cuidadosamente el comportamiento de las compañías. Éstas deben, pues, *cumplir* lo que prometen, si no quieren exponerse a una reacción adversa. Por eso Elsie Maio les hace esta prevención: "Invoquen los valores y la responsabilidad social auténtica y honradamente, porque su promesa será objeto de escrutinio".

Cuando la British Petroleum se posicionó como una firma ambientalista, dice Maio, abrió muchas oportunidades pero también se hizo más vulnerable. Basta un desliz para que le caigan los que están vigilantes o los competidores y le señalen cualquier inconsecuencia entre su proceder y sus valores declarados.

"La promesa de una marca registrada", dice Elsie, "por creativa y brillante que sea, es un pasivo a menos que la compañía cumpla con todos los interesados".

¿De quién es la marca?

Si los expertos ya no *controlan* una marca, como antes, ¿quién la controla? Yo diría que más que nadie el consumidor consciente, y Elsie me dice que en parte tengo razón. Una marca registrada pertenece conjuntamente a una compañía y a quienes tienen intereses en ella, agrega, inclusive y tal vez principalmente los consumidores.

Elsie cita el ejemplo de Monsanto en Europa: "Monsanto tenía un director ejecutivo visionario y espléndidos gerentes de marca, pero no reconoció el fuerte sentimiento de los consumidores contra los organismos genéticamente modificados en el sistema agrícola, de manera que cuando entró en Europa la compañía sufrió un vigoroso rechazo".

Los consumidores conscientes responsabilizan a las empresas.

¿Cómo pudo Monsanto haber evitado ese fracaso? Una compañía no puede evitar las reacciones del público, advierte Elsie, "pero sí *puede* conversar con sus críticos, encontrar una meta común y establecer hitos para ir alcanzándola".

En la visión de Elsie Maio una marca registrada es una energía viva, dinámica, alimentada por los interesados, especialmente los consumidores conscientes.

La economía de la demanda

Para bien o para mal, los consumidores movidos por valores están dispuestos a pagar más por productos que reflejan sus valores, como se ha visto repetidamente en este capítulo:

- La encuesta de la NAHB mostró que el 20 % —el núcleo duro de los consumidores conscientes— pagaría hasta 5 000 dólares extra por un edificio eficiente en gasto de energía, sanitario y favorable al ambiente.
- Todos en los Estados Unidos hemos conocido a algún amante de los híbridos que esperó meses y pagó 3 000

dólares más por un automóvil "limpio", o a un partidario de los alimentos naturales que con regularidad y entusiasmo desembolsa más dólares ante la caja registradora por hortalizas orgánicas.

A medida que los consumidores conscientes obligan a más productores a satisfacer su demanda, la oferta aumentará y los precios deben bajar. Mientras tanto, los consumidores movidos por valores siguen constituyendo un mercado insatisfecho y una gran oportunidad para los negocios, pero explotar esa apertura requiere visión. Seguir con "los negocios como de costumbre" no parece llevar a ninguna parte.

Oigamos a la revista *Fortune:* "Detroit hizo mofa cuando Toyota mostró su primer sedán Prius, movido por un motor híbrido de gasolina y electricidad. Pero la que se está riendo ahora es Toyota, ya que sus híbridos han dado gran golpe y han sobrepasado su capacidad de satisfacer la demanda. Espléndidos productos y máxima reputación de calidad han aumentado la participación de Toyota en el mercado estadounidense del 6,4% en 1986 al 12,2% en el 2004".

Cuando escribo estas líneas, en marzo del 2005, el endeudamiento de General Motors (GM) está aumentando, sus ventas disminuyendo y sus utilidades pueden estar 80% por debajo de lo que se esperaba. Una razón para la caída de las ventas, dicen los comentaristas, es que GM no tiene verdaderos híbridos que ofrecer (los híbridos "blandos" de GM no se comparan ni en estándares ambientales ni de energía con los de Honda, Toyota y Ford).

Ford tiene sus propios problemas financieros en que preocuparse pero ha *tomado* una posición de liderazgo en el sector de híbridos y esa visión puede salvarla. Además, cuando Bill Ford necesitó reconstruir la planta de River Rouge, que fue donde Henry Ford empezó a fabricar el modelo T hace 90 años, apeló a Bill McDonough, el más distinguido arquitecto "verde" del mundo.

El resultado fue una construcción para mostrar, con techo de grama, que costó 2 000 millones de dólares, no más que una fábrica común y corriente, y es más barata de operar. El sistema de desagües diseñado por McDonough ya le ha economizado a Ford 35 millones de dólares, y purifica al mismo tiempo las aguas lluvias de las toxinas de la manufactura, de una manera tan efectiva que cuando el agua llega al río ya está completamente limpia.

Bill Ford dice que McDonough es "uno de los más profundos pensadores ambientalistas que existen". Sin embargo, no es el típico ambientalista opuesto al crecimiento: es un capitalista "verde". Su libro *Cradle to Cradle* (North Point Press/Farrar, Straus and Giroux, 2002), impreso en plástico impermeable y reciclado, describe un mundo en el cual la libre empresa y la ecología viven en armonía.

"La disputa en el comercio entre crecer o no crecer es estúpida", dice McDonough. "Claro que hay que crecer; la naturaleza quiere que uno crezca y los negocios quieren crecer". A su modo de ver, ¿cómo conviven el capitalismo y el medio ambiente? Claramente, mediante la creatividad y la innovación, que tienen ambas su origen en el dominio divino de la conciencia.

¿Dónde encontró Bill Ford la fortaleza y la visión para entrar en el mercado de los híbridos y además para construir una de las fábricas más verdes del mundo? Pues resulta que Bill Ford medita. ¿Que cómo lo sé? ¡Porque lo leí en la revista *Time*!

Está bien, ríanse si quieren; pero yo fui en un tiempo investigadora en la revista *Fortune,* donde mi principal responsabilidad era verificar los hechos. Mis colegas investigadores y yo oíamos con frecuencia historias que nos ponían la carne de gallina sobre lo que les ocurría a los verificadores de datos que se equivocaban. No era un cuadro muy bello, créanmelo. Por eso puedo informar con un alto grado de confianza que Bill Ford medita — y con total confianza también que la Ford fabrica híbridos y construye fábricas verdes. Muy interesante, ¿no?

6

La ola de soluciones conscientes

El director de estrategia empresarial de AOL, Joel Smernoff, de 39 años, denomina a su trabajo "frenético e intenso". El alud interminable de mensajes electrónicos, llamadas por teléfono y razones urgentes es abrumador, como para volverlo loco y ponerle los nervios de punta. "Siempre está uno apagando incendios y nunca resuelve realmente nada".

Es una dolencia que sufren millones de gerentes, pero Smernoff, hombre de complexión atlética, de 1,83 metros de estatura, cuya pasión los fines de semana son los automóviles de carreras, encontró el antídoto perfecto. Cuatro o cinco veces por semana abandona su oficina en el séptimo piso de un edificio de Manhattan y se dirige a una sala de juntas que los empleados de AOL llaman "el gimnasio", para asistir a una clase de yoga patrocinada por la compañía. Smernoff la llama "un escape de su cerebro", un "santuario" y "una gran ventaja".

¿La meditación y el yoga mejoran su productividad?, le pregunto. "En términos del número de llamadas que contesto, realmente no", me contesta. ¿Es ésa la manera correcta de medir la productividad? ¿Contando sólo el producto, en vez de analizar también *la calidad* de lo que realizamos? Cuando se trata de calidad, Smernoff no abriga la menor duda en cuanto al poder de sus prácticas altamente conscientes: "Si me alejo de la lucha puedo ver el panorama en toda su amplitud: qué es lo realmente importante, cuáles son mis prioridades. Es como cuando uno está en la ducha por las mañanas y de pronto se le viene una idea luminosa. Además, me baja la tensión arterial y evita que me 'queme', porque a diario me da una salida para el estrés".

Smernoff compara el yoga y la meditación con las carreras de automóviles de los fines de semana, de las cuales disfruta desde hace seis años. Ambas cosas requieren una total concentración. Cuando corre con el Club BMW de los Estados Unidos o con el Sports Car Club en pistas como Danville, el autódromo internacional de Virginia o el Lime Rock Park, de Connecticut, dice, "uno no puede pensar en nada más: ¿Cómo están los neumáticos? ¿Voy a tomar esa curva con demasiada velocidad?". Lo mismo sucede con el yoga y en la meditación, dice, salvo que la concentración es toda interior. "Todos *hablan* de vivir el momento, pero esto es *vivirlo*".

Cuando me volví a ver con Joel un año después de nuestra primera conversación, un ex funcionario de AOL lo había contratado en Paltalk, empresa líder en el área de multimedios (vídeo, audio, texto) y la cuarta entre las más grandes compañías de mensajes instantáneos. "Fue duro dejar esos grandes beneficios del yoga en AOL", dice, "pues soy un adicto a él, pero ya me he acostumbrado", lo cual es una cosa muy buena porque el nivel de estrés de Smernoff no ha bajado un ardite. En su nuevo empleo como director de operaciones de Paltalk, desempeña diversas funciones: reformar el sitio web y el diseño del producto, actualizar el servicio a los clientes, descubrir el fraude — y hacer su parte, por supuesto, en ventas y marketing.

"Ya ni siquiera tengo tiempo para tomar el almuerzo", confiesa. Sin embargo, todas las tardes cierra discretamente la puerta de su despacho durante cinco o diez minutos para hacer salutaciones al sol y practicar otras corrientes del yoga. Además, tres o cuatro veces por semana hace yoga en uno de los gimnasios Equinox de Manhattan.

"Estarse sentado durante largo tiempo en una silla es lo peor", me dice. Eso no tiene duda, contesto yo, una de las peores pecadoras del mundo, y replico: "Pero se puede hacer yoga en la silla, ¿no es verdad?"

"Yo lo hago todo el tiempo", dice. "En el *Yoga Journal* apareció un suelto escrito por Cyndi Lee, que es una gran maestra del yoga. Te enviaré el *link*".

Cyndi, fundadora del OM Yoga Center en la ciudad de Nueva York y practicante del budismo tibetano, ha enseñado yoga desde hace 20 años y dice que uno puede hacer en el escritorio casi toda una rutina completa de yoga.

Smernoff, que es un aficionado desde hace tres años, no siempre fue tan entusiasta. Inducido por una amiga a probar el aspecto espiritual, era escéptico al principio, pero después de unas pocas clases quedó convencido. "Mi amiga y yo nos separamos, pero yo entré de lleno en esto. Hoy soy un 'evangelista del yoga'", dice.

También las compañías cercanas entran en la onda

Hemos entrado en una nueva era que dará la bienvenida a una amplia aplicación de técnicas "conscientes" en los negocios. La primera ola de empresas ya está adoptando esas técnicas, como se ve por los resultados positivos y concretos que corroboran varios estudios:

- Decenas de las principales firmas y centenares, si no millares, de las demás —de alta tecnología, tradicionales y sin ánimo de lucro— auspician seminarios de meditación, llamados a veces "manejo del estrés".

- American Express experimentó con "entrenamiento en el perdón" y vio crecer sus ventas.

- Cincuenta mil personas en unas 100 de las empresas más importantes han ensayado HeartMath, una tecnología que detecta la influencia positiva de emociones (como la alegría y el amor) sobre la productividad, el desempeño, la salud y el bienestar.

- Más de 5 000 vendedores de EMC se han iniciado en la práctica de andar sobre el fuego.

- Las *Corporate Transformation Tools,* nuevo instrumento de investigación inspirado en los siete niveles de conciencia corporativa, puesto en práctica por IKEA, Microsoft y Ford, alinea los valores personales y los de la compañía, y da origen a muchos resultados benéficos.

- En Xerox, una "búsqueda de la visión" al estilo de los aborígenes americanos contribuyó a idear la copiadora 265 DC, favorable al ambiente, que se ha vendido con gran éxito.

¿Por qué los negocios están adoptando instrumentos conscientes para impulsar el éxito y la productividad? Planteará el interrogante en otros términos: ¿Por qué el mundo de los negocios, que siempre ha sido el santo patrono de lo práctico, no iba a adoptar una técnica cualquiera —mundana, espiritual o marciana— si genera resultados?

Las tendencias detrás de las tendencias

La ola de soluciones conscientes viene hacia una compañía cercana a usted por varias nuevas e interesantes direcciones.

Muchos gerentes y ejecutivos practican con buen éxito y en privado técnicas como la meditación. Ya están convencidos de que la paz de la contemplación penetra brillantemente la bruma del estrés para descifrar caprichosos problemas del trabajo. "Reposo y alto desempeño", se lee en el folleto del maestro de meditación de un ejecutivo.

¿Reposo y desempeño en una misma oración? Pues sí. A raíz de los despidos masivos y del consiguiente recargo de trabajo para "los sobrevivientes", la productividad (lo mismo que el estrés humano) se sale de todo esquema. Mientras tanto las compañías que todavía se preocupan por cuestiones éticas se muestran receptivas para soluciones basadas en la creatividad y la integridad. Si las nuevas soluciones se aventuran en territorio antes prohibido, como la espiritualidad, por lo menos la intención no es criminal.

Además, el precio está bien. La meditación y el yoga "no cuestan nada", dice un conocedor, en comparación con las fuertes sumas que las empresas tienen que desembolsar para organizar equipos y entrenar al personal de ventas. Y después de un seminario de meditación los empleados informan que se sienten descansados, alerta, productivos y motivados.

Por último, los científicos, artistas e ingenieros siempre han encontrado la solución para los más difíciles problemas en el reino intangible de la conciencia. De Einstein se dice que descubrió la teoría de la relatividad soñando despierto. La creatividad corporativa que se nutre de soluciones espirituales puede reflejarse en aumentos de productividad, pero tiene su origen en el divino dominio de la conciencia.

La nueva economía de la conciencia

No hay que olvidar que la edad de la informática es ya pasado. La riqueza económica proviene cada día más de una fuente nueva:

La innovación tecnológica, y en realidad *toda* invención comercial, nace de la conciencia de ser conscientes y la capacidad de observar "desprendidamente".

La conciencia humana es la nueva materia prima. Se puede sostener que este valioso recurso es tan precioso como el capital financiero, el petróleo o la tecnología. Un solo ingeniero consciente o un pequeño grupo de ellos puede descubrir la aplicación única, universal, que ponga en marcha una nueva industria de 100 000 millones de dólares.

Así son las cosas en la nueva economía de la conciencia, y ésa es igualmente la razón por la cual los instrumentos y las técnicas que fortalecen la conciencia continuarán penetrando en el mundo de los negocios.

Describiré varias técnicas conscientes adoptadas por los negocios convencionales, pero primero quiero contar la historia personal de un hombre de negocios muy sobresaliente que se sometió a una iniciación espiritual muy exigente y después llevó las percepciones de su jornada espiritual a una de las más famosas compañías del mundo.

SANACIÓN PERSONAL Y TRANSFORMACIÓN CORPORATIVA

Estamos en diciembre de 1998, en Puerto Vallarta, México, donde se celebra la Conferencia internacional sobre negocios y conciencia. Al lado de la piscina me encuentro con mi viejo compañero de espíritu en los negocios Martin Rutte, uno de los primeros entusiastas del movimiento, quien no tarda en presentarme a un joven de cabello oscuro que habla con un ligero acento australiano: "Te presento a Michael Rennie", dice, "quien va a dar la nota sobresaliente de esta conferencia". Rennie niega diplomáticamente el cumplido, hace algún elogio de mi libro *Re-inventing the Corporation,* y regresa al hotel.

Cuando nos acomodamos en nuestras sillas playeras, Martin me cuenta que Rennie y su colega Gita Bellin van a presentar algunos dramáticos resultados de sus investigaciones sobre el poder del espíritu para aumentar la productividad de una empresa. Yo soy todo oídos, especialmente cuando Martin me informa que Rennie es socio de McKinsey, la firma de asesores más importante del mundo, mejor conocida en los años 90 por aconsejar a sus clientes en materia de tácticas de "tala y quema" que en cosa alguna que oliera a espiritualidad.

Ahora tengo *verdadera* curiosidad. Martin ríe: "Sí, McKinsey y espiritualidad. Es como cuando Nixon fue a la

China". Michael Rennie, según me entero, es un as para todo: el más joven en tal cosa, el más brillante en tal otra, becario Rhodes en Oxford, McKinsey, todo lo imaginable. Pero hay algo en él que yo no conozco. Tal vez sea una verdad que se revele a su debido tiempo. Yo no la descubro sino seis años después. Investigando para este libro en el 2004, busco en la Internet y doy con un escrito interesante de la columnista australiana de personalidades Maxine McKew, que comienza así: "A la edad de 30 años, Michael Rennie resolvió vivir. Así de sencillo". En el artículo de Maxine encuentro el eslabón que me faltaba entre "el traje para el éxito" de Rennie y su más oscura identidad como moderno chamán corporativo.

A la edad de 30 años le diagnosticaron linfoma. Tenía dos tumores abdominales de gran tamaño y le dieron 40% de probabilidades de sobrevivir. Rennie se sometió a un vigoroso tratamiento de quimioterapia, se dedicó a estudios sobre la relación mente-cuerpo y aplicó sus sobresalientes destrezas intelectuales a los últimos descubrimientos científicos sobre el poder sorprendente de la mente para entrar en hondos estados de meditación y curar el cuerpo mediante el reposo y la visualización.

Rennie activó y ordenó a sus poderosas ondas cerebrales —alfa, beta, theta, delta— que lo curaran del cáncer.

Durante la quimioterapia, "un proceso frío y horrible" y una lucha terrible por vencer las náuseas, Rennie apeló a la penosa disciplina de reemplazar los pensamientos negativos con positivos. "Yo creaba escenas... como estar en la cumbre de una montaña en Suiza con mis amigos", dice, "y eso me sirvió. Si lograba retener tales pensamientos, las arcadas empezaban a disminuir". Aumentó el conteo de sus glóbulos blancos en forma tan pronunciada que los médicos, escépticos, ordenaron repetir las pruebas.

Se tomó un año de descanso para volver a recuperar su salud con el pensamiento, y luego volvió al trabajo como un hombre cambiado. Acogió la parte de su ser que ama el mundo "real" y quiere hacer una contribución, aun cuando nunca ha olvidado aquella parte de su ser "que tomó por otro camino de comprensión". Estaba resuelto a integrar las dos partes, y lo logró.

El nuevo Michael Rennie abandonó las semanas de 70 horas, las demandas ilimitadas de trabajo y el peligroso deseo de complacer a los demás. Aprendió nuevos hábitos: comer bien, dormir bien, decir que no y tomarse tiempo para sí mismo. "Trabajo menos desde que tuve el cáncer", dice, "pero hago mucho más".

Por lo menos una vez al año se aleja solo, en pos de reflexión y soledad.

Al invocar al espíritu para que ordene a su cuerpo volver al bienestar, Rennie se ha ganado un certificado de buena salud. Pero la historia no termina allí. La enfermedad es una de las iniciaciones más transformadoras del universo. En el caso de Michael Rennie, el espíritu se valió de esa gran fuerza para efectuar un cambio corporativo. El cáncer transformó su vida de trabajo y le enseñó a encontrar paz y quietud en medio de las salas de juntas, los clientes y los viajes. Le dio "claridad y propósito". El espíritu le abrió los ojos al poder de transformación y le enseñó mediante el ejemplo personal qué técnicas permiten alcanzarla, las mismas herramientas conscientes que los negocios están adoptando cada vez más.

Volviendo a Puerto Vallarta, Michael Rennie y Gita Bellin nos asombran con sus fascinantes resultados. Proyectan en la pantalla un vídeo sobre cómo la visualización y otras herramientas espirituales ayudan a los empleados a "subir la barra" y fijar más altas marcas personales.

Rennie y Bellin han aplicado tecnologías conscientes a clientes como el ANZ Bank, firma que, como ya hemos visto, fue galardonada en el 2004 con un Premio internacional al espíritu en el trabajo. La iniciativa "Ruptura" del ANZ, aventura de tres años y medio de toda la compañía en materia de transformación cultural, realizó talleres de trabajo sobre desarrollo personal para unos 21 000 empleados, aplicó "una técnica mental de alto rendimiento" y varias salas silenciosas para practicarla. Al afianzarse los efectos del programa "Ruptura", el banco ANZ pasó de ser un "empleador poco preferido" a ser un "empleador preferido". Además:

- La satisfacción del personal subió el 35% en cuatro años,
- Ganó en Australia la designación de "Banco del año" durante tres años sucesivos, y
- El precio de las acciones se duplicó.

La gerente del programa "Ruptura", Sonia Stojanovic, resume así el poder de los negocios conscientes: "Le estamos dando esperanza a la gente: la esperanza de encontrar significado y no dividir su vida en compartimientos: el hogar, el trabajo y el yo. Invitamos a todos a plantearse los interrogantes: ¿Por qué estoy aquí? ¿Cuál es mi contribución? ¿Cómo pueden el trabajo que estoy haciendo y el servicio que estoy prestando dar lo mejor que puedo dar de mí en todo momento? La gente realmente quiere asumir responsabilidades, sentir que lo que está haciendo cuenta como un aporte al éxito de la compañía".

Cuando Michael Rennie echa abajo la muralla que separa la espiritualidad personal de la transformación corporativa, se le reconoce como uno de los hombres de negocios más entendidos del mundo. Rennie ilustra muy bien el tema que exploramos en el primer capítulo de este libro: que la curación individual está pasando de las personas a las compañías para catalizar la transformación corporativa.

Más se dirá sobre esto en las últimas páginas de este capítulo.

La productividad del espíritu

Del yoga al HeartMath, de caminar sobre fuego al perdón, el espectro total de las técnicas espirituales y conscientes que han beneficiado a los individuos durante muchos años está apareciendo, una tras otra, en los negocios comunes y corrientes.

Meditación: una puerta de entrada a la empresa consciente

No pareciera que la mansión Guinness en Normandía, Francia, sea un lugar apropiado para poner a prueba los límites del potencial humano. Pero allí, en julio del 2001, dos monjes budistas ensayan los últimos adelantos de la medicina occidental. La temperatura del cuarto es de unos 4^{0}C y los monjes se cubren con sábanas que escurren agua helada. Al llegar a un profundo estado de reposo mediante la avanzada meditación yogui llamada *g Tum-mo*, los paramédicos comprueban sus signos vitales. Una, dos, tres veces, con gran sorpresa de los observadores, los monjes suben su temperatura corporal y se quitan las sábanas de la espalda perfectamente secas.

¿Quién está llevando a cabo semejante experimento? Nada menos que el doctor Herbert Benson, médico, profesor asociado de la Escuela de Medicina de la Universidad de Harvard, quien llevó la meditación al público en general con su famoso éxito de librería *The Relaxation Response* (ampliado y puesto al día por HarperTorch en el 2000).

Aun cuando no serán muchas las compañías que capitalicen eso de secar sábanas gracias a la meditación, como si el representante de servicio al cliente promedio fuera capaz de tal proeza, no hay duda de que los negocios están cosechando otros beneficios bien conocidos. La meditación, como lo han demostrado Benson y otros, baja la tensión arterial y disminuye el ritmo de la circulación, la respiración y el consumo de oxígeno.

Como lo están descubriendo las corporaciones, la meditación es la cura alquímica para la enfermedad que nos está matando a todos, el estrés, la cual les cuesta a las empresas de los Estados Unidos 200 000 millones de dólares al año, según el Instituto de Seguridad y Salud Ocupacional.

La unidad AOL de Time Warner apeló a la meditación para ayudar al personal de ventas y marketing, que fue reducido de 850 a 500 personas, a "manejar los nuevos días de 12 horas". (Confío en que ayudara, pero las compañías no deben invocar la meditación para justificar niveles de estrés demasiado elevados.)

Después de sólo cuatro meses de meditación, informan los científicos, los niveles de la hormona cortisol descienden. El individuo se vuelve más resistente al estrés, lo cual quiere decir que los factores externos no lo provocan de la misma manera.

Una mejor salud es sólo uno de los maravillosos dones de la meditación.

Los beneficios de la nueva onda de la meditación corporativa

En la nueva economía de la conciencia, donde una sola persona de talento puede dar origen a una industria de cien mil millones de dólares, no es de extrañar que los negocios estén explorando el poder creativo de la meditación:

- Prósperas empresas de alta tecnología como Apple, Google y Yahoo!, lo mismo que firmas tradicionales como McKinsey y Hughes Aircraft, patrocinan cursos de meditación.
- Astra Zeneca, compañía farmacéutica, tiene tres cursos de meditación diseñados para fortalecer a los 5 000 empleados de la empresa.
- Clarity Seminars, de California, ha ofrecido seminarios de meditación y manejo del estrés a más de 9 000 personas en unos 100 lugares de trabajo, incluyendo la IBM, 3Com, Cisco, Solectron, Sun Microsystems y la Bolsa de Valores del Pacífico.
- Eric Biskamp, cofundador de Worklife Seminars, de Dallas, ha enseñado meditación a los ejecutivos de Texas Instruments, Raytheon y Nortel Networks.

La lógica de esta tendencia es que la meditación excita las ondas cerebrales alfa, theta y delta, aumenta la concentración, mejora la intuición, alivia la fatiga, enriquece la creatividad y fortalece las destrezas de la compañía. Además, fuera de un modesto gasto inicial, *no cuesta nada.* Por algo, *Business Week* dice: "Las compañías están cediendo más al atractivo de la meditación y ofrecen clases gratis en el lugar de trabajo".

Breve historia de la meditación corporativa

La meditación llegó al escenario de los Estados Unidos en los años 60 cuando el mentor de los Beatles, el indio Maharishi Mahesh Yogi, se hizo conocer en todo el país. En el curso de las décadas siguientes su *meditación trascendental* (MT) se difundió ampliamente. A partir de 1970 se han realizado más de 500 estudios sobre la materia. Investigaciones relacionadas con la MT han aparecido en *Hypertension,* la publicación de la American Heart Association, el *American Journal of Cardiology* y *Anxiety, Stress and Coping.*

Hay decenas de millares de profesionales de los negocios entrenados en MT, en centenares de compañías, dice Robert Roth, autor de *TM, Transcendental Meditation* (revisado y puesto al día por Plume en 1994).

Después de tres meses de meditación en una de las 100 compañías reseñadas por la revista *Fortune,* identificada únicamente como "una gran planta manufacturera del Medio Oeste estadounidense", los empleados registraban:

- Menos ansiedad, tensión, insomnio y fatiga;
- Uso reducido del tabaco y los licores;
- Mayor eficiencia y satisfacción en el empleo;
- Mejor salud y menos quejas por ese concepto.

Cuando la MT llegó a H. A. Montgomery, de Detroit, fabricante de sustancias químicas, los resultados fueron tan dramáticos que suscitaron más escepticismo que convencimiento. El propietario, "Buck" Montgomery, introdujo la MT en 1983, informa un suelto de *The Washington Post* de 1995. Tres años después, 52 de los 70 trabajadores de la empresa meditaban 20 minutos dos veces al día: en su casa antes de salir para el trabajo y otra vez por la tarde, en tiempo laboral. Los resultados fueron sorprendentes:

- El ausentismo disminuyó en el 85 %.
- Las lesiones disminuyeron en el 70 %.
- Los días de enfermedad bajaron en el 70 %.
- La productividad subió en un 120 %.
- El control de calidad tuvo un alza del 240 %.
- Las utilidades se fueron por las nubes, al 520 %.

¿Qué ocurrió luego? Que Buck vendió el negocio para dedicarse al trabajo de MT ¡y los nuevos dueños cancelaron el programa de meditación! Es cierto que éste es un estudio ya viejo, pero yo informo sobre él en lugar de omitirlo porque los resultados, aunque parezcan sorprendentes (e incluso increíbles), están de acuerdo con los que han obtenido otros practicantes de la meditación. Por otra parte, ¿qué otro protocolo se puede seguir para alcanzar números como éstos? Se pueden recortar y sacrificar costos como locos, pero así no se reducen los días de enfermedad, ni se mejora la productividad ni se sube el control de calidad al nivel de los porcentajes arriba citados.

Si la meditación fuera una máquina, todo director ejecutivo en los Estados Unidos compraría una.

El Proyecto Perdón

Los primeros experimentos sobre productividad del espíritu,
que empiezan a salir a la luz, son muy prometedores. Considérese esta mezcla: el valor espiritual del perdón, una compañía financiera de las más importantes y un objetivo típico:
el aumento de las ventas.

Frank Luskin, director del Proyecto Perdón de la Universidad de Stanford, llevó las técnicas espirituales que ha
venido enseñando a los individuos al gigante financiero
American Express (AmEx). Los resultados lo dicen todo: 3
vicepresidentes y 13 asesores del grupo de marketing que
funciona en el norte del estado de Nueva York se inscribieron
para recibir un año de entrenamiento en competencia emocional, manejo del estrés y perdón. Luskin y los suyos
iniciaron el curso con un taller de trabajo de todo un día y algo
de tarea: el propio libro de Luskin, *Forgive for Good* (Harper
Collins, 2002), y un artículo del conocido escritor Stephen
Covey. Más adelante Luskin preparó planes individualizados
para concentrarse en áreas en que le parecía que alguno de
los asesores no era fuerte. Hubo conferencias telefónicas y
sesiones de adiestramiento dos veces a la semana.

A su debido tiempo, Luskin midió los resultados. El estrés
bajó en el 25%. Una prueba que mide los sentimientos
positivos subió el 20%, y las ventas, medidas según una
norma de AmEx llamada "Concesión del distribuidor al por
mayor al tiempo de la venta", subieron el 18,3%. Y aquí está
lo bueno: el departamento de marketing, como un todo,
aumentó sus ventas en el 11%, mientras que el pequeño
grupo dirigido por Luskin y sus ayudantes aumentó las suyas

en el 18%, lo cual quiere decir que los asesores entrenados en perdón superaron a sus compañeros en un 60%.

El experimento de Luskin fue sólo el comienzo. Lo repitió con otros tres grupos y los resultados fueron aun mejores. Las ventas del segundo y del tercer grupo subieron el 24%, mientras que el cuarto grupo acusó un aumento del 46%. En términos generales, el participante promedio de AmEx aumentó el 25% en productividad (en comparación con el 10% de sus colegas), los niveles de estrés bajaron el 29% y la medida de "emociones positivas", también en promedio, subió el 24%.

Modestamente y como científico, Luskin da cuenta de sus resultados en un memorando que lleva como título "Entrenamiento de asesores financieros en competencia emocional". Al final se permite una pizca de entusiasmo: "Es digno de observarse", escribe, "el hecho de que los asesores que tomaron parte en este proyecto mostraron una mejora en productividad sobre sus compañeros del 60 al 400%".

Tal vez él no pueda decirlo pero yo sí puedo: ¡Bravo!

HeartMath

¿No sería una maravilla si el amor, el valor y la alegría se pudieran medir científicamente y vincularse con la vitalidad y productividad de los empleados? ¿No se apresurarían las mejores empresas del mundo a aplicar tan novedosa tecnología en sus negocios cotidianos?

Pues la verdad es que ya lo están haciendo. Gracias a una técnica revolucionaria llamada HeartMath, más de 100 compañías, incluyendo a Hewlett-Packard, British Petroleum, Cisco, Boeing, Motorola y Liz Claiborne, han registrado los aumentos de productividad en áreas como liderazgo, ventas y servicio al cliente. El programa interno de gestión de calidad de HeartMath fue destacado en la *Harvard Business Review*.

¿Cómo opera? Simplifiquemos un complicado sistema que vincula cuerpo, mente y espíritu: cuando el corazón palpita suave y rítmicamente, la persona piensa y actúa mejor. Específicamente, HeartMath ha creado una tecnología que permite medir con un computador personal el ritmo cardíaco y observar cómo el estrés o los pensamientos o emociones negativos dominan el ritmo del corazón y producen un gráfico disparejo y turbulento. Los pensamientos positivos, empero, y las emociones que se asocian con elevados principios (como el amor y la alegría) *calman* las líneas disparejas y restablecen la regularidad del diagrama. Científicamente se ha demostrado que estos patrones más armónicos corresponden a tensión sanguínea más baja, menor ritmo cardiaco y mejor productividad.

Así es como HeartMath enseña a la gente a observar, controlar y equilibrar su ritmo cardíaco, la clave de la inteligencia, la vitalidad y el alto rendimiento. A partir de 1998 la trayectoria de HeartMath ha sido impresionante:

- La unidad de servicio a clientes de una de las 500 compañías de la revista *Fortune* disminuyó el estrés en un 50% y mejoró la escucha al cliente en el 33%.
- Una firma de cuidados de la salud redujo la rotación de personal en el 50%, mejoró la satisfacción del cliente en el 27%, economizó 1,5 millones de dólares en dos años y fue calificada como la número uno en los Estados Unidos en satisfacción de los empleados.

- El 75 % de los ejecutivos veía mejoras dramáticas en el rendimiento, la flexibilidad, la salud y el liderazgo.

¿Qué hay detrás de estos resultados? HeartMath aprovecha "la inteligencia del corazón", guía sabia e intuitiva que, como lo dicen sus creadores, "puede levantarnos del caos a la luz" y realizarnos. "El corazón es la torre de control del sistema corporal y de la salud general", dice el vicepresidente ejecutivo de HeartMath, Howard Martin.

Andar sobre fuego

La gigantesca empresa de almacenamiento de datos EMC, una de las 500 reseñadas por la revista *Fortune,* que vale 8 200 millones de dólares y tiene su sede en Hopkinton, Massachusetts, ha sido siempre famosa por su activa cultura corporativa, así que no sorprende que gustara del aspecto machista de su negocio consciente. De 1995 a esta parte, más de 5 000 vendedores y otros empleados de EMC han practicado el antiguo ritual de andar sobre fuego, que consiste en pasar sobre un "tapete" de brasas que arden, de cuatro metros de longitud.

Antes de hacerlo, asisten a un seminario, a razón de 125 dólares por persona, que dicta Mark Magnacca, presidente del Inside Development Group, de Upton, Massachussets. Magnacca dice que él personalmente ha realizado esta prueba más de 150 veces y ha enseñado a andar sobre fuego al personal de ventas de Columbo Yogurt y de la Metropolitan Life Insurance Company. El oficio de este hombre consiste en preparar a los candidatos para la sobrecogedora prueba. ¿Cómo? Cambiando la manera como la gente *piensa* de la experiencia. Los pensamientos, dice él, alteran las reacciones químicas del organismo y facultan a la persona para resistir las calcinantes temperaturas de mil grados centígrados de las ascuas. "Después de hacer esto, una 'llamada en frío' a un cliente les va a parecer una nimiedad", le dijo Magnacca a un grupo. Eso no tiene duda.

"Siempre estamos buscando nuevas maneras de desafiarlos", dice Jeff Goldberg, vicepresidente de EMC, quien llama a la experiencia de andar sobre fuego "enormemente estimulante". Él mismo ha andado tres veces sobre fuego pero no ofrece ninguna prueba concreta de que esa proeza permita cumplir *directamente* cuotas de ventas. Sin embargo, EMC sí cree que andar sobre fuego cambia el comportamiento de manera positiva y productiva. Para empezar, los vendedores que hacen frente a sus temores anulan las limitaciones y afirman la confianza en sí mismos. Más importante aún, dice el gerente de distrito de EMC Jan Gunneson, es que hay más probabilidades de que una persona que ha pasado sobre carbones encendidos pase por encima de los contactos tradicionales para hacer las ventas y aborde directamente al director ejecutivo o al de informática. Mi informante en EMC me dice que la compañía ha cambiado mucho desde que adoptó la nueva tecnología y está trabajando por fomentar relaciones de consultoría y confianza, sobre todo con los clientes. Hay una cosa que no ha cambiado: andar sobre fuego sigue siendo una tradición debidamente honrada por la compañía.

Transformación, éxito y medidas

En 1998, el Hospital Metodista de Houston, Texas, institución de 7 000 empleados y 1 000 camas, se encontraba en una encrucijada. La junta directiva declaró que la institución había perdido contacto con los valores basados en su fe religiosa y se estaba volviendo cada día más secular.

Qué le vamos a hacer, decían algunos, así es la vida... o por lo menos los negocios.

Lo que hizo el Hospital Metodista fue nombrar a Tom Daugherty en un nuevo puesto, como vicepresidente de cuidados espirituales, para que provocara una transformación cultural, y con el tiempo un desempeño superior.

En el 2004, el Hospital había tomado una impresionante serie de medidas y acumulado muchos premios:

- La rotación de personal, que en el 2002 era del 24%, bajó al 15% y las tasas de vacantes cayeron del 6,7% al 3,1%.
- El hospital ganó un premio por el espíritu en el trabajo en el 2002 y fue designado uno de los cien mejores de los Estados Unidos por el *U.S. News & World Report*.

Estas mejoras destacan la eficacia de nuevas técnicas inspiradas por los siete niveles de conciencia organizacional. "No siempre es posible identificar una clara línea visual entre cambio cultural y desempeño operativo", advierte Daugherty, quien ya se retiró. Aun así, los resultados lo dicen todo.

Herramientas corporativas

Resuelto a dar nueva vida a su visión, misión y valores, en el 2001 el hospital contrató como consultora espiritual de negocios a Cindy Wigglesworth, ex ejecutiva de Exxon, a quien conocimos en el capítulo 4. Armada con la "herramientas de transformación corporativa", instrumento para efectuar sondeos basado en valores que ha hecho posible graficar los valores corporativos y personales en Ford, Microsoft,

Corning, IKEA, Siemens y el ING Bank, Wigglesworth llevó a cabo la tarea de transformar la cultura del Hospital Metodista.

La organización Corporate Tools, creada por Richard Barrett, veterano del espíritu en los negocios y fundador de la Sociedad de desenvolvimiento espiritual del Banco Mundial, amplía las célebres "jerarquías de las necesidades" de Abraham Maslow a siete niveles, los cuales, como yo los entiendo, corresponden a los siete *chakras* del sistema humano. (A esa parte llegaré dentro de un momento.)

La idea es que los individuos se sientan realizados cuando la compañía fomente sus propios valores. Las herramientas de Barrett ayudan a alinear los valores individuales y los de la compañía, lo cual es en sí magnífico, pero hay una ventaja adicional, y es que después siguen a menudo resultados positivos, productivos.

Barrett & Co. prepara para cada cliente una lista especial de 90 valores. Todo empleado que contesta la encuesta elige los diez valores que mejor reflejan su propia experiencia. La encuesta mide 1) los valores personales del empleado, 2) los valores que experimenta actualmente en el empleo y 3) los valores que quisiera ver en la compañía, es decir, los valores *deseados*. Esta mezcla dinámica de valores se traza sobre una matriz que representa "los siete niveles de conciencia organizacional". Cada nivel refleja el aspecto que se trata en el *chakra* humano paralelo. Seguridad, por ejemplo, es un valor del primer *chakra* (tanto para las personas como para la compañía), mientras que autoestima es del tercero.

Tras el proceso, todo queda por escrito, en un gran cuadro, una matriz que compara y coteja 1) los valores de los empleados, 2) los valores actuales de la compañía y 3) los valores deseados en el lugar de trabajo. ¿Qué descubrió el Hospital Metodista? Entre otras cosas, que los empleados dan un alto valor a la compasión (como era de esperar, puesto que su vocación los llevó al campo de la salud), pero calificaron a la empresa como carente de ella. En cambio, le asignaron un elevado puntaje en responsabilidad, tanto en las escalas de lo actual como en las de lo deseado.

"La gente sabe por intuición en qué necesita mejorar la empresa", dice Wigglesworth. Tom Daugherty y los altos ejecutivos del hospital ya habían escogido la integridad, la compasión, la responsabilidad, el respeto y la excelencia como valores fundamentales y habían adoptado, como ya se explicó en el capítulo 4, el acrónimo "I CARE". Estos "valores apoyados por la organización", como los llama Corporate Tools, se cotejaron con los de los empleados que se revelaron en la encuesta.

En seguida Wigglesworth se encerró con un pequeño grupo para interpretar y analizar los valores desde sus raíces. ¿Cómo se podría traducir en una conducta específica un valor como "respeto", tan admirado por los empleados?, les preguntó a sus compañeros. Ellos contestaron con afirmaciones como ésta: "Concederemos valor a nuestras diferencias de antecedentes, experiencia y estilos de vida, y prestaremos oídos a las opiniones de los demás".

"Cada grupo de trabajo terminó con 15 conductas específicas de su área de pericia y responsabilidad", dice Wigglesworth. Los asistentes ratificaron su compromiso con su firma al pie de una carta de valores y conductas.

En el 2003, cuando el hospital volvió a hacer la encuesta de empleados, los valores ya estaban mucho más consolidados. La cultura actual, dijeron los empleados, ya estaba más de acuerdo con los valores personales y con los deseados por la compañía, con respecto a 33 de los 35 valores medidos. Pero eso no era todo. Ya se habían empezado a percibir los beneficios financieros.

El Hospital Metodista y la organización Corporate Tools son cautelosos y modestos en cuanto a los resultados. Eso es admirable, pero a mí me parece que se puede ver una inequívoca conexión entre conciencia y economía. El espíritu de trabajo entre el personal de enfermería mejoró, de tal manera que la tasa de vacantes que estaba por las nubes cayó a un histórico 2%. El hospital no sólo redujo el alto costo de contratar enfermeros sino que también mejoró la satisfacción de los pacientes, medida clave en la administración hospitalaria. Entre diciembre del 2001 y diciembre del 2002, la satisfacción de pacientes subió del 80,5 al 88%.

En el 2004, los empleados del hospital decían que durante "el 90% del tiempo" los valores en su lugar de trabajo reflejaban los suyos personales. Ése es un éxito asombroso por cualquier medida y un gran ejemplo de cómo las herramientas que tienen base espiritual y la transformación cultural mejoran la productividad.

En busca de una visión

En los años 90, la compañía Xerox auspició "búsquedas de visión" —la versión corporativa moderna del rito de la mayoría de edad entre los pieles rojas de América del Norte— en busca de inspiración y guía para hacer mejores productos. Desde la sala de juntas hasta el cuarto de la correspondencia, 300 empleados de Xerox arrostraron 24 horas de soledad, armados sólo con agua y un talego de dormir, en las montañas Catskill de Nueva York o en el desierto de Nuevo México. "Para casi todos ésta fue una verdadera experiencia espiritual", comentó el ex ingeniero jefe John F. Elter, quien dirigió la iniciativa de desarrollo de productos de Xerox, que costó 400 millones de dólares.

Un suceso muy significativo ocurrió un día en que un grupo de ingenieros encontró en el fondo de un pozo un pedazo de cartulina con la marca de Xerox que flotaba en un charco de aceite de motores. Penosamente sorprendidos de encontrar el logotipo de la empresa en tan degradante situación, los ingenieros resolvieron diseñar una máquina que no produjera contaminación ambiental. De ahí nació la 265 DC, primera copiadora-impresora-fax digital de Xerox, un producto "verde" que llegó a ser uno de los más vendidos. Impresionados con este éxito, altos ejecutivos de Nike, Ford y Harley-Davidson visitaron las oficinas de Xerox en Rochester para estudiar este proyecto.

El ex ingeniero jefe Ed de Jong dice: "Cambiamos la cultura de la compañía... diseñamos una máquina distinta y lo hicimos con más rapidez que otros programas... ¿Que si obtuvimos buena rentabilidad sobre la inversión? No hay la menor duda".

Cathy Berretta, gerente de programación electrónica, comenta: "Yo no me podía imaginar verme en medio del bosque canturreando o golpeando una tambora, pero lejos del trabajo, en un nuevo ambiente, aprendimos a fiarnos los unos de los otros. Cuando regresamos todos estábamos dispuestos a ayudarnos los unos a los otros en lugar de competir".

Berretta sigue hablando aún de su búsqueda de visión en 1995, pero Xerox no. Esa búsqueda tuvo que suspenderse durante la penosa reorganización de la empresa. Xerox estuvo al borde de la bancarrota en el 2000, pero hoy está en medio de una vigorosa recuperación. Para enero del 2005 había mostrado utilidades en diez de los once trimestres precedentes. La directora ejecutiva Anne Mulcahy es muy admirada por esa realización y por haber rebajado la deuda de Xerox de 18 500 millones de dólares a 10 000 millones. *Business Week* la designó una de las mejores gerentes del año en el 2005. Seguramente Xerox está por lanzar al mercado algún otro producto precursor como la 265 DC. ¿No es ya hora de volver a emprender la búsqueda de una visión?

Espíritu y negocios:
el eslabón perdido

Algo hay en el vínculo entre espíritu y negocios que yo siempre he presentido, aunque nunca lo he podido precisar. Mi intuición, cuando la encuentre, les mostrará a los más escépticos el poder práctico del espíritu y, sin embargo, les mostrará una profunda verdad que nadie, por ambicioso que sea, puede manipular.

Cuando estoy preparando el material para este capítulo viene a enseñarme una mujer muy entendida. Es Tevis Trower, fundadora de Balance Integration Corp., de Nueva York, que enseña yoga y meditación en Time-Warner, Yahoo!, Google, Apple y muchas otras compañías, grandes y pequeñas. Después de 13 años de trabajo en desarrollo empresarial en firmas como Coca-Cola y UPS, siguiendo siempre su propia senda interior, Tevis resolvió dedicarse a trabajar por su cuenta como empresaria espiritual. Su último patrón, AOL, pasó a ser su primer cliente.

Charlo alegremente con ella y tomo notas. Va a dictar un curso para 30 ejecutivos de la mayor agencia mundial de relaciones públicas y la acaba de citar *Business Week* en un artículo titulado "El zen y el arte de la productividad corporativa". Me sorprende una cosa que dice: "En los negocios, la meta es manipular el mundo *externo*. Stephen Covey (el de los famosos *Siete Hábitos…*) habla de que uno debe extender su esfera de influencia, pero *¿cómo se puede ejercer control sobre lo que a uno lo rodea, sin dominar primero sus propios pensamientos y emociones?"*

Las palabras de Tevis encuentran eco en mi oído. Al fin entiendo.

Lo que los líderes empresariales necesitan más que nada es exactamente lo que ofrece el espíritu: dominio de sí mismos.

Conocimiento de sí mismo y dominio personal, frutos de la práctica espiritual, son también claves para llevar a cabo las actividades mundanales del liderazgo, el alto desempeño, el poder. Sin embargo, hay una lastimosa falta de autodominio en los negocios (para no hablar de la política).

La falta de autodominio suele llevar a la ruina del liderazgo.

El camino más seguro que lleva al dominio de sí mismo es la disciplina espiritual personal: la reflexión, llevar un diario, la meditación, actividades que tienen por objeto obligar a los individuos ocupados, estresados, "tipo A" a quedarse sentados, quietos, y simplemente *ser*.

Ciertamente, la práctica espiritual eleva la conciencia y lo acerca a uno más a la divinidad, pero también trae un beneficio más sencillo: la claridad de pensamiento que ofrece le evita a uno cometer costosas equivocaciones.

Dennis Kozlowski, de Tyco, Jeff Skillings, de Enron, los Rigas, de Adelphia, y muchos otros habrían podido evitar los tribunales —y cosas peores— si hubieran tenido tanta destreza para dominarse a sí mismos como tuvieron para los negocios. Por desgracia todos ellos cometieron lo que parecían errores temerarios, autodestructivos. No es que yo los esté juzgando. ¿Quién *no ha* cometido errores? Ni tampoco los estoy declarando culpables. (¿Cómo sé lo que pasaba en su corazón?) Lo que *sí* digo es que el poder espiritual de autodominio los había podido alertar —y nos puede salvar a todos nosotros—, pues aumenta la conciencia que el individuo tiene de las consecuencias de sus actos.

Pero volvamos a mi conversación con Tevis.

"Las compañías se reorganizan", me dice. "Llaman a McKinsey o a Accenture. Eso es como cambiar la posición de los muebles. Así se pueden crear espacios muy interesantes, pero, al fin y al cabo ¿qué se gana con cambiar la decoración de la sala si hay grietas en los cimientos?"

La grieta de la infraestructura corporativa, por supuesto, es la profunda y muy difundida falta de autodominio. Sin gente que tenga conocimiento de sí misma y autorregulación, ¿cómo se puede crear una cultura de alto desempeño sostenible? "Imagínese qué bellamente dirigiríamos a las personas y el mundo", me dice Tevis, "si sólo pudiéramos dominarnos a nosotros mismos".

Un llamado a todos los consultores

Digamos que uno es un emotivo consultor empresarial o un entrenador espiritual. ¿Cómo enseña la poderosa arma del autodominio y convierte las compañías en clientes? Tevis me da varias ideas. Una razón para que haya tenido tanto éxito para hacer que los negocios acepten las herramientas espirituales es que como ejecutiva de marketing ha dominado principios básicos del arte de vender, simples destrezas que por lo general no estudian los asesores espirituales. La mayoría somos tan desconfiados de la palabra "venta" que creemos que significa "puro bombo". Me parece que ya es hora de superar *este prejuicio*.

Para empezar, los mejores métodos de vender se basan en la gran verdad de que no es posible manipular a una persona inteligente para que compre algo. Por otra parte, si nos proponemos transformar el capitalismo en serio, debemos pensar en "cómo abrir las puertas de la empresa privada".

Tevis logra sintetizar tanto las prácticas de marketing como las espirituales. Yo he hecho un resumen de sus enseñanzas bajo tres acápites:

1. Vender el beneficio. Como líder espiritual, ¿de qué quiere convencer uno a las empresas? ¿Cuál es su "producto"? ¿La meditación? ¿El yoga? ¿La transformación corporativa? Muy bien; pero ¿cómo saben los clientes de qué les van a servir tales prácticas?

Aquí se aplica el precepto básico: vender el beneficio. Una buena vendedora no está ofreciendo un teléfono celular o una fregona sino lo que esos útiles aparatos *pueden hacer* para el cliente, ya sea una cálida charla con una persona querida, un piso brillante o tiempo para sentarse a leer una revista. Los mejores vendedores venden el beneficio.

La consigna de Tevis es: "Yo llevo a los negocios herramientas pacificadoras para sostener la creatividad, la productividad y el bienestar". Para ella el yoga y la meditación son prácticas obviamente pacificadoras, pero cuando habla con los clientes elogia los beneficios: les habla de lo que llama "paz de ánimo en todo tiempo". Eso *sí* lo entienden. Además, llamando su producto paz de ánimo en vez de "manejo del estrés", eufemismo popular de meditación, Tevis traduce el concepto negativo del estrés en el alentador beneficio de la paz.

2. Conocer al cliente. A los que dicen que los partidarios del espíritu en los negocios "deben decir las cosas como son" y usar la palabra "espíritu", les advierte Tevis: *"Si no es pertinente para el cliente, no operará"*. En lugar de imponerle una agenda al cliente, Tevis lo interroga: "¿Qué les interesa a todos aquí? ¿Qué cambios están ocurriendo? ¿Ha habido alguna fusión, despido masivo o cambios de la gerencia?"

3. Utilizar la venta como disciplina espiritual. Durante todo el tiempo, Tevis se dedica a una escucha activa, la cual la obliga, dice ella, "a escuchar las necesidades de los clientes, a sintonizarme con los puntos donde estén abiertos a soluciones espirituales y luego a pensar cómo hablarles de tal manera que estén cómodos. Me obliga a estar muy presente".

Guardar la fe

Tevis ha sufrido muchas contrariedades en su esfuerzo por llevar paz de ánimo a las empresas. En una ocasión ya había obtenido aprobación para un proyecto que debía durar un año, pero el presidente de la compañía declaró que eso no era lo que se necesitaba. Otra vez ya estaba lista para lanzar una iniciativa de diez semanas cuando la alta gerencia la vetó, pero no porque no les gustara el contenido espiritual sino porque temieron que los empleados se entusiasmaran a tal punto con su creatividad ¡que renunciarían al empleo! Así y todo, Tevis sigue siendo filosófica y respetuosa del enorme paso que es llevar el espíritu a los negocios. "Si se lleva conciencia a las compañías", dice, "nunca se sabe qué vendrá en seguida. Las compañías deben pensar cómo sostener las altas frecuencias que liberan".

Tevis sigue trabajando en concienciar los negocios convencionales, transmutando la antigua sabiduría en valiosos preceptos modernos y llevándolos "a personas que nunca harían esto". Sus metas son modestas y sin embargo extraordinarias. Levanta la mirada a los rascacielos neoyorquinos que la rodean por todas partes y observa las ventanas que han permanecido cerradas desde que se construyeron. "Si yo puedo abrir una ventana en la conciencia", dice, "cualquier cosa puede pasar".

Las empresas quieren espíritu

Séame permitido volver a plantear el interrogante que formulé en páginas anteriores: ¿Por qué han de apelar las empresas al espíritu para realizar tareas terrenales, como cumplir cuotas de ventas?

Cuando *Fortune* publicó, en julio del 2001, un artículo titulado "Dios y los negocios", su autor, Marc Gunther, maravilloso vocero de los negocios conscientes, autor más adelante de *Faith and Fortune* (Crown, 2004), se tomó el trabajo de señalar de qué *no* trataba el artículo: "No trata sobre desplegar espiritualidad en la compañía para mejorar la productividad..." Recuerdo que yo pensé: ¿Por qué no? ¿Considera el editor de *Fortune* (para no decir nada de los lectores) la productividad del espíritu tan absurda que la revista no quiera ni tocar el tema? Es posible. Los negocios tradicionales están firmemente arraigados en el mundo material y no puede sorprender que se sea escéptico de las soluciones que se fían de medios intangibles. Si uno pudiera comprar meditación, andar sobre fuego o entrenarse en el perdón en la papelería vecina, a ésta se le agotarían las existencias.

Sin embargo, las empresas son prácticas y están dispuestas a ensayar casi cualquier cosa. En el 2003, *Business Week* elogiaba los beneficios estratégicos de la meditación en su artículo "El Zen y el arte de la productividad corporativa". En cambio, una querida amiga menosprecia a las compañías que buscan el espíritu para mejorar las utilidades o el desempeño. Estos motivos, a su modo de ver, son "totalmente equivocados". Yo no estoy de acuerdo. Quienes van buscando por la senda espiritual vuelven los ojos al espíritu para cualquier cosa y para todo: paz, compasión, amor, un automóvil nuevo o una cuenta bancaria mejor provista. Las compañías estadounidenses ya invierten una mina de oro en entrenamiento destinado a enseñar a las personas de negocios a pensar con libertad. El misterio es por qué no han ido mucho más lejos. Yo creo que el problema no está en ellas sino en los partidarios de la conciencia en los negocios. (No estoy criticando. Yo también me incluyo.) Amedrentados por la severa expresión del establecimiento empresarial, no hemos tenido el valor de allegar los fondos de investigación, llevar a cabo los estudios y celebrar los resultados tangibles.

LA MEDICINA, LÍDER DE LOS NEGOCIOS

Por allá en los años 70, las enfermeras graduadas empezaron a experimentar con una técnica de energía espiritual llamada *toque terapéutico,* en la cual se hace un rastreo de todo el cuerpo del paciente sin siquiera tocarle la piel. "El toque terapéutico se ha derivado de la antigua práctica de imponer las manos", escribe Janet Macrae, doctora en medicina y enfermera graduada, en *Therapeutical Touch: A Practical Guide* (Knopf, 1996). Muchas enfermeras estaban seguras de que el tratamiento ayudaba a los pacientes, pero no había pruebas hasta que en 1975 una precursora, la doctora Dolores Krieger, enfermera graduada, quien con su colega Dora Kunz eran pioneras de la práctica moderna, sometió el toque terapéutico a protocolos científicos y publicó los resultados en el *American Journal of Nursing.* La doctora Krieger descubrió que los pacientes que recibieron el toque terapéutico mostraron, entre otras cosas, "aumentos significativamente mayores" en los niveles medios de hemoglobina que un grupo de control que recibió cuidados de enfermería de rutina.

El experimento fue "un hito en el desarrollo del toque terapéutico como método clínico reconocido", escribe Janet Macrae. En las facultades de enfermería y centros de sanidad se estudia desde hace muchos años como cuestión de rutina, y esta práctica se ha extendido muchísimo. El toque terapéutico les ha aprovechado a los que sufren de indigestión, dolores de cabeza, tensión arterial alta, úlceras, heridas, infecciones y quemaduras", dice Macrae.

Hoy, cuando presenciamos el despertar de una era de importación a granel de enseñanzas espirituales a los negocios, la medicina encabezará el movimiento. ¿Por qué? Porque ya ha sometido a estudio científico la "técnica" espiritual más común imaginable.

Bajo el microscopio: el poder de la oración

El 90 % de los estadounidenses reza y el 80 % cree que la oración cura. Hoy parece como si todas esas oraciones hubieran operado un gran milagro: el dilatado y bien financiado estudio científico del poder curativo de la oración. Centenares de estudios documentados sobre la oración, la fe y la curación se han publicado en los anales más prestigiosos de la medicina. Incluso hay investigadores que están estudiando la oración en las universidades Johns Hopkins, Duke y de Miami.

En el hospital Baptist Memorial, de Memphis, los investigadores están estudiando a pacientes que han recibido "intervención de oraciones" antes y después de un puente coronario. En el hospital Johns Hopkins, de Baltimore, la doctora Diane Becker, galardonada con dos becas del Instituto Nacional de Salud de los Estados Unidos, examina mujeres afroamericanas que han sobrevivido al cáncer del seno, que recitan oraciones y meditan dos veces al día o toman parte en grupos de oración.

Hace diez años eso era una herejía. Hoy es protocolo científico.

Allá es hacia donde en esta década se dirige la investigación sobre el impacto de las técnicas espirituales, como la meditación, en la productividad corporativa.

El poder curativo de la oración

Muchos estudios han demostrado ya que la oración cura:

- En el Dartmouth Medical Center se observó a 232 pacientes de cirugía del corazón y se vio que sus perspectivas de sobrevivir se podían predecir por el consuelo que recibieran de la fe y la oración.
- El doctor Dale Matthews, de la Universidad de Georgetown, autor de *The Faith Factor* (Viking, 1998), dice que el 75 % de los estudios muestran los beneficios curativos de la oración.
- Una revisión de 23 estudios de oración que involucraron a 2 774 pacientes, publicada en *Annals of Internal Medicine,* mostró resultados positivos en el 57 % de las oportunidades.

Hay resultados documentados del aprovechamiento de la oración para curar el SIDA, ataques cardiacos, depresión, alcoholismo, cirugías de cadera, drogadicción, accidentes cerebrovasculares y puentes coronarios.

La medicina no sabe por qué sirve la oración, pero un médico dice: "Tampoco podemos explicar por qué los betabloqueadores reducen las tasas de defunción después de un ataque al corazón, pero sabemos que lo hacen". Exactamente.

De manera análoga, ¿le importa a American Express saber *por qué* los corredores de bolsa de Nueva York "entrenados en perdonar" superan a sus pares entre un 60 y un 400 %? Lo que interesa son los resultados – y ahí es donde los negocios pueden aprender de la medicina.

MANTRA

El cardiólogo Mitchell Krucoff efectúa varios cateterismos coronarios al día y antes de cada uno de ellos reza. No sorprende, pues, que él y su enfermera practicante, Suzanne Crater, dirijan en la Universidad de Duke el estudio de oración *Monitoring and Actualization of Noetic Training* (MANTRA), el mayor jamás realizado sobre el tema.

En 1998, Krucoff y Crater dirigieron un estudio de oración en el Hospital de la Administración de Veteranos, de Durham, Carolina del Norte, y los resultados se publicaron en el *American Heart Journal*. En ese estudio, 150 pacientes que habían sido sometidos a una "angiografía invasiva diagnóstica" se dividieron en tres grupos y los investigadores midieron las pulsaciones del corazón, la variabilidad del flujo de oxígeno y los niveles de isquemia (insuficiencia del mismo), así como el tiempo de hospitalización y la necesidad de alguna cirugía adicional.

El primer grupo —de control— recibió los cuidados médicos normales; el segundo grupo —experimental— recibió música, imágenes y toque terapéutico (también llamado "terapia noética"*); y los del tercer grupo —experimental también— fueron objeto de las oraciones distantes de siete comunidades espirituales: monjes budistas del Tíbet, monjas carmelitas de Baltimore, las Iglesias bautista y monroviana

---

* El término noético no hace referencia alguna a la ética. Proviene del griego *nous*, que se refiere al "conocimiento interior", una especie de conciencia intuitiva más allá de nuestros sentidos y nuestra razón. *(Nota del editor.)*

de Carolina del Norte, grupos judíos y miembros de la Iglesia unitaria. Los grupos de oración recibieron los nombres, edades y enfermedades de aquéllos por quienes oraban.

Los pacientes que disfrutaron del toque terapéutico, la música y las imágenes mostraron una reducción de todo un 30 % en complicaciones como síncope, paro cardiaco y muerte.

El grupo objeto de oración mostró beneficios mayores aún: tuvieron entre 50 y 100 % menos episodios adversos.

Posteriormente, Krucoff y Crater ampliaron su investigación a 1 500 pacientes en varios otros lugares. Ese estudio se está revisando actualmente para publicarlo, pero se sabe que los resultados no establecieron una conexión clara entre oración y curación. Algunos partidarios de la oración (sería mejor llamarnos creyentes) puede que sufran una desilusión, pero no todos. La hermana Patricia, del monasterio carmelita de Baltimore, dice: "Uno se puede curar de maneras que no entendemos. Tal vez el corazón de esos pacientes no fue curado en ese estudio... tal vez estén destinados a prepararse para morir de una manera más completa... Eso en sí es curación".

Algunos investigadores señalan la dificultad de estructurar el mismo estudio de oración. ¿Cómo se sabe que otros (acaso toda una congregación) están rezando por determinada persona? Una cosa, empero, está clara: la necesidad de estudiar el punto más a fondo. ¿Por qué? Porque la oración ofrece por lo menos dos ventajas enormes sobre los cuidados corrientes: bajo costo y nula toxicidad.

En general, a los pacientes se les administran como cuestión de rutina medicinas que conllevan peligrosos efectos secundarios. Todavía no nos reponemos de la sorpresa de que el Vioxx y otras drogas para la artritis pueden aumentar el riesgo de síncope y ataque cardiaco. (Las acciones de Merck, fabricante de Vioxx que voluntariamente retiró el medicamento del mercado, cayeron precipitadamente en la bolsa en el otoño del 2004, de más o menos 45 dólares a unos 27.) A mediados del 2005, las acciones de Merck todavía se cotizaban por poco más de 30 dólares.

Si la oración fuera un medicamento, proliferaría como una industria de 100 000 millones de dólares y en Wall Street las acciones más cotizadas serían las de Farmacéutica Espiritual, S.A.

Salvo que en tiempos de alza inusitada del costo de la salud, la oración no cuesta nada.

Centenares de estudios, algunos ya citados, han afirmado la eficacia de la oración. Consideremos uno más:

La doctora Elizabeth Targ, ex directora del Instituto de Investigación de Medicina Complementaria en el Centro Médico California Pacific, de San Francisco, estudió allí a 40 pacientes de SIDA, por 20 de los cuales elevaban oraciones "seis días a la semana durante 10 semanas curanderos expertos de afiliación cristiana, budista, judía, indígena americana, chamánica y de otras tradiciones", informa *Hippocrates,* boletín noticioso de *The New England Journal of Medicine.* A los seis meses, los pacientes por quienes se rezaba mostraban menos, *mucho menos* de:

- Enfermedades definitorias de SIDA (dos de 12);
- Visitas al hospital (85 de 260); y
- Días de hospitalización (10 de 68).

"Es crucial que este trabajo se repita para tener más confianza en que el efecto es real", dice la doctora Targ.

Los negocios apenas han empezado a explorar lo que han mostrado repetidas veces los experimentos médicos sobre la oración. Las potentes técnicas de conciencia y espíritu tienen un impacto profundo y positivo sobre las personas. Si la oración puede ayudar a sanar complicaciones del SIDA, la depresión, el ataque cardiaco y la cirugía abierta del corazón, ¿qué pueden hacer la meditación y otras técnicas mentales por la creatividad de los ingenieros?

Si el movimiento "Espíritu en los negocios" no puede preciarse de los mismos resultados concretos que muestran los investigadores médicos, puede ser porque hasta hace poco tiempo no hacíamos ningunos estudios. Por eso es tan crítico el Proyecto Perdón de American Express. Sabemos que la meditación baja la tensión sanguínea y la oración cura el corazón, pero estas técnicas también hacen maravillas para personas que están bien de salud y en el oficio.

En medio de esas magníficas ondas cerebrales generadas y armonizadas por el poder de la contemplación consciente, se encuentra la solución de los más complejos problemas de la humanidad — y los más terrenales de los negocios. Como dice Bill George, el presidente jubilado de Medtronic, "mis mejores ideas de negocios las obtengo meditando".

Reconozco que me obsesiona mi fantasía sobre la versión *empresarial* de la gran investigación médica en que consiste el proyecto MANTRA: la historia ya escrita, por lo menos en mi mente, de cómo los vendedores, los contadores y los ingenieros de la IBM, el Citibank, Procter & Gamble o 3M documentaron una gran alza en la productividad como resultado de sesiones diarias de 20 minutos de meditación. ¿Sería imposible levantar financiación?

En julio del 2000, el centro médico de la Universidad de Duke fue beneficiario de una donación de un millón de dólares que le otorgó la Fundación Medtronic, la división sin ánimo de lucro de la empresa de dispositivos médicos, para llevar técnicas de mente-cuerpo-espíritu a pacientes de falla cardiaca crónica. Tengo que pensar que costaría mucho menos de un millón de dólares estudiar cómo la meditación aumenta la creatividad, la productividad y el desempeño en los empleados de la misma Medtronic. Además, Medtronic ya tiene tranquilas salas de meditación y un campeón sin igual de esta práctica. Vamos, George, la jubilación no es *tan* atractiva. ¿Qué dice usted?

La bendición de la oración —en la sala de operaciones y en el laboratorio de investigación— no va a salvar a todos los pacientes, pero sí está reduciendo sufrimientos, salvando vidas y cambiando la manera como los facultativos ejercen la medicina. Los que rezan antes de una operación y sin embargo pierden el paciente, pueden decir por lo menos: "Hice lo mejor que pude, en todos los niveles". Y esto ayuda a consolar a las familias.

De igual modo, la transformación del capitalismo no va a acabar con los despidos masivos, ni a abolir el fraude ni a garantizar utilidades trimestrales ni a neutralizar el estrés, pero creará un nuevo ambiente empresarial con las debidas prioridades: prosperidad ganada con significado, moral y un poco de ayuda del espíritu.

Ya es hora

Este libro es una crónica de las variaciones que impulsarán al espíritu en los negocios de tendencia a megatendencia. Pero he dejado algo por fuera, o lo he aplazado hasta ahora, y es la cuestión del tiempo oportuno y el ciclo empresarial.

Una vez que una compañía rebaja los costos y reduce la nómina ¿de dónde van a salir las mejoras? ¿Qué va a impulsar el valor para los accionistas? La respuesta es obvia: la gente y su desempeño. ¿Qué va a diferenciar a un competidor de otro? La capacidad de crear una cultura en la cual la gente supere en rendimiento a sus pares. ¿Cómo se hace eso? Con un liderazgo que sea apasionado y creativo sin perder de vista la generación de resultados.

Las compañías quieren saber cómo crear un ambiente propicio para la pasión y la creatividad. Dice Michael Rennie, de McKinsey: "Es una cuestión muy importante para nuestros clientes. Desarrollar una estrategia no es tan difícil. El verdadero reto está en preparar a la gente para que se pueda implementar debidamente. En realidad, primero hay que crear una ética del desempeño". (Es decir, una empresa productiva en términos de las medidas comerciales tradicionales, en la cual, entre otras cosas, se recompense a los buenos rendidores.) "Cuando se tiene ya la ética del desempeño, se puede crear un ambiente de trabajo que apoye más... Las compañías que tratan de llegar de una vez a una maravillosa atmósfera de cordialidad, sin haber creado antes la ética del desempeño, se marchitan en flor y dan mal nombre a los que tratan de llegar a culturas que facultan a la gente".

Cuando se tiene esa ética, cuando la gente cumple, dice Rennie, "se puede *ya* presionar fuertemente para hacer del trabajo una jornada del alma".

El mensaje de este capítulo es que la espiritualidad no sólo nutre a las personas —aunque eso ya es grande en sí— sino que una vez instaladas las mejores prácticas, el espíritu impulsa el desempeño y el valor para los accionistas.

7

La bonanza de la inversión socialmente responsable

Hay actualmente en Wall Street una fuerza extensa, potente (y creciente) en favor del capitalismo consciente. Trimestre tras trimestre gana nuevos adeptos y recibe entradas impresionantes. Sobre todo, deja atrás al establecimiento financiero en su propio juego: un desempeño sobresaliente.

Me refiero, desde luego, a la inversión socialmente responsable (ISR). En el presente capítulo explico por qué esta es una tendencia importante y por qué está en camino de convertirse en una megatendencia. Pero primero definamos los términos.

Inversión socialmente responsable es la manera como el capitalismo consciente "coloca su dinero donde tiene el corazón", es decir, comprando en compañías* cuyos estándares ambientales y sociales coinciden con los suyos propios. ¿De qué modo? Los inversionistas ISR pueden escoger entre

---

* Los fondos mutuos de la ISR también invierten en instrumentos del gobierno o sus dependencias.

muchos instrumentos y métodos financieros —incluso fondos mutuos filtrados, combinaciones únicas de acciones, bonos de ISR, portafolios de mercado monetario o inversión comunitaria—, estrategias muy satisfactorias que se describen todas más adelante en este capítulo. Dicho simplemente, los partidarios de la ISR buscan ganancia financiera sin comprometer sus creencias ni su moral.

Hoy, cuando el capitalismo se recupera de su peor crisis desde la Gran Depresión, la ISR está llegando a su mayor edad. Véase si no: en 1984 constituía un mercado de 40 000 millones de dólares; para el 2003 se había convertido en una industria de 2 160 millones de dólares — *un aumento del 5 000 % en menos de 20 años.* Lo mejor de todo es que las inversiones socialmente responsables igualan y a veces incluso superan los rendimientos de las demás, de manera que por todos los aspectos resultan ventajosas.

El propósito de este capítulo es narrar el surgimiento de esta megatendencia y luego investigar cómo aprovecharla. ¿En qué debe uno invertir su capital consciente? Exploraremos varias maneras de estudiar la amplia gama de selecciones de ISR, pero primero atendamos a un interrogante común sobre inversiones socialmente responsables.

¿Qué son los filtros ISR?

Los fondos mutuos socialmente responsables someten las acciones a "filtros", una serie de criterios que miden los procedimientos y políticas de una compañía en materias sociales, ambientales, éticas y gubernamentales. En realidad, todos los fondos mutuos, no sólo los de ISR, "filtran" las acciones. Los filtros son sólo guías para determinar qué valores incluir o no en un portafolio. Un fondo pequeño, por ejemplo, deja por fuera grandes patrimonios mientras que un fondo de valor excluye compañías en crecimiento.

Hay dos clases de filtros ISR: negativos y positivos. Las preguntas que se anotan en seguida indican cómo podría estructurarse cada tipo de filtro, según como la compañía realice las respectivas operaciones:

- ¿Contamina el ambiente? (negativo)
- ¿Recompensa a los altos ejecutivos por sobresaliente conducta ambientalista? (positivo)
- ¿Muestra integridad en la publicidad? (positivo)
- ¿Fomenta estereotipos ofensivos? (negativo)
- ¿Viola prácticas laborales equitativas, el reglamento de la Administración de la seguridad social y la salud ocupacional de los Estados Unidos, las normas de igualdad de oportunidades? (negativo)
- ¿Contrata y asciende a miembros de minorías y a mujeres? (positivo)

Algunos fondos de ISR usan ambos tipos de filtros para hacer un análisis completo.

El universo ISR

Más de 200 fondos mutuos en los Estados Unidos usan filtros de factores ambientales y sociales. Algunos de los fondos ISR más conocidas son el Grupo Calvert, que maneja 10 000 millones de dólares, y Domini Social Investments, con 2 000 millones de dólares. El Pax World Balanced Fund maneja 1 500 millones de dólares. El Ariel Fund, que se especializa en acciones de capitales pequeños, tiene activos de 4 500 millones de dólares, mientras que el Ariel Appreciation Fund, de portafolios de capitales medianos, tiene un total de activos de 3 200 millones*.

En los últimos años, como lo ilustran los ejemplos siguientes, los inversionistas han venido mostrando clara preferencia por los fondos ISR.

En los años 90, la inversión socialmente responsable en los Estados Unidos había venido creciendo satisfactoriamente, pero a raíz de los escándalos de Enron, WorldCom y Tyco, se suspendió del todo. Del 2000 al 2002, después de la bonanza, la recesión y los escándalos, el universo tradicional de inversiones se contrajo pero los fondos mutuos ISR prosperaron. En el 2002, esos fondos registraron un aumento neto de 1 500 millones de dólares, mientras la corriente tradi-cional del mercado bursátil registró una merma de 10 500 millones, según informa el analista de fondos Lipper.

"La irresponsabilidad corporativa le hizo a la inversión social lo que Watergate le hizo a la política", declaró mi amigo Cliff Feigenbaum a *Barron's*.

En el 2003, el Social Investment Forum (SI) publicó un informe sobre tendencias de la inversión social y se pudo comprobar que los resultados reflejaban dos de los peores años en la historia del mercado. Sin embargo, el SI identificaba 2,16 millones de millones de dólares en activos ISR profesionalmente manejados, o sea un aumento del 7 % a partir del 2001. El universo total de fondos, por contraste, se

---

* Todas estas cifras en dólares de mayo de 2005.

había contraído en un 4 %. Los fondos ISR representaban uno de cada nueve dólares invertidos en fondos profesionalmente manejados, o sea el 11,3 % del total de 19,2 millones de millones de dólares en fondos estadounidenses de ese tipo.

¿Se está convirtiendo en megatendencia la tendencia ISR? Ciertamente así parece.

Entre 1995 y el 2003, la ISR creció 40% más rápidamente que el universo total de fondos mutuos.

Con razón los negocios financieros convencionales están pasando por el aro. Gabelli, Smith Barney y Vanguard ofrecen ahora fondos filtrados. Existen así mismo innovaciones como los índices de sustentabilidad de Dow Jones y el índice FTSE4GOOD. Si la imitación es la manera más sincera de adulación, los pioneros como Domini, Pax World y los demás deben sentirse muy satisfechos.

¿Qué significa todo esto?

Peter Kinder, presidente de KLD Research & Analysis, firma de investigación que calcula el cociente ISR de las compañías, dice que el análisis tradicional hace ahora el seguimiento de las cuestiones sociales que los inversionistas han medido desde hace 30 años. Él tiene por qué saberlo. A principios de los años 80 contribuyó a crear el Índice Social 400 de Domini, que se describe más adelante.

La ISR se está convirtiendo en una megatendencia por dos razones: una "de arriba abajo" y la otra "de abajo hacia arriba". En el nivel más bajo, la gente insiste en "invertir con sus valores", como dirían Cliff Feigenbaum y los Brill. Al nivel macro, después de Enron y lo demás, hasta los inversionistas institucionales de Wall Street vieron la luz: que la ética corporativa —o mejor dicho su carencia— puede hacer volar en pedazos un portafolio de valores.

¿Resultado?

El escepticismo y la desconfianza en los negocios tradicionales están llevando a los inversionistas a los brazos de los fondos socialmente responsables.

"La nueva sabiduría popular", dice Barbara Krumsiek, directora ejecutiva de Calvert, "es que no sólo importa cómo fluctúa el precio de una acción sino también cómo maneja su negocio la compañía". Ese cambio en la manera de pensar describe exactamente cómo el capitalismo está tomando conciencia de sí mismo.

Por el camino, la ISR pasará de ser una tendencia a ser una megatendencia. ¿Por qué?

Porque aun cuando la ISR avance grandemente, apenas está empezando.

En el 2005, invertir en un fondo ISR fue ya mucho más fácil de lo que era antes. A principios de los 90, sólo uno de cada diez planes de jubilación 401K* ofrecía "por lo menos un fondo filtrado", escribe Krumsiek en *Green Money Journal*. Para el 2002 ya eran nueve de cada diez.

En el 2012, el porcentaje de activos de fondos mutuos de los Estados Unidos invertidos en fondos socialmente respon-

---

* Estos planes adoptaron su nombre del número y el literal del artículo de la ley estadounidense que los creó. *(Nota del editor.)*

Filtros domini

Domini Social Investments, que se describe más adelante en este capítulo, es uno de los líderes de la industria ISR. Su análisis de 100 indicadores fija el perfil social y ambiental de una compañía. Domini filtra en seis áreas, cuyos criterios he vuelto a redactar con más brevedad y sencillez para dar unos pocos ejemplos más de la manera como operan los filtros.

- Ciudadanía corporativa: ¿Promueve la firma la justicia social?
- Diversidad: ¿Hay mujeres y minorías en la junta y/o en la administración?
- Empleados: ¿Participan en la toma de decisiones? ¿Tienen opción de compra de acciones?
- Ambiente: ¿Hay programas para evitar la contaminación o para reciclar?
- Operaciones fuera de los Estados Unidos: ¿Se respetan los derechos humanos? ¿Se pagan jornales equitativos?
- Productos: ¿Hace la empresa productos de calidad? ¿Es líder en investigación y desarrollo?

Todos éstos son ejemplos de filtros positivos.

---

sables podrá llegar al 10% predice Krumsiek, es decir, 2% más que en el 2002, pues más inversionistas tomarán conciencia y procurarán ISR.

El secreto del éxito de la ISR

El más obvio beneficio de la ISR es la manera como filtra y alerta sobre los nidos de ratas y las sorpresas costosas: el pasivo causado por el uso indebido de asbesto y sus repercusiones legales, las administraciones que se deterioran, las costosas limpiezas ambientales o las demandas contra las tabacaleras. Cuando Tyco no pasó los filtros de Calvert, el gerente del fondo de equidad social de esta última, Daniel Boone, vendió sus acciones en un período de varios meses a un precio promedio de 56 dólares la unidad. Yo tuve que vender las mías a un promedio de 17 dólares.

Sin embargo, los partidarios de las ISR reconocen que dejaron pasar una muy gorda: Enron. Esta compañía pasó por todos los filtros de las ISR, dice la profesora Sandra Waddock, de la escuela de administración del Boston College, en un ensayo inédito pero muy citado titulado "Una pizca no basta"*. Enron superó el llamado *Triple Bottom Line Report***, ganó seis premios ambientales y durante tres años figuró entre las 100 mejores compañías para las cuales trabajar, lista elaborada por la revista *Fortune*.

¿Todos se dejaron engañar? No todos. Joan Bavarian, presidenta de Trillium Asset Management, firma de inversiones socialmente responsables de Boston, que maneja 850 millones de dólares, recuerda que Enron advirtió a los gerentes de fondos mutuos "no hacer demasiadas preguntas" sobre las operaciones de Tyco en el exterior. Las consideraciones éticas pueden economizar dinero pero sólo si se siguen. Bavarian las siguió. Vendió sus acciones de Enron a los primeros rumores de posibles demandas y así les economizó buen dinero a sus clientes.

Al fin y al cabo, Enron les mostró a los inversionistas cómo las absurdas expectativas (de ¡crecer y crecer!) y la

---

* 'Fluff is not Enough': Managing Responsibility for Corporate Citizenship. *Ethical Corporation*, No. 4, marzo-abril del 2002, 12-13. *[Nota del editor.)*
**Este informe es un inventario del desempeño *ambiental, económico* y *social* de una empresa. Ha llegado a aceptarse globalmente que compañías de cualquier tamaño que quieran cumplir con los mínimos de sustentabilidad, se desempeñen dentro de ciertos límites en esos tres aspectos. *(Nota del editor.)*

incesante presión financiera (de ¡ganar a toda costa!) del capitalismo fundamentalista pueden aplastar la integridad humana y seducir a las compañías y llevarlas por el primoroso camino de la autodestrucción.

Lo único bueno del caso Enron fue que ciertamente ilustró la necesidad de contar con mejores filtros de la gestión corporativa que los que se han usado hasta ahora.

Breve historia de la ISR

La inversión socialmente responsable se remonta hasta los cuáqueros del siglo XVII que se negaban a invertir en armamentos, pero el movimiento actual se inició a principios de los años 70 del siglo XX, cuando los primeros inversionistas espirituales (grupos religiosos) protestaron contra la guerra de Vietnam, despojaron de sus acciones a Dow Chemical y crearon el fondo mutuo PAX World. Durante el apartheid, los fondos ISR retiraron su dinero de las compañías que negociaban con Sudáfrica.

Al principio, los fondos ISR huían del tabaco, el alcohol, los juegos de azar y las armas. Después, se adoptaron nuevos filtros para cuestiones ambientales y sociales. Hoy los filtros miden también derechos humanos, diversidad y gestión corporativa.

Regreso a lo básico

Todo eso está muy bien, me dirá el lector, pero volvamos a lo básico, a la parte de cómo la ISR sobrepasa los resultados de las inversiones tradicionales. Veamos, pues, otro ejemplo.

Un conocido fondo ISR de Calvert superó las 500 empresas calificadas por Standard & Poor's (S&P)*, a tiempo que defendía esta herejía: Las compañías son responsables no sólo ante los inversionistas sino también ante los empleados, los clientes, los proveedores, las comunidades y finalmente la sociedad.

Se me dirá que ningún fondo del mundo puede ganar dinero con semejante carga socialista. Pues el Social Investment Equity Fund, de Calvert, poseedor de acciones de líderes del mercado como Intel y Dell, sobrepasó las 500 de S&P del 2000 al 2002. En esos tres años (bueno, malo y pésimo) el índice S&P cayó en un 14%, mientras que en este fondo bajó sólo el 3,6%.

Una cosa es cuando un fondo prospera en tiempos de bonanza y otra muy distinta cuando triunfa en un mercado a la baja. Los años 2001 y 2002 fueron tan malos como puede ser posible, pero el aludido fondo de Calvert salió adelante. ¿Mercado al alza? ¿A la baja? Quién sabe lo que vendrá. Entonces, ¿no parece más sensato preguntarse si un fondo se defiende tanto en los buenos como en los malos tiempos?

Abandonar viejos hábitos

¿Le llamó eso la atención? Muy bien. ¿Despertó en usted el deseo de dejar de "invertir como de costumbre" y pasarse a una ISR?

Muchos quisiéramos apasionadamente ser inversionistas responsables, pero nos abruman 1) la complejidad de las finanzas, 2) la abundancia de opciones que no nos son

---

* Hay muchas maneras de referenciar el desempeño de un fondo, y una de ellas es el índice S&P 500.

familiares y 3) el temor de equivocarnos. El resultado es que no hacemos nada: nuestros rendimientos se estancan y sufrimos las consecuencias que provienen de la inconsecuencia entre nuestro dinero y nuestros valores.

En este capítulo deseo empezar a ayudar al lector a examinar algunas opciones — y pongo énfasis en la palabra "empezar". La inversión socialmente responsable es un tema sumamente amplio. Nuevos gerentes de fondos y portafolios de valores entran constantemente al movimiento. Libros enteros —y muchos— se dedican a la ISR. Yo no puedo aspirar a hacerle justicia al tema. Sin embargo, como narradora de una tendencia, lo que sí *puedo* hacer es ofrecer un vistazo que inicie al lector en el camino de explorar las ISR.

Pero primero usted querrá hacerse una pregunta fundamental:

¿Por qué he de seguir consejos de inversión de Patricia Aburdene?

No tiene por qué. Ni tampoco se los voy a ofrecer. Lo que voy a hacer es esbozar un marco de referencia para su investigación sobre las ISR. De esa manera se familiarizará con algunas posibilidades generales de inversión que le permitirán *hacer las preguntas pertinentes* para atravesar los cerros de información que va a encontrar.

Yo sé lo que es hablar con un asesor financiero que, en cuanto a mí se refiere, podía estar hablando en chino... y a "mil por minuto". Yo nunca voy a hablar chino, pero sí debería aspirar a saber lo suficiente como para preguntar: ¿Hay aquí alguien que hable mi idioma?

Armado con algunos conocimientos básicos, uno puede evaluar mejor sus opciones. Confío en que el resto de este capítulo le suministre esos conceptos. De esa manera, si resuelve ser un inversionista de ISR, puede decidir, de acuerdo con su asesor, qué es lo que más le conviene.

Lo principal

He aquí una advertencia — y una modesta promesa. Lo que describo en estas páginas es apenas una ínfima parte del tema de ISR. Ni siquiera mencionaré algunos fondos fabulosos y opciones lucrativas: tal es la naturaleza del monstruo. Pero si el lector quiere hacer una investigación más detenida (y es cosa que le recomiendo), le hago dos sugerencias:

1. Un libro: *Investing with Your Values*;
2. El apéndice de este libro, que enumera los principales recursos del movimiento de ISR y sus direcciones electrónicas.

Si estudia ambas cosas, habrá visto lo más importante. Y ahora, sigamos adelante.

¿Qué quiero?
Muestras de estilos de inversión

¿Cómo invertir? Eso es algo que cada uno tiene que resolver por sí mismo, pero si siempre ha evitado las decisiones financieras, como la mujer que se las deja a su esposo o a su corredor de bolsa, es posible que ni siquiera reconozca una posible manera, y mucho menos cuál es la que más le conviene. Así pues, le propondré algunos estilos de muestra.

No recomiendo ninguno en particular, pero sí quiero provocar sus ideas. Podría decirme: "No, eso no me gusta. Prefiero hacer esto o aquello". Si es así, espléndido.

Por otra parte, redactando esta sección como una serie de opciones puedo organizar mejor la información bajo subtítulos más fáciles de captar para el lector. Aunque nunca invierta un céntimo, tendrá una idea general de la ISR.

Denme todo el mercado — menos el de "los chicos malos"

A principios de los años 80, Amy Domini, joven corredora de bolsa de Harvard Square, recibe una llamada de una clienta ya entrada en años a quien el padre le ha dejado en herencia un espléndido portafolio de valores. La señora, que es una entusiasta observadora de aves, acaba de descubrir que entre las acciones que posee hay unas de una compañía papelera que produce una sustancia química que está envenenando a los pájaros. Amy y la inversionista, su cliente, tienen entonces un dilema ético entre manos: el portafolio de valores le produce a la dama lo que necesita para cuadrar su presupuesto de gastos, pero ella no puede patrocinar el daño que produce. Poco a poco Amy va modificando la inversión de su cliente hasta tener un portafolio de compañías que, como dice la dama, "demuestra una alta consideración por todas las criaturas de Dios, no sólo por los accionistas". Lo que Amy Domini no puede ver todavía es que en esa crisis nace su destino.

En 1984, Domini y Peter Kinder, hoy presidente de KLD Research & Analytics, escriben *Ethical Investing,* primera guía de inversión social. Más adelante, los dos preparan un índice de acciones socialmente responsables, gracias a la aplicación de una serie de "filtros" a las 500 empresas con las cuales se calcula el índice S&P. Como la mitad de éstas compañías dan la medida, Domini y Kinder conservan sus parámetros y se deciden a analizar a las que les siguen en tamaño (las que no alcanzan a igualar a las 500 de S&P), hasta que encuentran otras 100 firmas que pasan los filtros. Finalmente, agregan otras 50 cuya conducta social es ejemplar. Todo arroja un total de 400 firmas.

En 1990 nace el *Índice social 400* de Domini, alternativa responsable al S&P 500. Sin embargo, como no se puede invertir en un índice, sea el que sea, sino en un fondo mutuo basado en él, hoy muchas firmas de inversión venden fondos mutuos basados en acciones de las 500 compañías de *Fortune,* y Domini ofrece su Social Equity Fund, que refleja las 400 de Domini y se describe más adelante. Esto lleva a *Investing with Your Values* a comentar: *"Don't be Standard and Poor — Dominate with Domini"* *.

Hoy Domini Social Investments maneja cerca de 2 000 millones de dólares en acciones, bonos y efectivo en fondos que no cobran comisión. Es mejor conocida, sin embargo, por los 1 500 millones de dólares del Domini Social Equity Fund, el primero y el más grande de los fondos indizados socialmente responsables. Este fondo combina acciones de crecimiento y de valor cuyas relaciones precio/patrimonio y precio/valor en libros, y cuyo puntaje beta (medida de volatilidad) se escogen para reflejar los mismos parámetros

---

* Juego de palabras: "No sea estándar y pobre; domine con Domini". (*Nota del traductor.*)

de las 500 compañías clasificadas por S&P. Las más altas existencias del fondo, que están muy inclinadas a la tecnología y las finanzas, incluyen a Microsoft, Procter & Gamble, Johnson & Johnson e Intel.

¿Cuánto se necesita para empezar? 1 500 dólares para una cuenta individual de jubilación* y 2 500 dólares para una cuenta individual estándar.

Un argumento para escoger los mejores entre "los chicos buenos"

En 1982, Calvert fue el primer fondo mutuo que se opuso al apartheid en Sudáfrica. En 1994, después del triunfo de Nelson Mandela, Calvert fue uno de los primeros fondos mutuos que volvieron a invertir en aquel país. Con más de 25 años en el negocio, Calvert maneja 10 000 millones de dólares en activos en 32 portafolios indizados y no indizados para más de 400 000 clientes. La filosofía de Calvert es simple: "Las cuestiones sociales de hoy... suelen convertirse en los problemas económicos del mañana", así que invertir en firmas que tengan "una visión amplia" de su responsabilidad social "es buen criterio comercial", agrega Calvert.

Con Calvert uno puede emprender con un gran capital, con pequeño o con mediano capital; escoger un fondo de crecimiento, de valor o combinado; invertir en acciones, bonos, divisas o las tres cosas en el mismo fondo.

Si Domini es tan conocida por su fondo indizado ISR, Calvert recibe mucha publicidad en la prensa corriente por su Social Investment Equity Fund (SIEF), no indizado. Desde

---

* En inglés: IRA, *Individual Retirement Account.*

1998 las inversiones del fondo han sido manejadas por Daniel Boone, de Atlantic Capital Management.

Para el SIEF, de Calvert, Boone gusta de acciones que den un "crecimiento de alta calidad a precio razonable", dice *The Financial Times*. Las compañías que él escoge se someten primero a un riguroso análisis financiero, tienen que haber estado en los negocios por lo menos diez años y demostrar además:

- Crecimiento de utilidades y dividendos superior al promedio,
- Un sólido balance, y
- Una perspectiva de dos a cinco años de fuertes rendimientos.

Boone y otros gerentes de portafolio someten en seguida sus selecciones a un equipo interno de investigación de 18 miembros, donde se filtran para comprobar "la administración, la ética, la voluntad ambientalista, el trato a los empleados, el trabajo con comunidades". Si las compañías no dan la medida de los estándares que tiene Calvert en estas materias, no se aceptan.

Boone ganó en 2004 un premio de Standard & Poor's y *Business Week* por la excelencia en la administración de un fondo, y éste figuró en el más alto cuartil de fondos combinados de capitales grandes durante tres de los cinco últimos años. Además de las medidas corrientes, como las relaciones precio/patrimonio, Boone estudia las tendencias económicas y demográficas.

MÁS FONDOS CALVERT

Quien no pueda decidirse entre acciones, bonos y mercado monetario, puede pensar en el portafolio balanceado del fondo de inversión social de Calvert, que da acceso a todos los principales mercados financieros: acciones, bonos y divisas monetarias.

El Social Index Fund busca igualar el Calvert Social Index, marco de referencia de amplia base para fondos socialmente responsables, de capitales grandes y medianos en los Estados Unidos, y el portafolio fortalecido de patrimonio, del Calvert Social Investment Fund, es "el primer fondo filtrado que sigue al paso del índice Russell 1 000".

Que sea verde y de alto vuelo

Es posible que un individuo que ya haya colocado casi todos sus haberes en bien balanceados fondos de ISR todavía quiera *algo más,* que quiera estar en la vanguardia. Lo que realmente le sostiene el ánimo es la visión de una tecnología *verde* que transforme el mundo. Digamos que también está dispuesto a arriesgar un poquito más de un 5 o un 10% de su portafolio de valores.

El Winslow Green Growth, un fondo accionario muy activo que no cobra comisión, puede ser justamente lo que le conviene investigar. Lanzado por el fundador de Winslow Management, Jack Robinson, el fondo Green Growth tiene una trayectoria de *diez años* de inversión en firmas de pequeño o mediano calado en los Estados Unidos, que son innovadoras y ambientalistas. En los diez años que terminaron el 31 de diciembre del 2004, el Winslow Green Growth rentó en tiempos buenos, malos y pésimos 20,39%, frente al 7,12% del índice de crecimiento Russell 2 000 y el 13,75% del índice Russell 2 500.

En el excepcional año 2003, el Winslow Green Growth se remontó al 91,7%. Sin duda, el 2003 fue un gran año para las acciones, pero aun así, y con ánimo comparativo, las 500 compañías reseñadas por la revista *Fortune* subieron en un 28,2%. Sin embargo, no fue eso lo único que el Winslow Green Growth dejó por los suelos aquel año. El Street.com, muy conocido sitio web financiero, comparó los resultados del Winslow Green Growth en el 2003 con los del "Fondo del vicio" (sí, así como suena: Vice Fund), que invierte en acciones de juegos de azar, alcohol, tabaco y armas de fuego. El veredicto es que el vicio paga (en el 2003 a razón del 34,3%). No está mal, pero ni se acerca siquiera a lo que pagó la virtud ese año por conducto del fondo Winslow Green Growth, que pasó por encima del 90%.

El Winslow Green Growth compra en compañías de alta calidad, amigas de la economía. Una de las principales es Fuel-Tech N. V., compañía de control de la contaminación del aire, cuya tecnología de reequipamiento —para calderas, incineradores y otras fuentes de combustión— reduce las emisiones de óxido de nitrógeno entre un 39 y un 80%. Otro de los principales valores bursátiles del fondo es SurModics, cuya tecnología de "modificación de la superficie" permite que los *stents* que se emplean en ciertas cirugías cardiacas vayan recubiertos de fármacos. Así mismo, Green Growth se beneficia sin duda de la firma de alimentos naturales Whole Foods, cuya acción en el 2004 empezó a cotizarse a menos de 70 dólares y rompió la marca de los 100 en enero del 2005.

No hay que olvidar que Green Growth es "de alto vuelo". En los 12 meses que terminaron en enero 5 del 2005, el fondo creció a una modesta tasa del 2,9%, dice Lipper (comparado con un 2,7% de su grupo par). ¿Le interesa? Cobran un mínimo de 5 000 dólares por cuentas corrientes y 2 500 por bonos IRA.

Cuando el petróleo se sostenía alrededor de 50 dólares por barril, Robinson dijo en la CNBC que lo más probable era que las firmas de energía alterna preferidas por Winslow Green Growth les parecerían cada día más atractivas a los inversionistas. Así fue, y el petróleo subió a 60 dólares en junio del 2005. Para mediados de julio, la acción del Green Growth había subido el 9,33% en tres meses.

¿Cuál es el secreto del éxito de este fondo? Las compañías amigas de la Tierra, dice Robinson, vencen a las demás con "reducción de costos, mejoras de calidad, aumento de renta-bilidad y acceso a nuevos y crecientes mercados". Las compañías verdes "corren menos riesgo de causar daños ambientales que podrían tener graves consecuencias para los precios futuros de las acciones". Recuérdese el desastre de ChevronTexaco descrito en el capítulo 2.

Un fondo ejemplar

Puede ser conveniente examinar un fondo cuya administra-ción tiene prácticas que son simplemente ejemplares: el Bridgeway Funds:

- El 50% de las utilidades las aporta a obras de cari-dad.
- Mantiene bajas las tarifas (¿qué tal 0,15% para el fondo indizado Blue Chip 35?)
- Limita la paga del fundador y gerente, John Montgomery, a siete veces la del empleado de más bajo salario.

Suena bien, ¿verdad? Pero oiga esto: el fondo Bridgeway Aggressive Investors 2 cobra tarifas del 0,2 al 1,6% según el rendimiento, en comparación con las 500 de S&P. "Es un enorme incentivo para que superemos el mercado y no nos enredemos", dice el fundador John Montgomery.

Todo eso está muy bien, diría un observador, pero ¿cómo se desempeña una empresa benefactora como ésa? Los fondos que administra Bridgeway registraron en promedio el 54,3% de crecimiento durante el 2003. Las 500 de S&P, recuérdese, subieron un 28,69%. El Bridgeway Ultra-Small Company Fund se apuntó una fenomenal tasa del 88,2% de crecimiento en ese año.

Nada de acciones, sólo bonos

El Social Investment Bond Portfolio, de Calvert, compuesto por valores de ingresos fijos provenientes de sociedades anónimas, gobiernos y dependencias que cumplen los criterios ISR de Calvert, ganó en el 2004 un premio de Lipper "por alcanzar los más altos rendimientos continuos" en su categoría. Los fondos de esta compañía, a diferencia de los de Calvert, son administrados por ella misma.

El Domini Social Bond Fund es un portafolio de valores invertidos a mediano plazo, socialmente filtrados y de ingreso fijo. El fondo invierte también en desarrollo económico de la comunidad.

El mercado monetario

Tanto Domini como Calvert ofrecen fondos de mercado monetario filtrados por su carácter ecológico.

El Social Investment Monetary Market Fund, de Calvert, se invierte en valores a corto plazo, pagarés comerciales, certificados de depósito y emisiones de dependencias gubernamentales. El mínimo que se puede invertir es de 1 000 dólares.

El Money Market Account de Domini, asegurado por la FDIC [Federal Deposit Insurance Corporation] coloca el dinero en el ShoreBank, el banco más antiguo y más grande de desarrollo comunitario del país. El mínimo que se puede invertir es de 2 500 dólares. Lo hermoso de esta inversión es que el dinero se pone a trabajar para las comunidades, donde más se necesita. ¿Sufrirá por ello la tasa de interés? *Al contrario,* ambos fondos ofrecen tasas competitivas. Algo más sobre este punto se dirá más adelante.

Unas cuantas ideas para empezar

Hay individuos muy independientes a quienes les gusta hacer por sí mismos la investigación para invertir. Ya tienen firmes opiniones sobre quiénes son las buenas (y las malas) entre las corporaciones e insisten en elegir ellos mismos sus acciones y seguir su comportamiento en el mercado. Les parece una diversión, como capitalistas conscientes, asistir a las asambleas de accionistas de las compañías que les inspiran confianza.

¿Pero cómo navegar por el universo ISR y organizar un portafolio personalizado? Damos a continuación unas pocas ideas para empezar. Incluso para los que *no* tengan la intención de hacer las cosas por sí mismos, estas ideas pueden ser útiles, pues los harán mejores inversionistas. No es cosa de entregar uno su dinero a un gerente de cuenta, aunque sea un gerente ISR, sin tener idea de cómo evaluar las inversiones que él escoja.

1. El corredor de bolsa y "las 100 mejores". Si se tiene un corredor de bolsa, se deben comparar sus recomendaciones con las 100 firmas que figuran en la lista de "las 100 mejores ciudadanas" de *Business Ethics*. Será interesante ver cuáles de las que recomiende su corredor no logran entrar en la lista de las mejores ciudadanas (¿Wal-Mart? ¿ExxonMobil?). Ensaye la misma táctica con la lista de las cien mejores firmas para las cuales trabajar. Yo hice eso una vez y tuve la satisfacción de ver cuántas de las recomendadas por mi corredor de bolsa eran paraísos laborales. Que una compañía figure en las listas de las mejores ciudadanas o en la de las mejores para trabajar indica que la recomendación del corredor de bolsa merece tenerse más en cuenta.

2. *Buscar bien lo que eligen los expertos*. Daniel Boone, por ejemplo, gerente del Social Investment Fund Equity Portfolio, de Calvert, tiene una joya en su fondo, que es principalmente de capitales grandes. La EOG Resources Inc., productora de petróleo y gas natural, es una de las principales inversiones del fondo (3,86 % del portafolio de inversiones en la primavera del 2005) a pesar de que el tamaño de su capital hace de ella una selección más bien pequeña para el fondo de Boone: su comportamiento accionario es sensacional.

EOG subió un 58 % el año fiscal que terminó el 30 de septiembre del 2004. La acción empezó el año 2005 alrededor de los 33 dólares y para la primavera iba ya en 50, pero oiga esto: la compañía era subsidiaria de Enron, razón por la cual el equipo investigador de Calvert la sometió a los más rigurosos criterios ambientales y administrativos pero, para fortuna de los inversionistas, la compañía salió airosa de la prueba. En el frente ambientalista, el gas natural que representa alrededor del 85 % de su producción total, es mucho más limpio que el petróleo, lo cual significa menos contaminación del aire y menos gases de invernadero. Aunque la actuación de EOG no es inmaculada, reconoce Calvert, la compañía ha ganado premios por seguridad y rehabilitación de tierras y lleva a cabo sus operaciones de una manera "favorable al ambiente".

3. *Los 20 negocios sustentables.* Todos los años *The Progressive Investor,* boletín noticioso en línea dirigido por la dinámica Rona Fried, encuesta a muy destacados asesores de la ISR (personajes como Jack Robinson, de Winslow Management, o Carsten Henningsen, de Portfolio 21) y los invita a contestar un simple interrogante: ¿Qué compañías se destacaron como líderes mundiales por concepto de capacidad de sustentabilidad y fortaleza financiera?

El resultado es la lista anual de los principales 20 negocios sustentables, los "SB20", que publica el boletín. A la verdad, eso es mucho decir. ¿Por qué? Porque el sitio web de Fried, SustainableBusiness.com, ya sigue el comportamiento de más de cien acciones de este género. Los SB20 son la crema de un universo de acciones de 16 industrias amigas de la Tierra: productos biológicos, componentes alimenticios, finanzas, volantes, celdas de combustible, dispositivos geotérmicos, cuidados de la salud, materiales, microturbinas, alimentos naturales, productos naturales, paneles solares, superconductores, transportes, aparatos hidráulicos y de viento.

Entre los SB20 del 2004 (ver cuadro) se destacan dos nombres que me encantaron: el Wainwright Bank y mi proveedor de comestibles: Whole Foods. También se pueden reconocer allí a Timberland, al gigante de seguros Swiss Re y a la pionera sueca Electrolux, y a las recién llegadas en el

2004: Canon y Philips Electronics N.V. Una lista más larga de
favoritas sustentables de Fried son mucho menos familiares,
lo cual sólo demuestra cuán grande es la oportunidad que hay
aquí. (Hay que aprovecharla.) Yo, adicta confesa de la cadena
de televisión CNBC, sólo sabía de menos de diez.

Fried advierte que los SB20 no constituyen "un portafolio
diversificado basado en industrias, mercados o países" y que,
por otra parte, han sido excluidas las compañías que no son
financieramente estables. Quien piense en invertir podría
seguir las cotizaciones de estas acciones durante unos seis
meses para tener una idea de cómo se comportan, estudiar
su relación precio/utilidades, el puntaje beta, la calificación
de los analistas y todo lo demás, y prestar especial atención
a las que dan la medida año tras año y averiguar quién más
las posee. ¿Calvert? ¿Domini? ¿Winslow Green Growth?

Los SB20 podrían alertarlo a uno acerca de la próxima
Microsoft.

LOS 20 NEGOCIOS SOSTENIBLES DE 2004 (SB2)

Baldor	Philips Eectronics N. V.
Canon	STMicroelectronics
Chiquita	Svenska Cellulosa S. A.
East Japan Railway	Swiss Re
Electrolux	Timberland
Green Mountain Coffee	Trinodos Groentonds N. V.
Henkel	United Natural
Herman Miller	Vestas
J. M. Inc.	Wainwright Bank
Novozymes	Whole Foods

Aparte de todas las anteriores consideraciones, los SB20 plantean y exploran conflictos interesantes, por ejemplo, cómo se define una compañía sustentable. Fuel Cell Energy, cuyas celdas de combustible se emplean en edificaciones y centrales hidroeléctricas, y Ballard Power Systems, que fabrica celdas de combustible para la industria de transportes —y depende de la comercialización de la tecnología del hidrógeno—, entraron en la lista del 2003 porque sus productos y tecnologías "son muy importantes para una sociedad sustentable". Sin embargo, los jueces cuestionaron a ambas compañías por falta de interés en una cultura empresarial de ese tipo. Ninguna de ellas dio la medida en el 2004.

Fried insiste en que *The Progressive Investor* se ocupa no sólo de firmas ambientalistas pequeñas sino también de las gigantes globales que desempeñan un papel clave en la nueva economía verde, entre las cuales se cuentan British Petroleum, Honda y Chiquita.

Las cosas al revés

En el capítulo 2 investigamos la tendencia de responsabilidad social de las compañías (RSC), cimiento inconmovible, o así lo creía yo, del capitalismo consciente. Pregunté a cuantos pude cuál es la relación entre ISR y RSC.

"La RSC es en gran parte *una reacción* a la ISR", me dijo Alisa Gravitz, de Co-op America. Uno tras otro, todos los activistas me dijeron más o menos lo mismo, arguyendo que la inversión socialmente responsable *mueve* la responsabilidad social. Es como si "en lugar de batir el perro la cola, la cola batiera al perro". ¿Y cómo logra la humilde cola tan estupendo resultado? La explicación está en la actuación de los

defensores de los accionistas de la ISR. Recordemos a Shelley
Alpern, de quien se habló en el capítulo 2, que alertó a los
accionistas de ChevronTexaco acerca de una operación pe-
trolera sumamente tóxica en el Ecuador. Alpern es una
"defensora de los accionistas".

Calvert y Domini, que manejan entre los dos 12 000
millones de dólares de activos, se dedican también a la
defensa de los accionistas. Al igual que Alpern, con frecuencia
presionan a las compañías (lo que constituye el aspecto más
discreto de su actuación) antes de introducir resoluciones de
accionistas. Calvert, por ejemplo, convenció a Dell de que
abandonara en sus computadores los monitores de tubo de
rayos catódicos y usara en cambio pantallas de cristal líquido,
que tienen menos plomo. Domini persuadió a Avon de que
revisara el uso en sus cosméticos de las sustancias químicas
"parabens", que pueden tener relación con el cáncer de
mama en las mujeres*.

La industria de ISR maneja conjuntamente 150 000
millones de dólares en activos. Esto da una idea del poder con
que los dedicados activistas apenas pueden soñar. Las Amy
Domini del mundo pueden despojarse de las acciones de
compañías que violen los estándares sociales y ambientales,
y así lo hacen. ¿Pero caen entonces esas acciones? Por el

---

* Los parabens, productos químicos derivados del ácido parahidroxibenzoico,
utilizados como preservativos en desodorantes, alimentos y productos farma-
céuticos, han sido encontrados en los tejidos de algunos tumores de seno. Los
investigadores de la universidad de Reading estudiaron las muestras de 20
tumores y midieron la concentración de parabens en el tejido fino. Éstos,
intactos, fueron detectados en las muestras, en una concentración de 20,6
nanogramos por gramo del tejido fino, en su forma de éster, lo cual sugiere que
la ruta de entrada en el organismo fue tópica y no oral, y demuestra que la
persona que se exponga a ellos los acumulará en su cuerpo. Se ha demostrado
plenamente que los parabens son disruptores endocrinos, aunque no que estén
involucrados en la formación tumoral. *(Nota del editor.)*

momento no, pero cuando una compañía que tiene ISR la retira, la compañía violadora es objeto de una publicidad adversa. Como ya lo hemos visto en el capítulo 5, eso perjudica la marca y ahuyenta al consumador consciente de la caja registradora. Una compañía sabia evita ambas cosas, cosecha los beneficios de un buen nombre y atrae más inversionistas conscientes.

La inversión comunitaria

Ya no quiero saber nada más de mi banco. Se fusionó y fue objeto de una adquisición. Se ha transustanciado tantas veces que ya no recuerdo. El familiar Harvard Trust, aquí en Cambridge, Massachusetts, donde abrí mi primera cuenta en 1990, se vendió a un tal BayBank, que posteriormente se convirtió en el impersonal Fleet Bank. ¿Me he saltado alguna encarnación? Seguramente, pero el servicio no ha mejorado. Todo lo contrario. El aire de vecindario de mi banco original desapareció totalmente, lo mismo que los cajeros amistosos y la cordialidad que allí reinaba. El día que recibí la carta en la cual me daban la bienvenida al "Banco supermonstruo" fue cuando empecé a pensar seriamente en cambiar de banco. Pero ¿dónde voy a encontrar uno bueno? Afortunadamente mi crisis bancaria estalló cuando yo estaba en medio de la investigación para este libro. Hablaré de esto más adelante porque es parte de esa alentadora tendencia ISR que vamos a considerar en seguida.

El alma de las pequeñas finanzas

Suele decirse que la ISR es un taburete de tres patas, una imagen peculiar pero que parece que encanta a los interesados. Las dos primeras patas son la filtración de los valores bursátiles y la defensa de los accionistas. La tercera es la inversión comunitaria. Para inversionistas comunes y corrientes, ésta es a la vez espiritualmente enriquecedora y financieramente rentable.

"Invertir en la comunidad es una espléndida manera local de colocar uno su dinero al servicio de sus valores", dice *Investing with Your Values*. ¿Pero qué es, realmente? Cuando un banco o una caja de crédito presta capital para proyectos locales valiosos que de otra manera podrían no conseguir financiación, eso es inversión comunitaria. Para la ISR es iniciativa de primera línea luchar contra la pobreza, crear empleos, financiar proyectos para ayudar a resolver el problema del SIDA y ayudar a empresarios de visión.

David Royster, de 41 años, rehabilitó toda una manzana de edificios decrépitos y abandonados, uno por uno, con ayuda del pionero South ShoreBank de Chicago. Se acabaron las drogas y las pandillas. Vinieron los buenos empleos y un vecindario sano, atractivo.

En Durham, Carolina del Norte, la Self-Help Credit Union ayuda a las minorías y a personas de bajos ingresos a emprender negocios amigos de la Tierra — como R24 Lumber, que transforma madera desechada en funcionales tacos para paredes.

La Northeast Organic Farming Association tuvo problemas con los prestamistas tradicionales, que le cobraban intereses excesivamente altos y no entendían a los pequeños granjeros (y menos a los orgánicos), ni cómo las temporadas de producción dificultaban la regularidad en los abonos. El fondo bancario socialmente responsable del Vermont National

Bank salió en su ayuda con un préstamo de 90 000 dólares para crear un fondo rotatorio con bajos intereses, que resolvió todo el problema.

En vista de historias de éxitos como éstas, no es difícil ver por qué el Instituto Woodstock llegó desde 1992 a la conclusión de que las instituciones de inversión comunitaria tienen un impacto "mucho más grande que el tamaño de sus activos", según dice Jean Pogge, vicepresidente del South ShoreBank.

Según la National Community Capital Association, hay entre 800 y 1 000 bancos de desarrollo comunitario y sindicatos crediticios, conocidos como instituciones financieras de desarrollo comunitario (CDFI, por su sigla en inglés), entre los cuales se destacan el Albina Community Bank, de Portland, el NCB Savings Bank, de Ohio, el Community Development Bank, de Louisville, y la Permaculture Credit Union, de Nuevo México. Las CDFI respaldan la vivienda de bajo precio, los refugios para los que no tienen techo, los proyectos para ayudar a solucionar el problema de SIDA, los bancos de alimentos, los negocios de minorías y de propiedad femenina, y también ganan dinero. Han invertido o han prestado más de 8 300 millones de dólares a individuos y proyectos meritorios. Por lo general prestan sumas pequeñas a personas y organismos que no son ricos ni mucho menos. Sin embargo, el índice de reembolsos se encuentra entre el 96 y el 99 %. ¿Cómo es posible?

- Los solicitantes de préstamos se someten a muy riguroso escrutinio.
- Están *motivados,* dice *Investing with Your Values.* Ésta es su gran oportunidad y trabajan de firme para triunfar.

- Muchas veces las CDFI prestan asistencia técnica para reforzar las áreas débiles de los clientes.

Más fondos para inversión comunitaria

"El mayor problema de la inversión comunitaria es que no hay suficientes personas que la practiquen", escriben Marjorie Kelly y Marshall Glickman en *E Magazine*. Menos del 1 % de los 2,1 millones de millones de dólares de fondos ISR está en inversión comunitaria, pero esto está cambiando. En el solo período 2001-2003, los fondos mutuos de inversión comunitaria, fuente principal de financiación de proyectos comunitarios, crecieron el 84 %, de 7 600 millones de dólares a 14 000 millones, gracias en gran parte al proyecto "Uno por ciento" del Social Investment Forum y Co-op America, el cual estimula a los inversionistas en ISR a invertir el 1 % de sus activos en instituciones financieras de desarrollo comunitario.

Los inversionistas socialmente responsables deben pensar en destinar el 10 % de sus portafolios a la inversión comunitaria, aconsejan los Brill y Cliff Feigenbaum. Observan, además, que la inversión comunitaria se hace generalmente por conducto de un banco, de manera que el dinero queda asegurado por la FDIC, ya mencionada. Quienes no tengan en su vecindario un banco comunitario se pueden valer de un banco a distancia.

EL BANCO WAINWRIGHT

A mí me pareció bien pensado. Ya estaba convencida de la superioridad financiera y moral de la ISR, de modo que sólo me faltaba dar un paso más, que era buscar un banco comunitario. Resultó que no tuve que buscarlo. Lo encontré por el camino, cuando me dirigía al banco supermonstruo en Kendall Square, del cual me estoy divorciando. Pasé frente a uno de los mejores bancos comunitarios de todos, el Wainwright Bank, que tiene diez sucursales en el área de Boston.

Más del 40 % de su portafolio de préstamos comerciales —unos 400 millones de dólares en total— sostiene las mejores instituciones sin ánimo de lucro de Boston: la Pine Street Inn, el refugio más grande de Nueva Inglaterra para los "sin techo"; el Greater Boston Food Bank, que da de comer a 405 000 personas al mes; y Rosie's Place, el primer refugio de urgencia para mujeres en los Estados Unidos.

Yo no sabía nada de esto. Me había asomado al Wainwright docenas de veces y nunca pensé que tuviera nada que ver con inversión socialmente responsable ni sabía que ha ganado muchísimos premios. Se distingue, por ejemplo, como

- Uno de los principales negocios sostenibles del mundo (no sólo de los Estados Unidos) y por estar entre los 20 más altos de SustainableBusiness.com.
- Una de las 10 más altas firmas bancarias verdes y uno de los 11 mejores prestamistas para las mujeres, según el Social Investment Forum.

No sé por qué no dan publicidad a estos elogios. Cuando yo me enteré, me volví su cliente. Me sorprendió un poco que los tipos de interés del Wainwright sean más altos que los de mi banco anterior, pero psicológicamente obtuve rendimientos aun mayores.

- El Wainwright, que por su tamaño es el duodécimo banco en el estado, financió más de 11 millones de dólares en alojamientos para víctimas del SIDA, la mitad del total del área, en lugares como Wish House, en Dorchester, Massachusetts, vivienda para mujeres antes sin hogar y para niños contagiados de SIDA;

- Financió 75 millones de dólares en viviendas de bajo precio, inclusive un préstamo de 500 000 dólares a la casa de rehabilitación Victory House, programa de habitación temporal para 25 hombres sin hogar y de bajos ingresos, con problemas de drogadicción; y

- Prestó 1,8 millones de dólares al Family Center, institución de salud mental cuyos clientes luchan con la pobreza, el racismo y la violencia. Todos los años el centro ayuda a más de 2 000 familias; 54% de sus clientes ganan menos de 20 000 dólares y 44% son personas de color.

El Wainwright está tan dedicado a la justicia social que uno casi se olvida de que es un banco con más de 760 millones de dólares en activos, que ofrece préstamos comerciales, hipotecas sobre propiedad raíz, líneas de crédito y banca privada. También se le podría olvidar que gana dinero, y mucho dinero. Sus ingresos netos, que en el 2003 fueron de 4,7 millones de dólares, pasaron en el 2004 a 6,4 millones de dólares. Las utilidades por acción subieron de 55 centavos de dólar en el 2001 a 99 centavos en el 2004.

En el portafolio de préstamos del banco la inversión comunitaria es el sector de mejor desempeño. ¿Y la tasa de deudas en mora? Cerca de 0%.

Inversión socialmente responsable: ¿adónde va?

Concluiré este capítulo consultando con dos de los más brillantes pensadores del capitalismo consciente para conocer su modo de pensar sobre dónde está hoy la ISR y hacia dónde se dirige.

El hallazgo del Santo Grial

Hace 17 años, Marjorie Kelly, visionaria fundadora del *Business Ethics: Corporate Social Responsibility Report* y autora de *The Divine Right of Capital,* viene observando la tendencia ISR. En el número de invierno del 2004 de *Business Ethics* escribe: "Hay pruebas absolutas, definitivas, de que la responsabilidad social de las compañías paga". Sacó esta conclusión en el 2004, cuando se dieron a la publicidad dos "metaestudios" ISR que validaron años de investigación, de suerte que los resultados tienen, según Kelly, "doble autoridad".

El primer informe, de Marc Orlitzky, de la Universidad de Sydney, Australia, y Frank Schmidt y Sara Rynes, de la Universidad de Iowa, titulado "Comportamiento corporativo social y financiero", comprendió 52 estudios llevados a cabo en el transcurso de 30 años. Los investigadores muestran que el lazo entre desempeño social y financiero de las compañías va desde "altamente positivo" hasta "modestamente positivo".

El segundo metaestudio, "Gestión ambiental corporativa", publicado por la Agencia Ambiental del Reino Unido, se debe a Innovest Strategic Value Advisors, entidad que revisó 60 estudios de investigación de los últimos seis años y confirmó que 51 de ellos (el 85%) mostraban "una correlación positiva entre gestión ambiental y rendimiento financiero".

Algunos pueden poner en duda las pruebas que estos estudios ofrecen, dice Kelly, pero ella no les hace caso. "Después de 30 años y 112 estudios", dice, "se ha encontrado el Santo Grial".

Un portafolio para el siglo XXI

Hal Brill, presidente de Natural Investment Services y coautor de *Investing with Your Values*, es un veterano de ISR y uno de sus jóvenes sabios. En *Green Money Journal*, escribe: "La ISR impulsa. ¿Qué sigue ahora?" y en seguida ofrece una crítica y una estrategia para el futuro. Para su gusto, la ISR está demasiado concentrada en el mercado secundario de acciones y bonos. Dice que ya es tiempo de apartar un poco los reflectores de la bolsa y "movilizar capital" directamente a manos de los individuos, proyectos y negocios pequeños que están trabajando "por un mundo justo, ecológicamente sano". Éste es su plan de tres partes:

Paso Uno: *Mucho* **más inversión comunitaria.** El movimiento ISR debe auspiciar más oportunidades de inversión no corporativa. "¿Qué tal que superáramos a la bolsa?", pregunta, y agrega: "Ahí está el caso de la extinción masiva de las especies y el calentamiento global".

Casi el 99% de los 2 y tantos millones de millones de dólares de fondos de la ISR está en acciones y bonos de las compañías o del gobierno. Brill se queja de que la inversión comunitaria "es apenas un punto de luz en la pantalla, a pesar de que ataca una de las principales causas de la pobreza: la falta de acceso al capital". El microcrédito, tanto en los Estados Unidos como en el resto del mundo, es el primer peldaño de la escalera para salir de la pobreza, y también es una inversión segura. (No hay que olvidar las fantásticas tasas de reintegro que ya se han mencionado.)

Paso dos: Más inversión "verde". La economía actual, de uso intensivo de carbono y extracción de recursos, y dominada por combustibles fósiles, dice Brill, es el resultado final de "decisiones de inversión tomadas por la generación pasada". Podemos y debemos cambiar eso por lo que él llama "inversión regenerativa": "energía limpia, agricultura y silvicultura sustentables, reciclaje y bienes raíces verdes". ¿Se perjudicarán los rendimientos? Todo en este capítulo indica todo lo contrario, especialmente el aumento del 90 % de Green Growth en el 2003.

Paso tres: Rehabilitar, usar nuestro poder. No podremos alcanzar el mundo que deseamos, afirma Hal Brill, si seguimos dejando que las compañías hagan su voluntad. No es cuestión de prescindir de las corporaciones sino de cambiarlas con los bien probados recursos de la ISR, la defensa de los accionistas y el proceso de filtración.

Conjuntamente, estas tres estrategias son el fundamento de lo que Brill denomina sus nuevos portafolios para el siglo XXI.

A medio camino de la primera década de este siglo, la ISR está viva y vigorosa, y debido al fracaso del capitalismo que no tiene conciencia, los fondos para ella van en aumento. Gracias a la fuerza del capitalismo consciente, el desempeño de la ISR, especialmente en algunos de los sectores descritos en este capítulo, es realmente impresionante. Se podrá decir que los partidarios de ella tienen derecho de celebrar su éxito, pero Hal Brill y Marjorie Kelly no celebran; antes bien, hacen una llamada que suena más o menos así: Superémonos y sigamos adelante.

La ISR ha pasado muchos años tratando de justificarse a los ojos de Wall Street. Ahora la marea ha cambiado y la bolsa de valores tiene que justificarse ante un número creciente de inversionistas que adoptan la inversión socialmente responsable. Lo que están diciendo Hal y Marjorie es: "Ya les hemos demostrado que los rendimientos financieros son superiores. Ha llegado la hora de volver al negocio", es decir, al negocio de transformar el capitalismo.

Conclusión

La transformación espiritual del capitalismo

El capitalismo, como se nos recuerda con frecuencia, es el sistema económico de mayor éxito que se haya creado jamás. "El capitalismo ha venido a dominar las economías del mundo puesto que ningún otro sistema ha podido generar crecimiento económico a largo plazo en los doscientos años transcurridos desde comienzos de la revolución industrial", dice un autorizado economista a quien pronto conoceremos.

Esto no lo discutimos. Él tiene razón, pero también ha dicho algo:

El capitalismo opera cuando encarna el principio de la justicia.

El capitalismo es, o debería ser, sinónimo de democracia económica, puesto que la libertad de empresa, cuando funciona bien, ofrece a todos oportunidades económicas. La virtud espiritual de la justicia, la estructura espiritual de la democracia y el flujo espiritual de la abundancia son los ingredientes fundamentales del condimento secreto de la empresa libre.

Las ideas del profesor Thurow

Como a una milla de distancia de mi apartamento, del lado de Cambridge del río Charles, está el Instituto Técnico de Massachusetts (MIT), donde enseña Lester Thurow, profesor de administración y economía y ex decano de la Sloan School of Management. De él son las palabras sobre el capitalismo que cité arriba. Veamos qué más dice sobre la libertad de empresa: "Todo sistema económico viene con sus propias características genéticas", escribe en *The Boston Globe*. "Los malos genes del capitalismo no se pueden separar de los buenos, puesto que ambos provienen del hecho de que el capitalismo aprovecha la codicia que parece ser parte integral del ser humano".

El profesor Thurow da voz al sentimiento, a menudo expresado, de que la libertad de empresa se basa en el vicio. La consecuencia de esta curiosa afirmación es, por supuesto, que capitalismo y espíritu son incompatibles. ¿Sorprenderá, pues, que la libre empresa, después de derrotar al marxismo, el socialismo y el comunismo, a veces se crea obligada a cerrarle la puerta en las narices a la benévola "espiritualidad en los negocios"?

EL FACTOR CODICIA

Pues bien, yo no sé si alguna vez la codicia haya sido combustible del capitalismo. Tal vez en tiempos remotos haya sido así. Lo que sí sé es que hoy no tiene ese poder. La conciencia humana ha evolucionado demasiado y con mucho éxito para que esa clase de gasolina funcione. Hoy necesitamos una nueva fuente de energía. Por fortuna hay una espléndida a disposición, y es gratis e ilimitada: el poder del espíritu. Sin embargo, para aprovecharla tenemos que acabar primero con la loca idea de que la codicia es el fundamento de la riqueza. Esta tonta limitación que nos hemos impuesto es justamente lo que nos impide disfrutar de la abundancia financiera que tenemos la capacidad de crear.

Es hora de curar el asunto de la codicia.

Hoy el capitalismo viste un sistema de creencias que se parece mucho a un traje de negocios confeccionado para el éxito, pero cortado dos tallas más pequeño. Estrecho, aprieta y es demasiado pequeño para contener la prosperidad que nos viene en camino por los muchos avances tecnológicos y espirituales que traerán las próximas décadas.

La abundancia financiera no puede fluir a un recipiente económico que es demasiado pequeño para contener nuestra magnificencia.

¿Qué es la codicia?

El profesor Thurow define la codicia como "el deseo de tener más, por más que uno ya tenga; es el deseo humano que hace funcionar el capitalismo".

¿Por más que uno tenga? Sí, eso es codicia. Tal vez el buen profesor no haya oído hablar de la jerarquía de las necesidades de Abraham Maslow, que reflejan la capacidad humana de satisfacer las necesidades básicas como alimento y vivienda, y en seguida pasar a motivos más altos, tales como la autoestima, el amor y la autoactualización. Qué diantres. ¿No le enseñó su abuela que lo que basta basta?

Ciertamente me doy cuenta de que algunos individuos se enredan en la codicia, pero ésa no es razón para afirmar que ella es el fundamento del capitalismo, sobre todo si se considera que la psicología moderna nos muestra personas sanas que pasan a actividades más satisfactorias.

Reconozco que Lester Thurow ha resumido de una manera brillante la mundanal urdimbre del pensamiento empresarial, lo que Paul Ray, coautor de *The Cultural Creatives,* llama "la ideología modernista". Dicho esto, ¿es la codicia la sólida roca sobre la cual descansa el capitalismo?

La simple definición de libro de texto de capitalismo citada en la *World Book Encyclopedia* es: "Un sistema económico en el cual los medios de producción están en manos privadas, no gubernamentales".

Si uno está de acuerdo en que la meta del capitalismo es invertir capital para crear *más* capital, muy bien, eso no necesita codicia. Autopreservación, quizá; interés propio, sin duda, pero codicia no. Interés propio y codicia no son lo mismo, pese a que personas inteligentes que debieran saberlo parecen no percibir la diferencia, sobre todo cuando la conversación gira en torno del capitalismo. El interés propio es preocupación por la ventaja o el bienestar de uno mismo, dice mi diccionario Merriam Webster. Codicia es "un deseo excesivo o censurable de adquirir". Es muy distinto.

No pretendo sugerir que no guarden relación. La codicia es interés propio desordenado y cuando se impone, quedamos desequilibrados. Sacrificamos todo lo demás a nuestro egoísmo, y como resultado, nuestro propio interés se perjudica en lugar de beneficiarse, si no inmediatamente, más adelante.

Algunos de los capitalistas de mayor éxito se enriquecen porque desconfían tanto de la codicia como de las ganancias espectaculares, como los que vendieron sus acciones antes que estallara la burbuja de la tecnología, o Warren Buffet que no quiso ni acercarse a los valores bursátiles que seducían a todos los inversionistas. Nadie lo dice mejor que Jim Cramer, presentador de la CNBC y veterano de Wall Street: "Los que juegan al alza ganan dinero; los que juegan a la baja ganan dinero; los cerdos son degollados".

Aun cuando uno insiste en que la codicia estimula al capitalismo, al menos en parte, tiene que reconocer que hay muchas otras motivaciones más interesantes e inspiradoras, como realización, éxito, satisfacción, seguridad — y hacer la vida mejor para la familia.

El profesor Thurow no tiene en cuenta ninguno de estos motivos humanistas cuando describe la esencia de la libre empresa, pero tiene varias cosas que decir sobre lo que considera lo contrario de codicia, y ninguna de ellas es buena.

¿Qué es altruismo?

"Todas las alternativas del capitalismo", escribe el profesor Thurow, "trataron de valerse del altruismo. Es más importante ayudar al prójimo, o a la sociedad en general, que ayudarse uno a sí mismo. Éste es un principio ético mucho mejor que la codicia básica del capitalismo, pero por desgracia no parece congruente con la manera como está hecho el ser humano".

O codicia, capitalismo y éxito, o altruismo, socialismo (o comunismo) y fracaso. Allí están las dos grandes opciones que se ofrecen al hombre económico porque, como lo dice el profesor, así es como está hecho el ser humano. Bien, pero ¿qué pasó? Que "alguien" se apoderó del código genético, cambió el ADN, alteró la composición y nos rebosó de conciencia. Tiene que haber sucedido así porque hemos superado la etapa en la cual nos dominaba el ansia de ganancias a toda costa y ahora anhelamos un juego económico más inteligente.

No estoy tratando de atacar al profesor Thurow. John Naisbitt y yo estuvimos con él brevemente una vez, compartiendo un escenario para hablar en público. Es un hombre encantador y moderado. Me gusta mucho una buena parte de lo que escribe. Muchos economistas dicen lo mismo sobre codicia y capitalismo, porque toda clase de personas inteligentes están unidas a la red mundana de la conciencia empresarial.

El profesor Thurow cree que codicia y altruismo son mutuamente excluyentes y que el altruismo no ha inspirado un próspero sistema económico (por lo menos hasta ahora). Como yo lo veo, ése no es realmente el punto. Si se entiende que el capitalismo se basa en el propio interés y no en la codicia, hay un puente moral, espiritual e intelectual que salva la distancia al altruismo. Es el concepto de autointerés iluminado, núcleo práctico del capitalismo consciente.

Capitalismo consciente y autointerés iluminado

La historia muestra que el autointerés iluminado, en manos de diestros fraguadores de la política, genera tanta prosperidad como la codicia jamás creó. Incluso podría sostenerse que más. Recordemos la ley de beneficios de los veteranos, el Plan Marshall y las reformas del *New Deal*. Las liberales concesiones que se les hicieron a los veteranos incluían fondos para que atendieran a su educación, y de esa manera se preparó una población trabajadora bien calificada, indispensable para la economía industrial. El Plan Marshall de posguerra (1948-1952), que invirtió 13 000 millones de dólares en bienes y auxilios para el arrasado continente europeo, produjo prósperas relaciones de comercio e inversión — y nuevos mercados, todo lo cual fue una bendición para el capitalismo. A su vez, el New Deal, al estimular la creación de sindicatos obreros en virtud de la Ley Nacional de Relaciones Laborales, creó una clase media acomodada, a la cual las grandes compañías podían vender sus bienes. De manera análoga, la Comisión de Control y Vigilancia del Mercado de Valores (SEC), creada en 1934, puede haber parecido especialmente inamistosa a las empresas pero sirvió para estabilizar los mercados.

Cada una de estas políticas contribuyó con un elemento fundamental para el éxito del capitalismo en el siglo XX y en ninguna de ellas aparece ni una onza de codicia, ni eran tampoco altruistas; no realmente. Estas brillantes iniciativas exploraron más bien el terreno moral del autointerés iluminado. Para beneficio de la sociedad... y del capitalismo.

La codicia es la *ruina* del capitalismo.

Oigamos otra voz, alma gemela de muchos de nosotros, que aclara, mejor que nadie, por qué.

La transformación del capitalismo

John Byrne, director editorial de *Fast Company* y activo defensor de los derechos humanos en las empresas, recuerda haber llevado a cabo una encuesta sobre uno de los más vilipendiados ejecutivos, el ex director ejecutivo de Sunbeam, Al Dunlap (alias "Sierra"), cuyo nombre aun ahora se asocia con despiadados recortes de costos y despidos masivos de personal. El resultado fue el libro *Chainsaw,* de Byrne (HarperBusiness, 1999).

Tan orgullosamente personificaba Dunlap el capitalismo fundamentalista —para el cual el rendimiento para los accionistas es la única razón para que los negocios existan— que se convirtió en una especie de personaje de caricatura que una vez dijo, según informa Byrne: "Yo nunca conocí una moneda de a cinco a quien no quisiera tanto como a un hermano".

Lo aterrador, dice Byrne, es cuántas personas le creyeron y aceptaron la idea de que el propósito de la vida es acumular la mayor cantidad posible de dinero, no importa el daño que se le cause al prójimo.

Al fin, la SEC actuó contra Sunbeam por manipular los libros contables. Dunlap y los suyos tuvieron que rehacer su declaración de utilidades y fueron condenados a pagar una multa y sufrir las consecuencias de una reputación manchada y los duraderos epítetos, poco honrosos todos ellos.

La moraleja de la historia de Byrne es ésta: Cuando las corporaciones disfrutan de recompensas exclusivamente monetarias, atraen justamente lo que merecen: líderes egoístas que diseñan una cultura corporativa en la cual se estimulan y se honran la codicia y las conductas despreciables. Ése es el camino de la autodestrucción de las empresas, y los accionistas harán bien en evitarlo.

Como lo hemos visto en los últimos años, Al Dunlap tuvo bastantes seguidores: directores ejecutivos que buscaban el enriquecimiento personal en vez de la oportunidad de crear una compañía grande y valiosa. Y el resultado fue la peor crisis económica desde la Gran Depresión. Yo sospecho que detrás de la historia económica hubo una crisis del espíritu que llegó hasta el corazón mismo del capitalismo — y una recuperación más grande aún, que todavía está en curso. A continuación, mi interpretación de lo que sucedió.

LA CRISIS DEL CAPITALISMO

A pocos meses de haber empezado el nuevo milenio, el índice NASDAQ batió el récord, llegó a un puntaje de 5 000 e inició luego una vertiginosa caída en picada. La caída libre del NASDAQ sólo fue el comienzo. Un golpe tras otro nos postraron de hinojos: el 11 de septiembre, la recesión, el aumento del desempleo, los escándalos corporativos y dos guerras. Los índices Dow y S&P siguieron el pésimo ejemplo del NASDAQ, y muchos indicadores económicos borraron las ganancias realizadas en los prósperos finales de los años 90.

Tambaleándose aún por la conmoción financiera —o para los empleados de Enron, el desastre, puesto que sus cuentas de jubilación estaban llenas de papeles de la compañía que no valían un pito— la gente preguntaba: ¿Cómo pudo ocurrir esto? ¿Hay algo en la filosofía del capitalismo que contribuyó a esta crisis?

Iniciaremos esta indagación sobre la crisis del capitalismo con lo que yo sospecho que hasta los capitalistas tradicionales podrán considerar una nota alentadora.

El "triunfo del capitalismo"

Estamos a fines de los años 90. La guerra fría ya terminó y el capitalismo ganó. La China y el bloque oriental se esfuerzan por perfeccionar instituciones de libre mercado. En los Estados Unidos, el 50% de la población —maestros de escuela, trabajadores, jubilados, jóvenes diestros en alta tecnología— es propietaria de acciones en las empresas del país.

Al despuntar el nuevo milenio, una masa crítica de individuos en todo el mundo había optado por la libertad de empresa, pero el triunfo del capitalismo contenía igualmente las semillas de crisis y transformación, como pasaré a explicarlo en breve.

Mientras tanto, la conciencia humana se está expandiendo a grandes saltos. La megatendencia de la espiritualidad, ilustrada por las cifras del capítulo 1, empieza a tomar altura. Millones están reordenando su vida para colocar el espíritu en el centro. *Sin embargo, la conciencia espiritual requiere que veamos la verdad.* Así pues, en lo colectivo nos habíamos suscrito al capitalismo, al espíritu y a la verdad.

¿Qué ocurrió en seguida? Saltó fuera el lado sombrío del capitalismo —todo aspecto de la libertad de empresa que no fuera congruente con la verdad—, los elementos encubiertos, secretos, corruptos fueron obligados a salir a la luz.

¿Por qué? Porque era el primer paso de la recuperación espiritual. Cuando aumenta la energía espiritual, la conciencia humana es llevada a una más alta frecuencia. El espíritu y nuestra parte más alta determinaron que los años 2001 y 2002 eran una oportunidad perfecta para empezar a arrojar luz sobre los conflictos de intereses y abusos del poder en

Wall Street. Fue como si el espíritu hubiera dicho: "¿Es el capitalismo realmente lo que ustedes quieren, con verrugas y todo?"

Tal vez, desde el punto de vista espiritual, cuando un número suficiente de personas asume un sistema económico, quienes lo aceptan deben volver a examinar las teorías que lo sustentan, puesto que el bienestar de todos está en juego. Como consecuencia, el capitalismo entra en crisis.

El "triunfo del capitalismo" provoca una crisis de recuperación

El capitalismo está sufriendo lo que en términos espirituales podría llamarse una "crisis de recuperación", un período en el cual se están expulsando hacia afuera bolsas de negativismo para ser curadas.

Ésta es una pauta familiar para muchos en la vía espiritual. Se goza de un notable resurgimiento espiritual. "Ahora tengo fe", dice uno triunfante, y es una sensación deliciosa. Uno está feliz pero entonces sobreviene otra etapa de desconsuelo. "¿Fe?" Se experimenta lo que más bien parece desesperanza total. Uno duda de todo, hasta de Dios.

¿Qué está pasando? Sencillamente esto: una vez que se alcanza otro nivel de conciencia, todo —incluso un pertinaz resto de temor o de egoísmo—, todo lo que *no sea compatible* con su nuevo estado de ánimo sale a la superficie, como una gruesa y fea espinilla.

No es bonito pero sí contribuye a la curación... si uno mismo no lo estorba.

¿Qué viene en seguida? Si uno está comprometido en esa vía, va arrostrando los problemas uno por uno. Abandona esta o aquella actitud o relación egoísta hasta alcanzar un nuevo estado de bienestar que es *más limpio,* más alto y sin embargo más aterrizado que antes de que se le derrumbara la casa.

¿Y cómo explica esto la crisis de recuperación del capitalismo?

En los prósperos años 90 nos fue muy bien: prosperidad, avances de alta tecnología, hasta adelantos definitivos en gerencia democrática. No obstante, había elementos inconscientes en los negocios, en el capitalismo y en nosotros mismos que no estábamos aún preparados ni deseosos de examinar. Como resultado vino el golpe. Los inversionistas vieron desaparecer 8 millones de millones de dólares y sufrieron la peor crisis desde la Gran Depresión económica de los años 30.

Al nivel espiritual, la bonanza, la quiebra y los escándalos revelaron las facetas oscuras del capitalismo sobre las cuales había que tomar conciencia, lacras que habría que curar antes de que pudiéramos seguir adelante: mayor progreso espiritual (interior) y tecnológico (exterior) sobre bases morales y económicas más firmes.

El triunfo del capitalismo catalizó una crisis curativa, pero el capitalismo no era ni es ya sólo para los ricos. Todos sentimos los golpes. Era inevitable. Por fortuna un sistema enfermo toma conciencia de sí mismo y todos a una preguntamos: ¿Por qué ocurrió esto?

Viene aquí el experto de Wall Street que lo explica mejor que yo.

Habla Bogle

John Bogle, de 76 años, fundador del Grupo Vanguard (que hoy vale 750 000 millones de dólares) y del primer fondo indizado, dice: "Si hubo una falla única dominante de la burbuja reciente fue la excesiva concentración del mercado en la cotización de las acciones en lugar de atender al valor de la compañía". Exacto. Además, al tomar el mercado alcista un paso frenético, renunciamos al valor espiritual del equilibrio. La verdad cedió el campo al engaño y el fraude. La inversión pasó a ser especulación.

Volvamos ahora al interrogante que he venido planteando varias veces.

¿Cuál es la filosofía del capitalismo moderno?

1. ¿Mostrar utilidades por cualquier medio, lícito o ilícito, con el fin de valorizar la cotización de las acciones de una compañía?
2. ¿Crear una empresa valiosa a largo plazo, en la cual las utilidades son el producto natural de un organismo sano?

Si el capitalismo ha de sobrevivir y prosperar, la respuesta es obviamente la número dos. Sin embargo, hay que preguntarse si los inversionistas entienden esta sencilla verdad. Si no, seremos juzgados otra vez. Mientras tanto, debemos distanciarnos del pérfido proceso que desvía a los negocios del buen camino, tanto espiritual como económicamente.

Para recordarnos cómo las buenas compañías pueden desviarse por el mal camino, me valgo otra vez del venerable señor Bogle, parafraseando aquí algunos de los más brillantes pasajes en los cuales describe el proceso que conduce, paso a paso, camino abajo hasta la autodestrucción.

Si a un director ejecutivo se le responsabiliza y se le remunera únicamente por aumentar el precio de las acciones, más bien que por construir una empresa de larga vida, se desata una secuencia insidiosa que empieza de la manera más inocente: por el empleado, el director ejecutivo o los más altos funcionarios:

1. Obtener un crecimiento fuerte y sostenido de utilidades y hacerlo conocer en la bolsa.
2. Fijar objetivos guía, de manera pública, y cumplirlos.
3. Proceder primero de la manera tradicional: recortes de costos, mejora de productividad, programas de despidos masivos. Sin embargo, esto se hace más difícil de realizar: ya se ha recortado todo lo posible y ahora hay un rendimiento decreciente.
4. Como no se pueden cumplir las metas, ensayar la contabilidad creativa (!) y manipular los números.
5. Hacer una fusión, no por razones empresariales sino para inflar esas ganancias a corto plazo que parecen tan importantes.
6. Y como eso tampoco basta, ¡engañar!

Ahora se hacen visibles los vicios sombríos del capitalismo fundamentalista, pero al mismo tiempo también se manifiesta la alternativa: el capitalismo consciente. Las tendencias de ISR y RSC ganan impulso, y las compañías ejemplares nos muestran la manera correcta de manejar un negocio. En la sección siguiente iremos al fondo de la cuestión y descubriremos por qué el capitalismo consciente es el antídoto contra las viles maniobras que describe Bogle.

La conciencia del capitalismo consciente

¿Qué *es* conciencia, exactamente, en el capitalismo consciente? ¿De dónde salió? ¿Cómo llegó? A mí me parece que las mejores compañías, las que encabezan las listas de ISR y de RSC infunden a sus operaciones un elemento de incalculable valor que realza su busca de utilidades. Ese factor especial es la conciencia inherente en los valores humanos trascendentales. Hoy, después de años de investigación, he encontrado un estudio fascinante que ilustra mi punto de vista.

Los intangibles promueven el desempeño

En un nuevo informe titulado "Clara ventaja: crear valor para los accionistas", la Global Environmental Management Initiative (GEMI) presenta "prueba evidente" de que factores invisibles, como un comportamiento ambientalista, o salud y seguridad, aumentan el valor para los accionistas, haciendo tangibles los intangibles.

Los intangibles a los que se refieren son la conciencia y los valores humanos.

¿Pero quiénes constituyen la GEMI? ¿Alguna coalición de activistas convencidos? No. Una confederación de altos ejecutivos de Motorola, Procter & Gamble, Duke Energy, Dell, Occidental Petroleum, Du Pont, Bristol-Myers Squibb, en fin, representantes de unas 40 gigantescas corporaciones globales.

"Clara ventaja" muestra cómo políticas favorables a la Tierra y que no aparecen en el balance de utilidades (lo que yo llamo más alta conciencia) rebajan los costos y aumentan las ganancias con medidas como innovación de productos, desarrollo de mercados y mejores técnicas.

Cuando 3M y Bristol-Myers Squibb agregaron la revisión del estilo de vida al desarrollo de sus productos, el tiempo para llegar al mercado se aceleró y las cargas de cumplimiento disminuyeron. Como dice la GEMI, los intangibles se volvieron tangibles. Como yo lo veo, la conciencia se vuelve utilidades.

Definamos los términos.

¿Qué es un intangible?

La Junta Internacional de Normas de Contaduría define un intangible como "un activo identificable, no monetario, sin sustancia material, que se tiene para ser usado en la producción de bienes o servicios". *Sin sustancia material,* recalcamos.

Entre los intangibles comerciales más potentes, dice "Clara ventaja", se cuentan marca, liderazgo y estrategia, reputación ambiental y social, capital humano, transparencia, tecnología e innovación.

Desde 1997, la inversión en intangibles como marca registrada, investigación y desarrollo, y entrenamiento ha sido superior a la inversión en bienes tangibles como bienes raíces, planta y equipos, dice la Organización de Cooperación y Desarrollo Económico.

En los negocios los intangibles son aspectos de la conciencia humana que pueden tomar muchas formas distintas pero radican generalmente en las personas o bajo su profunda influencia.

¿Cómo se calcula su valor financiero?

Los intangibles mandan

La libre empresa ha tratado desde hace tiempo de monetizar los intangibles. La historia de las fusiones y las adquisiciones está llena de esfuerzos por evaluar el *good will*. Algunas firmas le asignan un valor determinado pero ningún contador juramentado aseguraría su exactitud.

El *good will* y una gran marca representan un enorme valor estratégico y económico, como se vio en el capítulo 5. Sin embargo, considérese lo siguiente: del 50 al 90 % del valor en el mercado de una compañía puede atribuirse a intangibles, concluye el informe de la GEMI*. De modo pues que los intangibles, junto con la conciencia que los anima, realmente gobiernan el mundo material de los negocios.

Los intangibles están mal medidos, pero sin embargo impulsan los negocios

Una mayoría entre los ejecutivos en todas las industrias cree que los factores más críticos para el éxito no se están midiendo, ni se está informando sobre ellos, dice el estudio de la GEMI. No obstante, continúa el informe, Wall Street actúa todos los días con base en ellos.

Por ejemplo, el 35 % de las decisiones de los inversionistas institucionales para asignar fondos se basan en consideraciones no financieras, dice el estudio de Cap Gemini/Ernst & Young *Measures that Matter*. El 86 % de los analistas de la industria de petróleo y gas dicen que los intangibles —tales como el cumplimiento de las reglamentaciones, la salud, la seguridad, el ambiente y las demandas judiciales— son todos factores que tienen impacto en el precio de las acciones.

---

* *Invisible Advantage,* por Jonathan Low y Pamela Cohen Kalafut (Perseus Press: Cambridge, Massachusetts, 2002).

El capitalismo consciente honra y mide los intangibles

El capitalismo consciente, desde luego, aspira a transformar de inconsciente a consciente el proceso de valoración, honrando el poder financiero de intangibles como el liderazgo moral, la visión, la transparencia, la ética y todo lo demás. Estos intangibles son el meollo de la conciencia humana. El informe de la GEMI aconseja además a las compañías "medir, manejar y revelar" el impacto de los intangibles, como el ambiente, en el valor de las acciones.

Exactamente. Y ya hay un mecanismo instalado para hacer eso. Ese mecanismo es el proceso de filtración de la ISR que se describió en el capítulo 7. Con ayuda de los filtros, el capitalismo consciente hace preguntas que plantean cuestiones tanto humanas como financieras. Estas preguntas averiguan igualmente el aporte de la conciencia humana en los negocios.

¿Cuál es la huella ambiental de una compañía?

¿Paga bien a los empleados?

¿Refleja los principios éticos de sus clientes?

Los filtros miden el grado en el cual la conciencia humana penetra en una cultura empresarial.

La fórmula de éxito del capitalismo consciente

¿Y *cómo* supera el capitalismo consciente a la bolsa de valores?

La responsabilidad social corporativa es el heraldo de una buena administración, y una buena administración es la mejor pronosticadora de rendimiento financiero.

Esto es absolutamente correcto y sin embargo incompleto. Otra fórmula más espiritual refleja mejor la verdad subyacente en la anterior proposición. Aquí está. La inversión de conciencia y valores —es decir, de "intangibles comerciales"— en el personal de una compañía, en sus sistemas y estructuras, junto con sanos principios empresariales, genera utilidades materiales y bienestar social.

O como dice el informe de la GEMI: "Intangibles como la investigación y el desarrollo, los conocimientos patentados, la propiedad intelectual, las destrezas del personal, las espléndidas redes de abastecimiento y las marcas son ahora los motores clave de la producción de riqueza, mientras que los activos físicos y financieros se ven cada vez más como genéricos".

Todos estos intangibles se componen de conciencia humana.

La alquimia del capitalismo consciente trasmuta el insumo de conciencia humana en el deseable resultado de utilidades materiales y sociales.

Un nuevo papel desempeñado por las empresas

En una conferencia sobre la responsabilidad social de los negocios, en noviembre del 2003, Carly Fiorina, entonces directora ejecutiva de Hewlett-Packard (HP), presentó la razón de que la compañía fuera tan firme partidaria de las llamadas "buenas ciudadanas corporativas". En un mundo en que:

- La mitad de la población vive con 2 dólares al día,
- Mil millones de personas no saben leer ni escribir,
- Quinientos millones nunca prueban un vaso de agua limpia,
- la responsabilidad social corporativa es la manera correcta de proceder.

De acuerdo. Pero también hay una dimensión práctica. Dadas estas penosas estadísticas, ¿cuán sustentable o estable va a ser la economía global? Si me contestan: "No mucho", estamos de acuerdo.

Para prosperar, la libre empresa necesita mercados crecientes. Las economías maduras del mundo desarrollado ofrecen apenas un modesto potencial de expansión, lo cual significa que el interés económico de las naciones ricas está en fomentar la prosperidad del Tercer Mundo. Ahí es donde está la nueva riqueza del capitalismo y sus nuevos mercados lucrativos.

¿Pero quién va a iniciar ese crecimiento? ¿Los gobiernos? La asistencia directa de gobierno a gobierno tiene una historia desconsoladora de atascados en la corrupción y la burocracia. Por el contrario, las soluciones en pequeña escala del libre mercado, como los micropréstamos, han tenido siempre un gran éxito. Yo he mostrado a lo largo de *Megatendencias 2010* que los individuos, como inversionistas, gerentes y consumidores, tienen el poder de curar el capitalismo. Séame permitido concentrarme ahora en la segunda parte de esa ecuación: el capitalismo tiene el poder de cambiar el mundo.

En efecto, las compañías pueden desempeñar un papel enorme en el desarrollo de la economía mundial. HP, por sí

sola, puede jactarse de tener *mil millones* de clientes distribui-
dos en 178 países, así que donde quiera que opere, a menudo
en países en vías de desarrollo, puede ejercer enorme influencia positiva. Multiplíquese eso por el número 1 000,
correspondiente al total de las compañías reseñadas por la
revista *Fortune* —para no mencionar las muchas pequeñas y
de mediano tamaño que negocian en todo el mundo— y se
verá el potencial del capitalismo para la transformación
global.

La historia comienza con el ejemplo de HP.

Proveedores y sostenimiento

HP tiene 10 000 proveedores, la cadena de abastecimiento
más grande en tecnología, con ingresos de unos 46 000 millones de dólares al año. Hoy HP somete a muchos de ellos a un
código de conducta que fija "políticas de empleo, ambientales, de salud y laborales", lo cual significa que para conseguir
un contrato con HP, el proveedor tiene que cumplir los
estándares de la compañía. Una vez que un proveedor sube
el nivel, arguye HP, los gobiernos locales y las multinacionales se sentirán más inclinados a dar la talla.

¿Qué acogida ha merecido esta iniciativa de RSC hasta
ahora? Su aceptación no ha sido fácil. En el 2003, HP les
presentó su propuesta a sus principales proveedores. Unos
pocos se molestaron, otros la rechazaron de plano, pero HP
mantuvo el rumbo y ganó la partida. "No es un capricho para
dificultar las cosas, sostuvo la compañía, sino que necesitamos mirar al cliente cara a cara y poder decirle: Estamos
seguros de que el producto que usted compra cumple con
nuestros estándares".

Para fines del año fiscal del 2003, HP se había ganado a los 45 proveedores más importantes, que representan el 80% de lo que la compañía gasta en materiales para sus productos.

Hay también un incentivo *práctico* para aceptar la iniciativa de RSC. El movimiento global para poner en vigor más altas normas laborales, ambientales y económicas, no va a desaparecer, de manera que las compañías previsivas han resuelto entrar en él desde ahora en lugar de esperar. Es mejor una iniciativa corporativa que una reglamentación oficial. Eso es sin duda lo que ha elegido HP.

Sólo hay un problema. A pesar de los reglamentos gubernamentales, el capitalismo fundamentalista sigue en pleno vigor. Sus postulados están entretejidos con el código legal de los Estados Unidos.

EXONERAR LA CONCIENCIA

Las sociedades anónimas, como personas jurídicas, están obligadas técnicamente a llevar a cabo sus negocios para maximizar las utilidades de los accionistas. Esta regla es la plataforma legal que permite que muchas empresas adopten ciertas conductas antisociales, dice Michael Sauvante, director ejecutivo de Rolltronics, emprendedora compañía de Silicon Valley especializada en tecnología para producir dispositivos flexibles y más rápidos prototipos. Sauvante es firme partidario de la responsabilidad social y quiere cambiar las cosas.

Pronto diré cómo, pero primero, ¿qué *significa,* exactamente, ese peculiar mandato? Específicamente, cualquier cosa que una firma pública pueda hacer legalmente para rebajar los costos en libros —lo cual se conoce en el mundo empresarial como "externalizar los costos"— infla las utilidades de la corporación a costa de la "entidad externa".

¿Quién sería ésta? Según la letra de la ley, el costo de limpiar de toxinas perjudica el balance de una compañía, mientras que trasladar la carga a la sociedad fortalece dichas utilidades. ¿Entonces quién paga? El contribuyente y la Madre Tierra (a menos que haya una ley que prohíba tales actividades).

Las ramificaciones para los altos funcionarios de la empresa son en realidad desconcertantes. Los miembros de la junta directiva, los gerentes y altos ejecutivos, como dice Sauvante, están legalmente obligados a actuar de manera que nosotros por lo general encontramos moral y éticamente inaceptable".

Muchos activistas censuran a los fabricantes de automóviles por producir los vehículos utilitarios deportivos que consumen cantidades exorbitantes de gasolina, pero no han convencido a un mercado que tiene hambre de esos monstruos —o la tenía hasta hace poco— de que eso constituye una violación de la responsabilidad fiduciaria de las compañías y sus funcionarios para con quienes tienen intereses en ellas.

"Los accionistas han demandado legalmente a las personas de negocios por *cualquier cosa* que no aumente sus utilidades", prosigue Sauvante. "Como accionista de la firma XYZ, cualquiera de nosotros podría teóricamente citarla ante un juzgado por cualquiera de las siguientes actividades:

• Usar un proceso costoso de purificar el aire;

- Pagar a los trabajadores un salario mejor que los usuales del mercado; y
- Negarse a contratar con un proveedor barato que trafica con mano de obra explotada.

Las compañías públicas, según parece, están legalmente obligadas a comprometerse con el fundamentalismo capitalista.

Hagan lo que hagan los activistas por persuadir a "los malos" de que modifiquen sus censurables métodos, "es una perpetua lucha cuesta arriba", dice Sauvante.

¿Qué puede hacer un convencido de la RSC? Hacer cambiar la ley.

En enero del 2004, Robert Hinkley, abogado de corporaciones, activista de la responsabilidad social y socio del bufete internacional de abogados Jones Day, trató de hacer eso, justamente. Presentó ante la comisión jurídica del senado de California un proyecto de ley que exigiría a las corporaciones del estado ser más responsables social y ambientalmente. Tanto Hinkley como Sauvante sirvieron como testigos a favor ante la comisión.

Se opusieron al proyecto los intereses comerciales y no se aprobó, pero varios miembros de la comisión pensaron que California debía tomar la iniciativa y servir de modelo para otros estados, y pidieron a los proponentes que revisaran el proyecto y lo volvieran a presentar. Sauvante entonces tuvo que modificar la redacción de tal suerte que evitara provocar lo que él llama la reacción de "anticuerpos" de los partidarios de los negocios que se adhieren al dogma "utilidades primero, después y siempre".

La solución de Michael Sauvante es hacer toda la ley optativa (¡vaya oxímoron!), es decir, crear una nueva clase de corporación voluntaria, una corporación RSC para firmas que quieran ejercer un capitalismo más responsable socialmente y más favorable al ambiente. Tal medida, dice Sauvante:

- Protegería a las corporaciones buenas ciudadanas de la ambición de los accionistas y atraería accionistas que buscan al mismo tiempo utilidades y responsabilidad social;
- Desvanecería las objeciones del grupo pro capitalismo rampante, puesto que es voluntaria;
- Crearía un mandato legal para el movimiento del llamado triple balance y daría a sus partidarios tiempo para demostrar que esta medida, descrita en el capítulo 7, aumentará las utilidades en vez de disminuirlas; y
- Haría de California un modelo que otros estados pudieran imitar.

Mientras tanto, Robert Hinkley continúa su cruzada para introducir lo que él llama el código de ciudadanía corporativa en la ley del estado, con la adición de estas sencillas palabras: "El deber de los directivos de aquí en adelante será ganar dinero para los accionistas pero no a expensas del ambiente, los derechos humanos, la salubridad y la seguridad públicas, la dignidad de los empleados y el bienestar de la comunidad en donde opera la compañía".

De la codicia al interés propio iluminado

Recapitulemos los puntos claves de esta conclusión:

La doctrina de capitalismo consciente sostiene que los negocios tienen una responsabilidad moral y ética más allá de las utilidades a corto plazo y el máximo rendimiento para los accionistas. Igualmente importante es que traslada el campo de acción de la libre empresa del interés propio al plano superior del interés propio iluminado.

Éste no es altruismo. Es interés propio con una visión más amplia. El empresario se pregunta: Si actúo en mi propio interés y continúo haciéndolo, ¿cuáles son las ramificaciones de mi proceder? ¿Qué actos que ahora pueden parecer buenos tendrán consecuencias perjudiciales para mí y para otros dentro de un año, o dentro de diez, o de veinticinco?

La transformación espiritual del capitalismo es un desplazamiento:

- De la codicia al interés propio iluminado;
- Del elitismo a la democracia económica;
- De la doctrina fundamentalista de "utilidades a toda costa" a la ideología consciente que propugna tanto el dinero como la moral.

La metamorfosis del capitalismo no vendrá gracias a los esfuerzos de reglamentadores bien intencionados. Se está forjando en estos precisos momentos en el corazón de los inversionistas, los consumidores, los ejecutivos y, desde luego, de los gerentes "comunes y corrientes". Es a éstos a quienes dirijo las últimas palabras de *Megatendencias 2010*.

EL PODER ESTÁ EN NUESTRAS MANOS

He organizado los capítulos de este libro introduciendo un tema tras otro, para argumentar que el futuro de capitalismo no está en las manos de los grandes negocios sino en las nuestras propias.

Nosotros tenemos el poder de transformar el capitalismo.

Preguntemos una vez más: ¿Y quiénes somos *nosotros?*

Somos los gerentes "comunes y corrientes", los empresarios de visión, los inversionistas socialmente responsables, los directores ejecutivos espirituales, los accionistas activistas, los instructores corporativos de meditación, los entrenadores de ejecutivos, los asesores de la transformación, los activistas corporativos, los creativos culturales, los consumidores conscientes, los capellanes empresariales, los instructores de yoga, los líderes inspiradores del trabajo en equipo, los ejecutivos conscientes, las vendedoras que andan sobre brasas, los corredores de bolsa entrenados en perdón, los amorosos directores de recursos humanos...

Podría seguir indefinidamente pero el punto es éste: Somos muchísimos. Muchos más de los que aisladamente podemos reconocer o contar.

Setenta millones de nosotros estamos transformando el capitalismo, con una acción consciente tras otra.

John Byrne, el creador de *Fast Company,* cree que el pueblo "puede poner en vigor una disciplina de mercado" en favor de los valores humanos. "Hoy tantas personas buscan propósito y sentido en los negocios, agrega, que potencialmente tenemos el poder de hacer esos valores *más* importantes que el valor para los accionistas, o por lo menos *de igual importancia".*

Como consumidores, dice, podemos comprar productos únicamente a compañías y minoristas cuyos valores reflejan los nuestros. Como empleados podemos trabajar sólo para compañías que valoran a su gente y a sus clientes tanto como a sus accionistas.

Yo agregaría que, como accionistas, podemos invertir sólo en compañías que consideremos socialmente responsables. Las palabras que le oí a Byrne en la conferencia en línea sobre la red sabia de empresas, en febrero del 2004 (en la cual Byrne y yo dictamos las conferencias clave), me inspiraron para crear una letanía de las maneras como podemos transformar los negocios. La lista siguiente recapitula también las ideas principales de *Megatendencias 2010*.

Cómo transformar el capitalismo

Echar abajo la muralla que separa el espíritu personal del organizacional. Como Greg Merten, Ann Mincey y Marc Benioff, practicar sus valores en el negocio y observar cómo su proceder influye en los demás.

Invertir en compañías socialmente responsables y cosechar un sano rendimiento que viene del corazón, absteniéndose al mismo tiempo de colocar el propio dinero con "los chicos malos".

Presionar al fondo de pensiones de su compañía para que agregue o amplíe las opciones ISR.

Llevar de compras sus valores. Boicotear a las empresas que explotan a los trabajadores y comprar café de comercio equitativo, aun cuando cueste más. Procurar que su proveedor de comestibles tenga en existencia ese café y ese chocolate. Pedir las "páginas verdes" de Co-op America.

Hacerse accionista activista. Votar por sus delegados. Presionar a los gerentes de los fondos mutuos para que tomen posiciones mejor pensadas.

Informarse sobre este tipo de cuestiones y apoyar la campaña de los consumidores que más le llame la atención.

Liderar a sus colegas con lo que Ron Heifetz llama "autoridad informal".

Incorporar sus valores gerenciales como un "radical templado".

Leer The Soul of the Computer, *de Barbara Waugh, y crear un círculo del libro* para discutir los principios de Barbara y resolver cuáles de ellos podrían funcionar en su compañía.

Reunirse en un espacio sagrado dentro de las paredes de la compañía para una clase de yoga o un almuerzo informal de meditación. Conseguir que una oficina desocupada se declare oficialmente la "sala tranquila". Patrocinar un espacio sagrado fuera de la oficina, en una casa particular, un café o una organización como la cámara de comercio local.

Encontrar su alma hermana en el capítulo más cercano de la asociación del espíritu en el trabajo, o similar. Si no hay ninguno cercano, crearlo en su localidad, que fue lo que hice yo en Boston.

Importar las herramientas, técnicas y enseñanzas del espíritu a su compañía. ¿Que no sabe por dónde empezar? Abra cada sesión con un minuto de silencio. Aumente luego a cinco minutos de meditación matinal. No olvide vigilar el aumento de la productividad.

Honrar a sus compañeros de trabajo con un ritual significativo.

Identificar los valores de su compañía, división o departamento. Hablar claro y preguntarse: ¿Estamos viviendo de acuerdo con estos valores o no?

Informar a otros capitalistas que su posición es el interés propio iluminado, no la codicia.

A lo largo de las páginas de este libro me he dirigido a la mente, no menos que al corazón y el alma del lector. Hemos llegado al final de la historia y veo que lo que más me interesa es tocar su corazón. El mensaje que le dejo es ancestral y venerable: "Sea el cambio que quiere que ocurra". A esta sabiduría yo agregaría otro pensamiento: "Permítase tener esperanza".

Pero eso provoca otra voz, el grito de la duda: *Los negocios no han cambiado antes. ¿Por qué van a cambiar ahora?*

Parece que estoy hablando otra vez a la totalidad de su ser: corazón, alma y mente. Así pues, sigamos adelante.

Todos sufrimos la misma desilusión colectiva por no haberse verificado la transformación institucional. Cambio personal, muy bien. ¿Organizacional? Jamás. Reconozca el sentido de desesperanza y el patrón de inercia, pero ábrase para recibir la verdad: los tiempos están cambiando. El "juego" de los negocios se acabó. Lo que el espíritu permitió en nombre del libre albedrío —la codicia y el fraude como aspectos sombríos del capitalismo— está ahora a la vista. Lo hemos visto, hemos sufrido las consecuencias y hemos hecho una elección colectiva. No lo queremos porque el costo es excesivo. No es para nosotros.

Aun así, la duda persiste. *¿Por qué ha de creerlo esta vez?* Pues no lo crea. Simplemente hágalo.

¿Por qué? Porque ha vivido el sueño de la transformación durante tanto tiempo que ya no lo abandona. Ceda a la esperanza. Resuelva crear conjuntamente con un poder superior el plano espiritual de los negocios. Seguramente efectuará un cambio. El espíritu lo garantiza. Lo único que no se sabe es si reconocerá ese cambio. Hay tantas cosas que no se ven.

Pero de todas maneras, hágalo.

¿Qué está en juego? ¿Su empleo? No, si uno es un líder tranquilo o un radical templado. ¿Su sistema de creencias sobre la inercia corporativa? Ciertamente. ¿La prosperidad? ¿El futuro del capitalismo? Sí, sin duda alguna.

Si usted tiene la tentación de decir que ha pasado mucho tiempo desde su último *tête-à-tête* con el director ejecutivo, es entendible, pero recuerde que la distancia del poder terrenal no es lo mismo que falta de poder. El suyo es un poder distinto; es poder espiritual.

Su tarea es inundar el sistema con la medicina de valores espirituales y una conciencia clara, y eso está *completamente* dentro de sus facultades.

Se dice en círculos espirituales que el que quiera cambiar el mundo tiene que cambiarse primero a sí mismo. Pues bien, la mayoría *ya ha cambiado*. Ha aprendido a escuchar el silencio, a oír la voz interior, a hablar desde el corazón, a confiar en algo más grande que uno mismo. Ellos han recorrido el camino hace muchos años, tal vez diez o más.

No será usted el director ejecutivo pero ya tiene sus ejecutorias y su plataforma y está resuelto a usarla. Lo que lo distingue como líder popular es la dedicación que enciende la potente mezcla de poder interior y acción. Hay que mantenerse en su verdad y actuar según sus valores aquí, ahora mismo, y tocar a las personas que le rodean.

¿Qué va a hacer? Eso es cuestión de cada uno. Los radicales templados, dice la autora Debra Meyerson, apelan a posibilidades dentro de un espectro de cinco partes desde la "resistencia pasiva" hasta la "acción colectiva".

¿Cómo lo va a hacer? Con pasión, valor, modestia, temor, trepidación, compromiso y compañerismo con sus colegas, y acaso hasta alegría.

¿Qué éxito tendrá? Eso depende en gran parte de su perseverancia. Al principio puede fracasar o alcanzar resultados realistas que su mente desecha como sin sentido, pero con el tiempo verá el fruto de su dedicación, si tiene la voluntad de ver.

¿Por qué lo hará? Porque ya se ha transformado y es hora de compartir. Porque nació para ser la luz y pasar la antorcha. Porque su misión es más grande que su empleo.

Porque éste es el único juego que hay.

Porque la transformación del capitalismo depende de cada uno, aun cuando no del todo. Hay que darle al espíritu la oportunidad de actuar y dejar que la magia comience.

Agradecimientos

En enero de 2003 hablé ante los participante en la Conferencia sobre negocios y conciencia en Santa Fe, Nuevo México. Después, mi nueva amiga Barbara Waugh, a quien conocerán en el capítulo 3, me dijo: "No le va a gustar lo que le voy a decir, pero la mejor parte de su conferencia fue la relacionada con las megatendencias. Debe volverla a estructurar como una charla sobre megatendencias".

No estoy de acuerdo, pensé. Pero no podía dejar de pensar en las palabras de Barbara. Dos meses después, recibí una guía clara para escribir un nuevo libro sobre megatendencias. Gracias, Barbara, por decirme la verdad, aunque supieras que me resistiría a ello.

Hablando de guía, nunca hubiera podido mantener la fe, dejar a un lado proyectos del pasado y terminar este libro, y menos aún gozar de la paz y la alegría que hoy llenan mi vida, sin las sesiones amorosas y colmadas de apoyo que a lo largo de cinco increíbles años tuve con Kathleen Loughery y Guidance Energy (innersightonline.com). Mi profundo y eterno agradecimiento desde lo más profundo de mi corazón.

Gracias John Naisbitt, coautor, ex esposo y amable mentor, por tu bondad, generosidad e indefectible apoyo.

Gracias a Anamika, mi maestra espiritual y querida amiga.

Estoy profundamente agradecida con los amigos, amigos de amigos y líderes de negocios (algunos de los cuales se convirtieron en nuevos amigos) quienes se entrevistaron conmigo y compartieron sus historias o se sometieron a la tediosa labor de ayudarme a verificar los datos. Mi mayor descubrimiento fue darme cuenta de que las megatendencias de las cuales estoy escribiendo están siendo vividas por la gente, día a día.

Gracias a Judi Neal, Cindy Wigglesworth, Richard Whitelely, Ann Mincey, Cliff Feigenbaum, shelloey alpern, Alisa Gravitz, Barbara Waugh, Bill George, Greg Merten, Jeff Swartz, Robin Giampa, Tevis Trower, Joel Smernoff, Eric Biskamp, Marcy Ward, Elsie Maio, Christiane Perrin, Terry Mollner, Amber Chand, Joe O´Keefe, Frank Dixon, Joyce Orecchio, Marjorie Kelly, Dave Stangis, Gil Press, Fred Luskin, Deborah Thayer, Sarah Q. Margrave, Debra Mugnani Monroe, Rona Fried y Ruby Yeh, Jill Reurs, Niké Vettel y Carola Long.

Gracias a Espiritualidad en los negocios por patrocinar la conferencia del 2003 en San Francisco. Fue allí donde conocí a muchas de las personas que he citado en el libro y también a Pared Rosen a quien debo mucho. Pared leyó mi manuscrito, me hizo muchas sugerencias y cambió el título a *Megatendencias 2010*. También me insistió en que hablara con su agente.

Estoy profundamente agradecida con Bill Gladstone de Waterside Productions, el agente de Jared, y ahora el mío. Su entusiasmo, integridad y sentido del humor son extraordinarios. Bill me presentó a Gary Brozek, quién leyó mi libro y me hizo magníficas sugerencias. Además, me presentó al editor perfecto.

Gracias a todos en Hampton Roads, en la bella Charlottesville, en Virginia.

Gracias a Bob Friedman, cuyo compromiso con *Megatendencias 2010* significa tanto para mí. Y a Randy Achee, Jack Jennings, Frank DeMarco, Sarah Hilfer, Jane Katra, Sara Sgarlat, Kathy Cooper y Linda Huffaker.

A lo largo de los años he aprendido de muchos de mis colegas del Espíritu en los negocios, entre ellos Martin Rutte, John Renesch, Richard Barret, Craig y Patricia Neal, Corinne McLaughlin y Gordon Davidson.

Gracias a mi familia inmediata (Este) Barbara Jones y Phil Harter, Jen Jones, Chris Jones y Hunter Jones y (Oeste) Nana Naisbitt y Rory, Lily y Jake Sullivan.

Gracias a mis queridas amigas: Donna Coomns, Lynne Sausele, Soasan Abadian, Jeanne Flanagan, Carolyn Long por su apoyo y amor y por aguantarme durante el último año de este proyecto.

Agradezco a mis seres queridos del lado Oeste: Marsha Bailey, Becky Padilla, Leyla Wefallé, Elizabeth Plamondon Cutler, Sharon Shuteran, Roger Knapp, John y Pamela Lifton-Zoline, Valentina Lert, Harley Brooke-Hitching y Leigh Fortson. Sí, ¡volveré a ser una persona divertida!

Finalmente, agradezco al hombre sabio e ingenioso de mi vida, Alain Boléa, quién leyó y releyó el manuscrito y me hizo muchas y maravillosas sugerencias. Su presencia estable siempre me recordó que más allá del trabajo y del estrés está la Vida, que es sagrada y primordial.

Apéndice

Inversiones en compañías socialmente responsables

Social Investment Forum (SIF)
(212) 872-5319
www.socialinvest.org

Wainwright Bank
(888) 428-BANK
Steve Young
SVP Retail Banking
(617) 478-4000
www.wainwrightbank.com

Bridgeway Funds
1-800-661-3550
www.bridgewayfund.com

Calvert Group
(800) 368-2748
www.calvert.com

Domini Social Investments
(800) 762-6814
www.domini.com

Winslow Green Growth Fund
(888) 314-9049
www.winslowgreen.com

Trillium Asset Management
(800) 548-5684
www.trilliuminvest.com

Green Money Journal
(505) 988-7423
www.greenmoneyjournal.com

Business Ethics
(612) 879-0695
www.business-ethics.com

Progressive Investor/ The SB20, the World's Top Sustainable Stocks
(631) 423-3277
www.sustainablebusiness.com

Espiritualidad en los negocios

Centros/Grupos

Association for Spirit at Work
(203) 804-6160
www.spiritatwork.org

Spirit in Business
(413) 586-8950
www.spiritinbusiness.org

Center for Visionary Leadership
West Coast: (415) 472-2540
East Coast: (202) 237-2800
www.visionarylead.org

Heartland Circle (formerly Institute)
(952) 925-5995
www.heartlandcircle.com

International Spirit at Work Award
www.spiritatwork.org
ISAW 2005 Awards
A full list of winners is also at
www.spiritinbusiness.org

John Renesch
(877) 2RENESCH or (415) 437-6974
www.renesch.com

San Francisco Chamber of Commerce
"Spirit in Business Conversation" brown
bag lunch.
Second Thursday of the month.
Chamber of Commerce
235 Montgomery St., 12th Floor,
between Bush and Pine Streets
from 12 noon to 1 P.M.
debra@temptime.com
Sarah Hargrave (650) 756-6175

Wisdom Business Network
www.businessnetwork.meetup.com

Profesionales

Balance Integration Corp.

Tevis Trower
(212) 414-9393
tevis@balanceintegration.com

Conscious Pursuits
Cindy Wigglesworth
(713) 667-9824
www.consciouspursuits.com

Corporate Transformation Tools
Richard Barrett and Associates
(828) 452-5050
www.valuescenter.com

Clarity Seminars
David and Karen Gamow
(650) 917-1186 or (888) 917-1186
www.clarityseminars.com

Forgiveness Project
Fred Luskin
learningtoforgive@comcast.net
www.learningtoforgive.com

HeartMath
(800) 450-9111
www.heartmath.com

Maio and Company
Elsie Maio
(212) 505-0404
www.soulbranding.com

Marketplace Ministries
(972) 385-7657
www.marketplaceministries.com

WorkLife Seminars
Eric and Paula Biskamp
(972) 380-7996
www.worklifeseminars.com

Richard Whiteley
(617) 723-8889
www.corpshaman.com

Consumo consciente

Co-op America
(800) 584-7336
www.coopamerica.org

LOHAS Journal
(303) 222-8283
www.lohasjournal.com

E Magazine
(203) 854-5559
www.emagazine.com

Hybrid Cars: American Council for an
Energy Efficient Economy
(202) 429-8873
www.GreenerCars.com

U.S. Green Building Council
(202) 828-7422
www.usgbc.org